Müller • Hitlers Wehrmacht

Beiträge zur Militärgeschichte
– Militärgeschichte kompakt –

Herausgegeben vom
Militärgeschichtlichen Forschungsamt

Band 4

Die Buchreihe »Militärgeschichte kompakt« richtet sich an Studierende, die interessierte Öffentlichkeit und die Streitkräfte. Die Bände verstehen sich als Einführung in ausgewählte Abschnitte der Militärgeschichtsschreibung. Sie sind wissenschaftlich basiert, doch zugleich möglichst kurz und prägnant in der Darstellung. Zudem enthalten die Bücher zahlreiche Abbildungen, Karten, Grafiken, Tabellen und relevante Quellentexte sowie eine kommentierte Auswahlbibliografie zur ersten Orientierung in der Fülle der wissenschaftlichen Literatur.

Rolf-Dieter Müller

Hitlers Wehrmacht
1935 bis 1945

Oldenbourg Verlag München 2012

Bibliografische Information der Deutschen Nationalbibliothek

Die Deutsche Nationalbibliothek verzeichnet diese Publikation in der Deutschen Nationalbibliografie; detaillierte bibliografische Daten sind im Internet über http://dnb.dnb.de abrufbar.

© 2012 Oldenbourg Wissenschaftsverlag GmbH, München
Rosenheimer Str. 145, D-81671 München
Internet: www.oldenbourg-verlag.de

Umschlagbild:
Hitler umringt von Soldaten beim Frontbesuch in Jaroslaw, Galizien, September 1939.
Rechte: ullstein bild/Heinrich Hoffmann

Redaktion: Militärgeschichtliches Forschungsamt, Potsdam, Schriftleitung
Projektkoordination, Lektorat, Bildrechte: Michael Thomae
Layout, Satz: Carola Klinke
Umschlag: Maurice Woynoski
Karten: Frank Schemmerling
Druck und Bindung: Grafik+Druck GmbH, München

ISBN 978-3-486-71298-8

Inhalt

Wehrmacht und »Volksgemeinschaft«

Der »Krieg der Fabriken«

Totaler Krieg und Vernichtungskrieg

Die Wehrmacht im Einsatz

Epilog: Das schwierige Erbe

Anhang

Forschungsstand

Historiografische Einordnung der Wehrmachtgeschichte

Die Epoche der »Wehrmacht« umfasst lediglich ein Jahrzehnt. In der rund dreihundertjährigen Geschichte des preußisch-deutschen Militärs bildete die auf den Diktator Adolf Hitler eingeschworene Armee also die kürzeste Episode. Niemals zuvor oder danach hat eine deutsche Armee eine derartige Gewaltentladung und Expansion ermöglicht. Überwältigende Siege, massenhafte Verbrechen und katastrophale Niederlagen hielten fast sechs Jahre die ganze Welt in Atem. Mit der bedingungslosen Kapitulation am 8. Mai 1945 und der vollständigen Auflösung der Wehrmacht hörten nicht nur das Dritte Reich, dem die Wehrmacht diente, und das Deutsche Reich, das einst Bismarck in der Mitte des 19. Jahrhunderts mit »Blut und Eisen« geschaffen hatte, zu bestehen auf. Nach diesem tiefsten Sturz, den jemals eine Armee erlebt hat, endete die jahrhundertealte Tradition stehender Heere auf deutschem Boden. Zum ersten Mal in Europa verlor ein Nationalstaat seine Armee und blieb für ein weiteres Jahrzehnt waffenlos, während die Siegermächte mit ihrem Militärpotenzial das geteilte Land beherrschten und zu einem möglichen neuen Krieg rüsteten.

Die Frage nach dem historischen Stellenwert der Wehrmacht innerhalb der deutschen Militärgeschichte könnte also mit Verweis auf diesen Bruch beantwortet werden. Doch den meisten betroffenen Zeitgenossen, deren Biografie diese kurze Episode überlappte, fiel die Antwort auf die Frage nach Kontinuität und Diskontinuität nicht leicht. Das galt natürlich besonders für die Berufssoldaten, die zuvor in der Reichswehr oder danach in der Bundeswehr gedient, und für Millionen Wehrpflichtiger, die den Weltkrieg überlebt hatten. Historiker, die zu dieser Kriegsgeneration gehörten, haben sich in den 1950er und 1960er Jahren deshalb intensiv mit der Kontinuitätsfrage beschäftigt. Obwohl mit wachsender Distanz kritische Einschätzungen stärker Raum gewannen, ist die Historiografie für Jahrzehnte von der These beeinflusst worden, dass die Wehrmacht die Kontinuität des deutschen Nationalstaates verkörperte und in den Nationalsozialismus lediglich »verstrickt« gewesen sei.

Die Diskussion um die Rolle der Wehrmacht ist Teil des Diskurses über die Bedeutung des Dritten Reiches und die Identität der Deutschen. Mit dem Anspruch der Bundesrepublik, Rechtsnachfolger des Deutschen Reiches in den Grenzen von 1937 zu sein, konnte – anders als bei den originären NS-Institutionen wie etwa der Waffen-SS – eine völlige Abkehr von der Wehrmacht nicht erfolgen. Sie wurde allenfalls als Endpunkt einer dreihundertjährigen Tradition deutschen Militärs verstanden, die

Gründung der Bundeswehr dann als eine Neuschöpfung, die trotz einer anfänglichen personellen Kontinuität in den Führungspositionen eine eigene Tradition entwickelte. Eine völlige Distanzierung schien schon deshalb nicht angemessen zu sein, weil die Wehrmacht als Institution von den Siegermächten nicht zu den verbrecherischen Einrichtungen des NS-Regimes gerechnet worden war, bei ehemaligen Feinden sogar ob ihres professionellen Könnens und ihrer Erfolge geschätzt und bewundert wurde.

In dem sowjetisch besetzten Teil Deutschlands entwickelte der SED-Staat mit seiner »Nationalen Volksarmee« ein anderes Verständnis von der Wehrmacht. Im Selbstverständnis eines revolutionären Bruchs mit der deutschen Vergangenheit zählte man die Wehrmacht zu den reaktionärsten Kräften des alten Reiches, die den Aufstieg des Faschismus begünstigt und seine kriegerische Expansion gefördert haben. Der politische Kampfbegriff des »Militarismus«, der sich mit vielfältigen Theorien der Sozialgeschichte verbindet, wurde von der DDR offensiv gegen die Bundesrepublik mit dem Verweis auf die angebliche Kontinuität von der Wehrmacht zur Bundeswehr eingesetzt.

Angeregt durch die Rede des damaligen Bundespräsidenten Richard von Weizsäcker, der selbst zur Kriegsgeneration gehört, zum 8. Mai 1985 ist die Rolle der Wehrmacht immer stärker unter dem Fokus einer verbrecherischen Kriegführung und der Mitverantwortung für die großen Verbrechenskomplexe des Dritten Reiches gesehen worden. Besonders fruchtbar scheint ein neuer Forschungsansatz zu sein, der auf das »Zeitalter der Weltkriege« zielt und die Wehrmacht nicht isoliert betrachtet, sondern jene Dispositionen, Kontinuitäten und Brüche in der Militärgeschichte herausarbeitet, die das Phänomen Wehrmacht besser erklären können. Der internationale Vergleich ist hierfür unverzichtbar.

Wissenschaftliche Aufarbeitung

Die Epoche der Wehrmacht, insbesondere der von ihr geführte Zweite Weltkrieg, ist der wohl am besten erforschte Abschnitt in der deutschen Militärgeschichte. Einen Zugang zur wissenschaftlichen Forschung findet man über das »Komitee für die Geschichte des Zweiten Weltkriegs«, das als Teil einer internationalen Vereinigung auf seinen jährlichen Tagungen immer wieder wichtige neue Ergebnisse und Diskussionen präsentiert. Der Sammelband 1.3 »Die Wehrmacht. Mythos und Realität« des Militärgeschichtlichen Forschungsamtes (MGFA) bietet den besten Überblick über Probleme, Thesen und Ergebnisse der Wehrmachtforschung nach dem Stand von 1999.

Erst vor wenigen Jahren ist das zehnbändige Serienwerk 1.1 »Das Deutsche Reich und der Zweite Weltkrieg« abgeschlossen worden. Es war das aufwändigste deutschsprachige Projekt zur Geschichte des Zweiten Weltkriegs und damit auch zur Wehrmacht.

Nicht alle Fragen und Aspekte konnten ausreichend abgedeckt und geklärt werden. Hier ist Platz für künftige Forschungen. Der Pluralismus aber an Methoden und Auffassungen, den die heterogene Gruppe von 67 Autoren auszeichnete und der manchen Anfeindungen zum Trotz bewahrt werden konnte, stellt neben den wissenschaftlichen Ergebnissen den größten Gewinn dar (2.2 Müller). Er zeigt zum einen den Stand der modernen Militärgeschichte in Deutschland, für die das MGFA im Gegensatz zu manchen anderen Ländern den Anstrich einer »amtlichen« Geschichtsschreibung und die Beschränkung auf militärisch verwertbaren Nutzen vermieden hat. Zum anderen spiegelt er den fortgeschrittenen Stand der Bemühungen, die von den Deutschen nach der größten Katastrophe ihrer Geschichte unternommen worden sind, um Ursachen und Folgen eines Irrweges zu verstehen. Dieser Erkenntnisprozess aber kann stets nur ein individueller sein, der mit der Aneignung von Wissen sowie im Diskurs mit anderen Meinungen und Interpretationen reift. Dazu hat die Bundeswehr mit dem Serienwerk eine Grundlage zur Verfügung gestellt, um auf diese Weise der Erinnerung an die blutigste Epoche der deutschen Militärgeschichte gerecht werden zu können.

Auf die Verbrechen der Wehrmacht im Osten machte ab 1995 öffentlichkeitswirksam eine Ausstellung des Hamburger Instituts für Sozialforschung aufmerksam. Wissenschaftlich konnten sich die Hamburger dabei auf erste Ergebnisse des MGFA-»Weltkriegswerkes« stutzten, sie setzten aber hauptsächlich auf die subjektive Wirkung einer Fülle von Fotos, die – wie sich später herausstellte – nicht selten falsch zugeordnet waren. Als »Wehrmachtsausstellung« erlangte die Präsentation bis Ende der 1990er Jahre große Aufmerksamkeit, bis sie dann an ihren Unzulänglichkeiten scheiterte und grundlegend überarbeitet wurde (8.12 Verbrechen der Wehrmacht). Pauschalurteile und Zuspitzungen sowie Verkürzungen historischer Sachverhalte hatten aber inzwischen für eine nachhaltige Veränderung des Wehrmachtbildes in Öffentlichkeit und Medien gesorgt. Auch wenn die Legende von der angeblich »sauberen« Wehrmacht schon lange vorher widerlegt worden war, entstand der Eindruck, dass erst jetzt eine endgültige Aufarbeitung der Vergangenheit gelungen sei. Viele Zeitzeugen jedoch fanden – und finden – sich mit ihren Erinnerungen nicht in einem Geschichtsbild wieder, in dem manche die Wehrmacht pauschal als »verbrecherische Organisation« einordnen und mit dem mörderischen Wirken von SS sowie Polizei unterschiedslos gleichsetzen.

Der Begriff »Vernichtungskrieg« wird bis heute vielfach als Synonym und undifferenziert für das Handeln der Wehrmacht im Zweiten Weltkrieg gebraucht. Damit verbundene Verzerrungen haben freilich in jüngerer Zeit Historiker motiviert, Themen wie etwa die Partisanenbekämpfung, die Verantwortung der Generalität sowie die Verstrickung einfacher Soldaten neu aufzugreifen. Die Wehrmachtforschung ist unverändert lebendig und kreativ. Sie gewinnt an Perspektiven und Maßstäben insbesondere durch vergleichende Methoden, etwa durch die Einbeziehung der Erfahrungen des Ersten Weltkrieges und anderer Armeen. Die Basis für eine differenzierte Wehrmachtforschung ist in den letzten Jahren im Münchner Institut für Zeitgeschichte gebildet worden. Dort hat sich eine Gruppe von Historikern intensiv mit der Rolle der Wehrmacht im Ostkrieg 1941/42 beschäftigt und zu diesem besonders schwierigen Thema eine Reihe wichtiger Publikationen vorgelegt (8.4 Hartmann u.a.; 4.20 Hürter; 8.8 Pohl), die teilweise die biografische Methode einsetzen. Hier liegt zweifellos die größte Aufmerksamkeit einer historisch interessierten Öffentlichkeit. Biografien zur Geschichte der Wehrmacht erlebten in den letzten Jahren geradezu eine Konjunktur. Im Nachwort zur 2. Auflage seiner Biografie über Hitlers Generalstabschef Franz Halder gibt Christian Hartmann einen ausgewogenen Überblick über einen wichtigen Teil der Wehrmachtliteratur der letzten zwei Jahrzehnte (4.16 Hartmann).

Ein breites, auch sozialgeschichtlich geprägtes Fundament für biografische Arbeiten zum Offizierkorps der Wehrmacht stellt die umfassende Studie von Bernhard R. Kroener über Friedrich Fromm dar, den Befehlshaber des Ersatzheeres (4.21 Kroener). Die Biografie von Torsten Diedrich über General Friedrich Paulus (9.4 Diedrich) verbindet die Dramatik des Untergangs der 6. Armee in Stalingrad mit Lebensweg und Wirken ihres ehemaligen Oberbefehlshabers in der späteren DDR. Mit den Tagebüchern und Briefen von Wilm Hosenfeld liegen Zeugnisse von einem Hauptmann in der Warschauer Etappe vor, der im Rahmen seiner Möglichkeiten versucht hat, verfolgte Juden zu retten (6.4 Hosenfeld).

Dominierten früher die Memoiren und Biografien zu Hitlers Generalität, so finden seit zwei Jahrzehnten auch Erinnerungen und Erzählungen von ehemals einfachen Mannschaftssoldaten das Interesse der Wissenschaft. Damit gewinnen wir ein differenziertes Bild vom Kriegsalltag und vom »Krieg des kleinen Mannes« (so auch der Titel eines von Wolfram Wette herausgegebenen Sammelbandes, 5.9). Die Feldpostforschung und die wissenschaftliche Aufbereitung von mündlichen Überlieferungen (oral history) haben hier ein weites Feld gefunden. Für die politische Geschichte der Wehrmacht in den Dreißigerjahren ist die neue Biografie von Klaus-Jürgen Müller über Generaloberst Ludwig Beck wegweisend und unverzichtbar (3.3 Müller). Die Zusammenarbeit der Wehrmachtführung mit Hitler ist von Geoffrey Megargee noch einmal beleuchtet worden (3.1 Megargee). Das Thema der Militärjustiz hat Manfred Messerschmidt umfassend aufgearbeitet (3.14 Messerschmidt).

Die Streitkräfte des NS-Regimes und ihr Einsatz im Zweiten Weltkrieg finden immer wieder Aufmerksamkeit in den Medien sowie in der Geschichtswissenschaft. Der Buchmarkt erlebt geradezu eine Schwemme populärwissenschaftlicher Darstellungen, oft fragwürdiger Qualität und von Hobbyhistorikern verfasst zu Einzelthemen der Waffentechnik, Divisionsgeschichte usw. Für die umstrittene Geschichte der Waffen-SS als Sonderformation ist noch immer das mehrfach aufgelegte Standardwerk von Bernd Wegner wegweisend (3.23 Wegner). Dass fast jeder dritte Soldat auf der deutschen Seite der Ostfront ein Ausländer gewesen ist, wird in einer anderen Studie hervorgehoben (4.32 Müller). Für die militärischen Verluste ist die Arbeit von Rüdiger Overmans unverzichtbar (4.35 Overmans). Das gilt auch für seine Arbeiten zur Kriegsgefangenschaft (u.a. 4.36 Overmans).

Im Zuge der Opferdiskussion ist nicht zuletzt der Bombenkrieg erneut in den Blickpunkt auch des wissenschaftlichen Interesses geraten. Der Fall Dresden ist besonders umstritten gewesen und hinsichtlich der Opferzahlen von einer Historikerkommission neu untersucht worden (8.16 Die Zerstörung Dresdens). Die meisten wichtigen Themen des Zweiten Weltkriegs, wie etwa die Besatzungspolitik oder der Widerstand gegen das NS-Regime, haben nach dem Abschluss des Weltkriegswerkes bislang keine wesentlich neuen Erkenntnisse erbracht. Eine Ausnahme bilden regionalgeschichtliche Studien, insbesondere über Ostmitteleuropa, die einen Vergleich zwischen deutscher und sowjetischer Besatzungspolitik ermöglichen (z.B. 8.1 Brakel). Widerstand, Partisanenkrieg und deutsche Reaktionen bilden vor allem im Hinblick auf Griechenland und Italien immer wieder Anlass auch zu politischen und juristischen Kontroversen.

Einige wichtige Lücken sind noch zu füllen. Während die Rolle der Wehrmacht im Hinterland der Ostfront inzwischen breit erforscht worden ist, bilden der Bereich der mittleren und unteren Führung sowie die Themen Ausbildung, Kampfführung und Fronterfahrung der Wehrmacht wissenschaftlich weitgehend unbearbeitete Felder. Das gilt nicht zuletzt auch für den Generalstab des Heeres, der eigentlichen Schaltzentrale der größten Teilstreitkraft der Wehrmacht. Ein beträchtlicher Gewinn ist erst jüngst mit der Auswertung geheimer Abhörprotokolle gemacht worden, die von den Briten angefertigt worden waren. Wenn auch quellenkritisch und methodisch nicht unproblematisch, geben die Äußerungen kriegsgefangener deutscher Soldaten wichtige Einblicke in die Reflexion ihrer Kriegserlebnisse (5.13 Neitzel/ Welzer).

Quellenlage

Zwar weisen einzelne Bestände im Bundesarchiv, Abteilung Militärarchiv in Freiburg i.Br., Aufbewahrungsort des überlieferten Schrifttums der Wehrmacht, kriegsbedingte Lücken auf, insbesondere hinsichtlich der letzten Kriegsphase. Aber die ausgeprägte Kultur deutscher Kriegstagebuch-Führung und die komplexe Organisationsstruktur sowie die bürokratische Tradition auch im Militärwesen haben einen enormen Fundus an Quellen geschaffen. Der Fall der Wehrmacht ist einzigartig, weil die komplette Überlieferung 1945 von den Siegermächten erbeutet, ausgewertet und seit Mitte der Sechzigerjahre schrittweise der Öffentlichkeit übergeben worden ist. Die Akten der Wehrmacht und auch ihrer Vorläufer können damit nahezu uneingeschränkt von jedermann zur Einsicht genutzt werden. In russischen Archiven finden sich nur geringe Bestände von Beuteakten, die Auskunft über die Wehrmacht geben.

Wichtige Informationen mit biografischen Angaben liefert die ehemalige Wehrmachtauskunftsstelle (WASt), heute: Deutsche Dienststelle, in Berlin mit fast 18 Millionen personenbezogenen Karteikarten sowie den erhaltenen Personalunterlagen bzw. Personalakten vom Mannschaftssoldaten bis zu mittleren Offizierdienstgraden. Die Personalakten der Generale befinden sich im Bundesarchiv, Abteilung Militärarchiv. Für NS-Belastungen sind auch die Mitgliederkarteien der NSDAP, der SS usw. im Bundesarchiv (ehemals Berlin Document Center) wertvoll. Bei der großen Zahl an Informationen zur Wehrmacht im Internet (z.B. lexikon-der-wehrmacht.de) ist die Überprüfung durch einschlägige seriöse Handbücher meist notwendig. Dazu gehören als wichtige Nachschlagewerke zur Truppengeschichte das Werk von Georg Tessin sowie zur Organisationsgeschichte die Bände von Rudolf Absolon (4.1 Absolon; 4.6 Tessin).

Armee im totalitären Führerstaat

Hitlers Wehrmacht

Am 16. März 1935 verkündete Reichskanzler Adolf Hitler die deutsche Quelle S. 14 »Wehrhoheit«. Zehn Tage lang habe er praktisch nicht schlafen können, beschrieb er im kleinen Kreis die enorme innere Anspannung, die dem plötzlichen Entschluss vorangegangen war. Für den wahrhaft revolutionären Schritt in der Außen- und Militärpolitik des Deutschen Reiches waren die organisatorischen Vorbereitungen natürlich schon seit langem getroffen worden. Aber die bislang geheimen Maßnahmen und Absichten gegenüber den Botschaftern der Versailler Signatarmächte zu diesem Zeitpunkt offenzulegen, barg ein hohes Risiko. Deshalb hatte die Heeresführung erhebliche Bedenken. Hitler freilich war davon überzeugt, alle Möglichkeiten gründlich durchdacht zu haben. Der Chefideologe des NS-Regimes, Alfred Rosenberg, meinte dennoch: »Wenn die Franzosen Schneid hätten, müssten jetzt in Paris die Bomber absurren.« Hitler entgegnete: »Ich glaube, wir kommen durch.«

Der Diktator sah diesen spektakulären Schritt in historischen Dimensionen. Am selben Tag im Jahre 1813 habe der preußische König den Aufruf »An mein Volk« gegen Napoleon veröffentlicht. Hatte damals die preußische Armee einen grundlegenden Wandel vollzogen, um in einen Krieg ziehen zu können, der die Landkarte Europas veränderte, wollte sich Hitler eine neue Armee schaffen, die den Kampf um die Weltherrschaft führen konnte. Die Verkündung des »Gesetzes für den Aufbau der Wehrmacht« wurde tatsächlich zur Geburtsstunde von Streitkräften, die aus einer dreihundertjährigen Kontinuität herausragen. Das Jahr 1935 markiert deshalb einen Bruch deutscher Militärgeschichte. Innerhalb eines Jahrzehnts erlebte Hitlers Wehrmacht außergewöhnliche militärische Erfolge und Niederlagen. Als »stählerner Garant« eines verbrecherischen Regimes trug sie Mitverantwortung für Völkermord und Kriegsverbrechen. Sie verlor Ehre und Ansehen. In einem sinnlosen »Endkampf« brachen 1945 die von ihrem »Führer« befehligten Armeen in einer Orgie von Gewalt und Tod zusammen. Sie hinterließen einen zerstörten Kontinent. Das Ende der Wehrmacht markierte das Ende des Deutschen Reiches.

Am Beginn dieses blutigsten Jahrzehnts der Weltgeschichte bemühten sich die Verantwortlichen, den revolutionären Bruch zu verschleiern und die Kampfansage zu verharmlosen. Sowohl in der deutschen Bevölkerung und in der bisherigen Reichswehr als auch im Ausland musste der Eindruck von Kontinuität und notwendigem Wandel entstehen. Nur wenige erkannten die Gefahr, die von der neuen Stufe jener

Verkündung der »Wehrhoheit« am 16. März 1935

In seinem »Aufruf an das deutsche Volk« begründete Reichskanzler Adolf Hitler die Schaffung einer neuen, größeren Armee.

Als im November 1918 das deutsche Volk [...] die Waffen streckte, glaubte es nicht nur der gequälten Menschheit, sondern auch einer großen Idee an sich einen Dienst erwiesen zu haben [...] Das deutsche Volk und insonderheit seine damaligen Regierungen waren überzeugt, dass durch die Erfüllung der im Versailler Vertrag vorgeschriebenen Entwaffnungsbestimmungen entsprechend der Verheißung dieses Vertrages der Beginn einer internationalen allgemeinen Abrüstung eingeleitet und garantiert sein würde [...]

Während aber Deutschland als die eine Seite der Vertragschließenden seine Verpflichtungen erfüllt hatte, unterblieb die Einlösung der Verpflichtung der zweiten Vertragsseite. Das heißt: Die hohen Vertragschließenden der ehemaligen Siegerstaaten haben sich einseitig von den Verpflichtungen des Versailler Vertrags gelöst! Allein nicht genügend, dass jede Abrüstung in einem irgendwie mit der deutschen Waffenzerstörung vergleichbaren Maße unterblieb, nein: es trat nicht einmal ein Stillstand der Rüstungen ein, ja im Gegenteil, es wurde endlich die Aufrüstung einer ganzen Reihe von Staaten offensichtlich [...]

Die deutsche Regierung muss zu ihrem Bedauern ersehen, dass seit Monaten eine sich fortgesetzt steigernde Aufrüstung der übrigen Welt stattfindet. Sie sieht in der Schaffung einer sowjetrussischen Armee von 101 Divisionen, s.h. 960 000 Mann zugegebener Friedenspräsenzstärke ein Element, das bei der Abfassung des Versailler Vertrages nicht geahnt werden konnte. Sie sieht in der Forcierung ähnlicher Maßnahmen in anderen Staaten weitere Beweise der Ablehnung der seinerzeit proklamierten Abrüstungsidee [...]

Die deutsche Regierung empfindet es unter diesen Umständen als eine Unmöglichkeit, die für die Sicherheit des Reiches notwendigen Maßnahmen noch länger auszusetzen oder gar vor der Kenntnis der Mitwelt zu verbergen.

Quelle: Reichsgesetzblatt 1935, Teil I, S. 369.

»Nationalen Revolution« ausging, die seit 1933 das Deutsche Reich schrittweise veränderte. Aber schon die Begriffe waren verräterisch. Aus der »Reichswehr«, die sich die Republik 1920 zur Landesverteidigung geschaffen hatte, wurde nun die »Wehrmacht« als ein williges Instrument des Führerstaates. Das »Reichswehrministerium« und die »Reichsmarine« wurden zum »Reichskriegsministerium« und zur »Kriegsmarine«. Der »Chef der Heeresleitung« wurde zum »Oberbefehlshaber des Heeres« (Werner Freiherr von Fritsch), der »Chef der Marineleitung« zum »Oberbefehlshaber der Kriegsmarine« (Erich Raeder). Für sich genommen waren das auch im internationalen Vergleich keine ungewöhnlichen Bezeichnungen. Was aber 1935 als scheinbare Normalisierung daherkam, führte anderes im Schilde.

Die Formierung für den Krieg

Es war zunächst die eindeutige und einseitige Aufkündigung des Friedensvertrags von Versailles aus dem Jahre 1919. Hitlers »Drittes Reich« warf mit diesem Schritt alle Fesseln ab. Als Ergebnis des Ersten Weltkriegs auf den Status einer europäischen Mittelmacht zurückgeworfen, erreichten die Deutschen jetzt zwar die immer wieder geforderte militärische »Gleichberechtigung«. Dem Prinzip nach war das bereits seit 1932 auf internationaler Bühne anerkannt. Stärke und Ausrüstung künftiger Streitkräfte sollten durchaus der Größe des Reiches angemessen sein. Was darunter zu verstehen war, blieb aber offen. Hitlers Taktieren sorgte immerhin dafür, dass kein vorzeitiger Rüstungswettlauf ausgelöst wurde. Der überraschende Nichtangriffsvertrag mit Polen hatte 1934 die Lage an der Ostgrenze entspannt und neuen außenpolitischen Spielraum eröffnet. Am 27. Januar 1935 verhandelte Hermann Göring sogar schon in Warschau über die Möglichkeit einer deutsch-polnischen Militärallianz gegen die UdSSR. Die Reichswehr war zwar daran interessiert, die gefährliche Umstellungsphase möglichst bald zu beginnen, wollte aber vor deren Abschluss jegliches Kriegsrisiko vermeiden. Das bedeutete eine vorsichtige Gratwanderung zu unternehmen, für die der Reichskanzler zunächst noch Verständnis aufbrachte.

Die Heeresführung war ihm dankbar, dass er am 30. Juni 1934 die polternde Führung der Sturmabteilung (SA) entmachtet hatte. Damit war die konkurrierende Idee, eine Parteiarmee als »revolutionäre Volksmiliz« des künftigen Reiches zu etablieren, hinfällig geworden. In Anspielung auf die unterschiedlichen Uniformfarben hatte Ernst Röhm, ehemaliger Generalstabsoffizier der bayerischen Armee, als »Stabschef« der SA gemeint, in seiner »braunen Flut« würde der »graue Fels« untergehen. Die Reichswehrführung hatte 1933/34 mit wachsender Besorgnis sogar die militärische Ausbildung der SA-Abteilungen unterstützen müssen. Gerüchte um einen möglichen Putsch der SA-Führung zwangen Hitler zum Handeln. Zu diesem Zeitpunkt ahnten die Offiziere nicht, dass die Ermordung der SA-Spitze den Weg freimachte für die »Schutzstaffel«, die sich unter Heinrich Himmler in wenigen Jahren zu einem fanatisierten Eliteheer entwickelte. Was 1935 noch eine kleine Gruppe von Leibwächtern war, bildete zehn Jahre später eine konkurrierende Partei-Armee, die den ursprünglichen Umfang des Heeres von 1935 um das Fünffache übertraf.

Der Mordaktion waren nicht nur Röhm und seine engsten Vertrauten, sondern auch zwei ehemalige Generale zum Opfer gefallen. Diesen Rechtsbruch hatte Reichswehrminister Werner von Blomberg ohne Widerspruch hingenommen und sich sogar noch beeilt, Hitler die Nachfolge des sterbenskranken Reichspräsidenten Paul von Hindenburg anzutragen. Der »Führer und Reichskanzler« vereinte nun auch die Funktionen des Staatsoberhaupts in seiner Person. Der Tod des greisen Feldmarschalls, von vielen Offizieren als eine Art von Ersatzkaiser angesehen, symbolisierte das Ende der »alten Armee«, die als »Staat im Staate« den Zusammenbruch des Kaiserreichs überlebt und sich als Nukleus einer künftigen deutschen Wehrmacht verstanden hatte.

Hitlers einsamer Entschluss am 16. März 1935 bestärkte also den politischen Konsens mit der Reichswehrführung, in deren Händen der Aufbau einer neuen Wehrmacht liegen sollte. Das Endziel der nun einsetzenden Aufrüstung und Umgestaltung der Armee war zunächst nur in Umrissen erkennbar. Aus dem Blickwinkel der national-konservativen Führungseliten musste die »Wehrhoheit« dafür genutzt werden, um eine Wiederherstellung des Großmachtstatus und der »schimmernden Wehr« nach dem Vorbild von 1914 zu erreichen. Davon war das Reich 1935 noch weit entfernt. Diese »Teilidentität der Ziele« (3.2 Messerschmidt, S. 1) ließ sich aber nicht klar von jenem diffusen Weltmachtstreben abgrenzen, das schon im Ersten Weltkrieg die deutsche Politik beeinflusst und Hitlers nationalsozialistische Bewegung geprägt. Rassenideologische Vernichtungsideen aber, wie sie Hitler später in die Kriegführung einbrachte, gehörten in den Dreißigerjahren nicht zum Weltbild der Soldaten.

Formen des Antisemitismus waren gleichwohl verbreitet und immerhin Teil der Staatsideologie. Die Entlassung jüdischer Soldaten und die Diskriminierung ehemaliger jüdischer Frontkämpfer wurden innerhalb der neuen Wehrmacht hingenommen. Dennoch standen im Zweiten Weltkrieg bis zu 150 000 Männer jüdischer Abstammung unter Waffen an allen Fronten (8.10 Rigg). Die seltsamen Abstammungsrichtlinien und manche verständnisvollen Vorgesetzten machten es möglich. Zu den »Mischlingen« gehörte beispielsweise Generalfeldmarschall Erhard Milch, der als Görings Gehilfe einen wichtigen Anteil beim Aufbau der Luftwaffe hatte.

Auf den zweiten »Griff nach der Weltmacht« (Fritz Fischer) hatte sich die Reichswehr bislang nur insgeheim und rudimentär vorbereiten können. Erst mit Hitlers Machtübernahme 1933 bekamen die Aufrüstungsbestrebungen eine breite politische Grundlage. Bis 1935 war die innere und äußere Stabilisierung des NS-Regimes dann so weit gediehen, dass mit dem Aufbau der neuen Wehrmacht begonnen werden konnte. Mit der Volksabstimmung am 13. Januar 1935 im Saarland hatte das Reich seine strategische und wirtschaftliche Position erweitern können und zugleich öffentlich die Zustimmung der deutschen Bevölkerung zum NS-Regime unter Beweis gestellt.

Außenpolitisch zeigte sich vor allem Großbritannien bereit, dem deutschen Drängen in begrenztem Maße entgegenzukommen. Proteste und Resolutionen anderer Mächte hatten Berlin nicht beeindruckt. Drei Monate nach Hitlers spektakulärem Schritt sanktionierte das Flottenabkommen mit London am 18. Juni 1935 den Bruch des Versailler Vertrags. Die britische Regierung hatte ihr spezielles Interesse an einer Festschreibung der deutschen Marinerüstung durchgesetzt. Durch den Beginn einer deutschen Aufrüstung zu Lande und in der Luft fühlte sie sich nicht direkt bedroht. Diese kurzsichtige britische Appeasement-Politik erleichterte es Hitler, in den nächsten Jahren seine Armee Schritt für Schritt zu vergrößern, zumal sich auch die USA bedeckt hielten. Auch der Abschluss eines französisch-sowjetischen Beistandspaktes am 2. Mai 1935 hielt den Diktator nicht davon ab, seine Revisionspolitik zu beschleunigen. Mit dem Ausbau der Beziehungen zu Japan und Italien, die ein Jahr später zum Abschluss des Anti-Komintern-Paktes führten, glaubte sich Hitler im weltpolitischen Rahmen ausreichend abgesichert. Es ermutigte ihn, mit dem Einmarsch in das entmilitarisierte Rheinland, wieder ein einsamer persönlicher Entschluss, aggressiv gegen französische Interessen vorzugehen und die Ergebnisse des Ersten Weltkriegs weiter zu demontieren. Der Schritt vom 16. März 1935 setzte somit konsequent eine Spirale der Aggressionspolitik in Bewegung, die entsprechend Hitlers dynamischem Politikverständnis scheinbar unaufhaltsam »Sieg oder Untergang« ansteuerte.

Die Führung der neuen Wehrmacht folgte ihm seit 1935 auf diesem riskanten Kurs in den ersten Jahren; eher bedenklich auf dem Höhepunkt der inszenierten Krisen, dann aber umso dankbarer für die überraschenden Erfolge, die der Diktator offenbar mit größerer Nervenstärke und Risikobereitschaft erzielte.

Worauf stützte sich die Zuversicht der Armee? Natürlich wäre sie mit dem Personal- und Materialbestand der alten Reichswehr zwischen 1935 und 1938 nicht in der Lage gewesen, einen neuen Weltkrieg mit mehreren Fronten und gegen die anderen Großmächte zu führen. Hitler selbst hatte 1934 davon gesprochen, dass die neue Armee nach fünf Jahren für jede Verteidigung, nach acht Jahren auch für den Angriff geeignet sein solle. Aber möglichen isolierten Konflikten glaubte man sich durchaus militärisch gewachsen. Für eine begrenzte Landesverteidigung reichten die vorhandenen und rasch mobilisierbaren Kräfte hinlänglich. In den jährlichen Kriegsspielen, die der Schulung der Führungsstäbe dienten, ging man seit 1935 davon aus, dass ein denkbarer Präventivkrieg vonseiten Frankreichs und Russlands, womöglich auch mit Einbeziehung der Tschechoslowakei, mit den verfügbaren eigenen Kräften und möglichen Verbündeten wie Österreich und Ungarn zurückgeschlagen werden könnte. Voraussetzung wäre allerdings die Neutralität der angelsächsischen Mächte und Polens gewesen. Zugleich arbeitete man fieberhaft daran, die Angriffskraft des Heeres zu verbessern. Mit der

Wiedereinführung der allgemeinen Wehrpflicht verfügte man über den personellen Grundstock, um es von einem Defensiv- zu einem Angriffsheer umzubauen. Es sollte künftig zu einem entscheidungssuchenden Angriffskrieg in der Lage sein.

Die Kooperation mit Großbritannien und die Vermeidung eines Zweifrontenkrieges gehörten zu Hitlers politischem Programm. Als »Führer« schien er allein in der Lage zu sein, den riskanten Kurs vorzugeben und erfolgreich zu steuern. Was für die außenpolitische Konstellation der »Wiederwehrhaftmachung« zutraf, galt erst recht für deren innere Absicherung. Wichtigste Voraussetzung aus militärischer Sicht war die Wiedereinführung der allgemeinen Wehrpflicht. Nur so konnte sich das Deutsche Reich in seiner europäischen Mittellage eine ausreichend große Armee schaffen und sie auch unterhalten. Das kleine Berufsheer der Reichswehr mit rund hunderttausend Mann war in den vergangenen fünfzehn Jahr lediglich in der Lage gewesen, die innere Sicherheit des Reiches zu garantieren. Die weitere Auffüllung mit Freiwilligen hatte 1934 den Umfang zwar verdoppelt, doch sollte das nur ein erster Schritt sein.

Ab 1935 standen mit der Wiedereinführung der allgemeinen Wehrpflicht jährlich rund 700 000 potenzielle Rekruten im Alter von 18 Jahren zur Verfügung. Allein mit einem Jahrgang hätte man also theoretisch den Friedensumfang des Heeres von 1914 wieder erreichen können. Doch der erste reguläre Jahrgang 1917 umfasste lediglich 360 000 junge Männer. Im Ersten Weltkrieg war die Geburtenziffer natürlich stark rückläufig gewesen. Zur ungleichmäßigen demografischen Entwicklung kamen noch die Auswirkungen des Versailler Vertrags hinzu. Mit den fünfzehn »weißen« Jahrgängen, die in der Vergangenheit nicht ausgebildet werden konnten, gebot man zwar über ein weiteres Potenzial. Aber ließen sich daraus zusätzliche Divisionen schaffen?

In der Praxis war das zunächst kaum möglich. Auch wenn die alte Reichswehr als Kader- und Ausbildungsarmee formiert worden war, verfügte sie doch nicht über die Möglichkeit, gleichzeitig einsatzfähige Truppen für den Notfall bereitzuhalten und daneben in großer Zahl neue Verbände aufzustellen. Das neue Massenheer sollte schließlich nach den bisherigen Vorstellungen ein möglichst hoch qualifiziertes Heer bleiben. Um daraus im Kriegsfall eine Millionenarmee nach dem Vorbild des Ersten Weltkrieges mobilisieren zu können, bedurfte es nicht nur großer Vorräte an Ausrüstung, Bewaffnung und qualifiziertem Führungspersonal, sondern auch Millionen modern ausgebildeter Reservisten. Die Kontinuität der allgemeinen Wehrpflicht hatte im Kaiserreich dafür gesorgt, dass 1914 mehr als 30 ausgebildete Jahrgänge zur Verfügung standen. Der neuen Wehrmacht fehlten aber 1935 die letzten fünfzehn Jahrgänge.

Die Probleme verschärften sich dadurch, dass Hitler seit 1935 auf das Tempo drückte. In der Heeresführung glaubte man zunächst, über einen Zeitraum von zehn Jahren einen gleichmäßigen Aufbau durchführen zu können. Das hätte die soziale Homogenität des Offizierkorps und eine umfassende moderne Ausbildung des Friedensheeres gewährleistet, mit ausreichenden Reserven für die Mobilmachung eines größeren Kriegsheeres und dessen personellem Ersatz. Von dieser Vorstellung musste man sich in kurzer Zeit lösen. Hitler forderte eine fast jährliche Verdoppelung der Heeresstärke, um die bestehende Unterlegenheit gegenüber potenziellen Feindmächten schnell zu vermindern und einen Rüstungsvorsprung zu erreichen. So wuchs das Offizierkorps bis 1938, also innerhalb von vier Jahren, auf das Fünffache (23 387 Offiziere), um sich dann ein Jahr später durch die Einberufung und Ausbildung von Reserveoffizieren im Verlauf des Zweiten Weltkriegs noch einmal innerhalb von fünf Jahren um das Zehnfache zu vergrößern.

Das Offizierkorps

Hitlers Forderung von 1936, innerhalb von vier Jahren solle die Wehrmacht kriegsbereit sein, ließ sich trotz größter Anstrengungen bis 1939 nicht gänzlich erfüllen. Aber er konnte den vorzeitigen Sprung in den Krieg im September 1939 dennoch wagen, weil mit einer Vielzahl von Aushilfen und Kompromissen die angestrebten Zahlen zumindest annähernd erreicht wurden. Außerdem ermöglichte es die aggressive Expansionspolitik seit 1935, durch die Erweiterung des Reichsgebiets zusätzliche Divisionen aufzustellen. Der Einmarsch der Wehrmacht in das entmilitarisierte Rheinland am 7. März 1936 zeitigte als Ergebnis die Aufstellung von vier weiteren Divisionen. Die Besetzung Österreichs erbrachte 1938 sechs Divisionsverbände, der Einmarsch in das Sudetenland zwei weitere. Durch die Niederwerfung Polens 1939 konnte die Wehrmacht auf etwa 400 000 Volksdeutsche zugreifen, dann im weiteren Verlauf des Krieges auf mehr als 100 000 ausländische Freiwillige und Legionäre sowie mehrere Millionen Mann verbündeter Staaten sowie russischer »Hilfswilliger«.

Die reguläre Ausbildung von Offizieranwärtern musste schon in den Dreißigerjahren verkürzt werden. Um die Reihen in den ständigen Neuaufstellungen zu schließen, griff man außerdem auf ehemalige Polizeioffiziere sowie ältere Reserveoffiziere aus dem Zivilleben zurück. Die Homogenität des Offizierkorps, auch und gerade in politischer Hinsicht, schwand unter diesen Umständen rapide. Schon 1938/39, bei Überlegungen innerhalb der Militäropposition zu einem möglichen Staatsstreich gegen Hitler, ließ der Gedanke an diese unberechenbare

Mehrheit des neuen, heterogenen Offizierkorps mit seinen vielen sozialen Aufsteigern die Verantwortlichen zögern.

Diese strukturellen und äußerst tiefgreifenden Veränderungen waren keineswegs nur das Ergebnis der unvermeidbaren Aushilfen, sondern folgten nationalsozialistischen Intentionen, denen sich das Heer öffnen musste und größtenteils auch wollte. Das vielbeschworene Vorbild der preußischen Armee und des Ersten Weltkriegs galt in dieser Hinsicht überhaupt nicht. Das NS-Gedankengut von einem Volksheer der Zukunft, in dem allein Leistung und politische Gesinnung für die Aufnahme in Führungspositionen ausschlaggebend sein sollten, traf sich mit der Auffassung jüngerer Technokraten in der Armee. Sie waren sich bewusst, dass die Mobilisierung eines Massenheers für den künftigen Totalen Krieg mit den alten, elitären Strukturen eines bürgerlich-feudalen Offizierkorps nicht vereinbar sein würde.

Unter dem Druck der wachsenden Verluste im Zweiten Weltkrieg erhielten diese Bestrebungen zusätzliche Schubkraft. Nun gelangten in wachsender Zahl Bewerber aus unteren und kleinbürgerlichen Schichten, die früher als »unerwünscht« galten, in die Offizierlaufbahn, und selbst ein höherer Bildungsabschluss, der stets als Mindestvoraussetzung gegolten hatte, wurde als Forderung aufgegeben. Diese Entwicklung hatte tiefgreifende Folgen für die politische Ausrichtung und den Zusammenhalt im Offizierkorps, vor allem aber auch für die fachliche Qualität des höheren Führungskorps.

Mehr als 200 000 untere Offizierdienstgrade machten es zwar möglich, die Führungspositionen auf Kompanie- und Bataillonsebene hinreichend zu besetzen. Eine steigende Zahl dieser »Kriegsoffiziere« besaß freilich noch nicht einmal den Abschluss eines Offizierlehrgangs. Und dennoch war man gezwungen, im Truppenbereich durch sprunghafte Beförderungen Ersatz auch für mittlere Führungspositionen zu schaffen. Praktische Einsatzerfahrungen mochten da vieles ausgleichen, wenngleich bald sichtbar wurde, wie sehr das professionelle Können in der taktischen und operativen Führung von Truppen verloren ging. Aber im Bereich der Generalstabsoffiziere ließen sich profunde Fachkompetenz und Erfahrung nicht in Kurzlehrgängen und kurzzeitigen Truppenverwendungen vermitteln.

So stützte sich Hitlers Wehrmacht in ihrer Funktionsfähigkeit auf einige wenige Hundert Generalstabsoffiziere, die zwischen 1935 und 1939 eine reguläre Ausbildung erhalten hatten. Allerdings wurden auch diese Lehrgänge bald zeitlich und inhaltlich verkürzt. Das notwendigste Wissen in der Stabsarbeit, jenseits von allgemeiner Bildung und umfassender geistig-intellektueller Prägung, trat in den Vordergrund. Und es musste der Nachweis nationalsozialistischer Gesinnung erbracht werden, was Vorgesetzte beliebig handhaben konnten, denn der Partei gelang es trotz wiederholter Bemühungen nicht, in der Armee in größerem Maße Fuß zu fassen. Sie konnte ihren Einfluss hauptsächlich im Bereich der vormilitärischen Ausbildung der männlichen Jugendlichen zur Geltung bringen. Eine Art von Politkommissaren, wie sie in der Sowjetarmee auch zur Kontrolle der Kommandeure dienten, gab es in der Wehrmacht erst ab 1944 in Gestalt »Nationalsozialistischer Führungsoffiziere«, eine Rolle, die allerdings in der Truppe meist im Nebenamt wahrgenommen wurde.

Am Ende war der »Führer« mit dem Erreichten keineswegs zufrieden. Ein Offizierkorps, das zur bloßen Funktionselite umgewandelt worden war, hatte er wohl weithin schaffen können. Doch hinsichtlich der politischen Gesinnung, die zu einem bedingungslos loyalen und »gläubigen« Führerkorps führen sollte, zeigte er sich im Februar 1945 sehr enttäuscht. In seinem »Politischen Testament« beklagte er, dass ihm zwar von Anfang an bewusst gewesen sei, einen »ganz neuen Offizierstand« erst nach Kriegsende formen zu können. Hundert Jahre würde das wohl brauchen, wie er am 25. Januar 1939 bei einer internen Ansprache vor höheren Befehlshabern verkündet hatte. Daher musste er bis zum Sieg »im alten Stil weitermachen«. Statt eine nationalsozialistische Auslese heranreifen zu lassen, habe er sich mit dem »vorhandenen Menschenmaterial« begnügen müssen. »Das Ergebnis sieht danach aus!« (zit. nach 1.2 Förster, S. 96).

Nicht nur im Offizierkorps musste man den Aufbau der neuen Wehrmacht von Anfang mit ständigen Aushilfsmaßnahmen kombinieren. Eine gleichmäßige und hohe Qualität der künftigen Armee ließ sich auf diese Weise nicht erreichen. Im Ringen um Quantität und Qualität blieb letztere oft auf der Strecke. Hitlers ständiges Drängen auf eine Beschleunigung der Aufrüstung war dafür nicht die einzige Ursache. Die führenden Militärs erwarteten, dass sich der künftige Krieg wahrscheinlich zu einem Totalen Krieg entwickeln würde. Dann musste notfalls die gesamte Volkskraft in den Dienst der Landesverteidigung gestellt werden.

Die Wehrpflicht als Fundament der Mobilisierung

Das Ziel einer militarisierten »Volksgemeinschaft« war nach allgemeiner Auffassung nur in einem autoritären Führerstaat erreichbar. Die Staatsführung musste dafür sorgen, dass die Bedürfnisse des neuen Heeres allen anderen Anforderungen vorangestellt wurden und die Bevölkerung die zu erwartenden Belastungen klaglos auf sich nahm.

Die Ressourcen für eine rasche und umfassende Wiederaufrüstung waren an sich nicht vorhanden. Durch die langsame Erholung der deutschen Wirtschaft nach der Krise der frühen Dreißigerjahre ergab sich zwar ein gewisser Spielraum, aber die NS-Regierung war besorgt darum, in der Bevölkerung die Illusion von Frieden und Wohlstand zu pflegen. Deshalb mussten andere, teilweise verdeckte Möglichkeiten für die Finanzierung der Aufrüstung geschaffen werden. Im Ergebnis konnten zwar erhebliche Ressourcen für militärische Zwecke genutzt werden, doch sie reichten bei Weitem nicht aus, alle Forderungen und Wünsche der Militärs zu erfüllen. Neben den Erweiterungsplänen von Heer und Kriegsmarine musste der völlige Neuaufbau einer Luftwaffe und der entsprechenden Industrie bedacht werden, außerdem eine Fülle weiterer Aufgaben und Projekte, die für den künftigen Krieg wichtig erschienen (etwa der Bau von Festungsanlagen und Luftschutzräumen, die Herstellung von bislang verbotenen Waffen wie schwerer Artillerie, Panzern und chemischen Kampfstoffen). Ebenso musste daran gedacht werden, die Umstellung auf die Kriegswirtschaft und eine blockadefeste Autarkie leisten zu können, damit das Reich bei einem längeren Krieg nicht »ausgehungert« werden konnte. Das alles verlangte eigentlich eine drastische Einschränkung des zivilen Verbrauchs, wozu sich das NS-Regime aber nur sehr zögerlich bereitfand.

Dazu kam, dass die allgemeine Wehrpflicht umfassender als je zuvor in der deutschen Geschichte ausgeschöpft werden sollte. Es bedeutete, schon in Friedenszeiten Hunderttausende von Arbeitskräften der Wirtschaft zu entziehen und die Familien durch die Einberufungen zu belasten. Auch hier zeigte sich Hitler mit Rücksicht auf die Stimmung in der Bevölkerung außerordentlich sensibel. Während die Militärs mit dem stärkeren Einsatz von Frauen in der Wirtschaft nach dem Vorbild des Ersten Weltkriegs rechneten, setzte Hitler während des Zweiten Weltkriegs vorzugsweise auf den Einsatz ausländischer Zwangsarbeiter und Kriegsgefangener. So konnte die Wehrmacht die allgemeine Wehrpflicht doch noch äußerst erfolgreich für die Rekrutierung nutzen. In den zehn Jahren ihrer Existenz gelang es ihr, mit dem Höhepunkt in der Schlussphase des Zweiten Weltkriegs, bis zu 18 Millionen Männer, vom 16-jährigen Schüler bis zum 60-jährigen Volkssturmmann, zu den Waffen zu rufen. Das Soldatenpotenzial wurde also im Vergleich zum Ersten Weltkrieg um mehr als das Doppelte ausgeschöpft!

Für eine solche umfassende Mobilisierung brauchte es eine starke politische Führung. Als Erich Ludendorff, der im Ersten Weltkrieg als der starke Mann in der Obersten Heeresleitung eine ähnliche Mobilisierung versucht hatte, 1935, kurz vor seinem Tode, in einem programmatischen Buch über den Totalen Krieg die Errichtung einer Militärdiktatur propagierte, folgte ihm niemand mehr von den aktiven Offizieren. Ludendorffs Politik hatte schließlich 1918 in die Revolution und den Zusammenbruch geführt. Die militärischen Verantwortlichen hatten sich bereits 1933 für einen zivilen »Führer« des Reiches entschieden und die Truppen durch den 1934 neu eingeführten Eid auf Hitler eingeschworen. Die neue Wehrmacht war vom ersten Tag also an den »Führer« gebunden, der als »Oberster Befehlshaber der Wehrmacht« die politische und militärische Spitze in seiner Person vereinte. Zu einem solchen politischen Primat gab es seit 1935 keine Alternative mehr. Nur wenige ältere Offiziere blieben in einer gewissen inneren Distanz zum NS-Regime und zu dem »böhmischen Gefreiten«. Wer geglaubt hatte, dieser würde sich darauf beschränken, als nützlicher »Trommler« die Interessen der Militärführung umzusetzen, sah sich bald getäuscht. Schon in der Vertrauenskrise von 1938, als die Militäropposition zum ersten Male an einen Putsch dachte, richtete sich die Ablehnung lediglich gegen Hitlers riskanten außenpolitischen Kurs. Das Selbstverständnis der militärischen Elite zielte schon längst nicht mehr darauf, die Politik beeinflussen oder gar dominieren zu können. Die Anerkennung des politischen Primats und der Staatsführung war 1935 so weit gediehen, dass die damals gängige Formel von der Armee als eine – neben der Partei – von »zwei Säulen« des Regimes hinfällig geworden war. Reichskriegsminister Werner von Blomberg bemühte sich in allen Bereichen, dem »Führer« entgegenzuarbeiten und die neue Wehrmacht vorbehaltlos in die NS-Volksgemeinschaft zu integrieren.

Auch wenn die Kriegsmarine wie stets ihren eigenen Kurs verfolgte, ließ ihr Oberbefehlshaber Erich Raeder keinen Zweifel an seiner Treue zum »Führer« und dem Bekenntnis zum Nationalsozialismus. Umso mehr konnte er darauf vertrauen, dass Hitler die fachliche Kompetenz der Marineführung respektierte und deren Vorschläge unterstützte. Sie brauchte den direkten Zugang zum Obersten Befehlshaber, um sich gegen den dominierenden Einfluss des Heeres behaupten zu können. Das Reich als traditionelle Landmacht war nun einmal geprägt von der militärischen Stärke des Heeres und ihrer selbstbewussten Führung. Immerhin war es der Marineführung gelungen, sich im wilhelminischen Deutschland auf den Kaiser zu stützen und im Ersten Weltkrieg eine weitgehend selbstständige Kriegführung zu betreiben. Dennoch musste sie sich angesichts der wehrgeografischen Lage, der Rüstungsanteile und Personalstärken mit der Rolle des »kleinsten« Wehrmachtteils begnügen.

Diese Proportionen in Gewicht und Einfluss innerhalb des Militärs sowie gegenüber der politischen Führungsspitze veränderten sich 1935 dramatisch. Hitler enttarnte die insgeheim bereits aufgestellte neue Luftwaffe. Militärisch hatte sie zwar zunächst nur ein geringes Gewicht. Ihre Bedeutung als »Risiko-Luftwaffe« zielte bis 1936/37 auf eine Abschreckung, die hauptsächlich durch eine aggressive Propaganda erreicht wurde. Dann vergrößerte sie sich von Jahr zu Jahr sprunghaft. Dazu trug der Ausstoß der neu errichteten Flugzeugfabriken ebenso bei wie die Übernahme einer großen Zahl von Heeresoffizieren. Die Luftwaffe überrundete rasch die Kriegsmarine an Zahl und Bedeutung. Ihr politisches Gewicht erhielt sie einerseits durch die Stellung als selbstständiger Wehrmachtteil. Das war gegenüber dem Ersten Weltkrieg und im Vergleich zu anderen Großmächten eine wesentliche Neuerung.

Zum anderen aber gewann sie mit der Ernennung des ehemaligen Jagdfliegers Hermann Göring zu ihrem Oberbefehlshaber eine einzigartige Position im Machtgefüge. Göring galt durch seine frühe Verbindung zur NSDAP als der mächtigste Mann hinter dem »Führer«. Es war nur konsequent, dass Hitler ihn 1939 vorsorglich zu seinem designierten Nachfolger ernannte. Mit seiner barocken Persönlichkeit beherrschte Göring bald ein Konglomerat von Positionen und Kompetenzen, ein persönliches Imperium, dessen Kontrolle ihm seit Kriegsbeginn freilich allmählich entglitt. Als »Preußischer Ministerpräsident« und »Reichsminister für Luftfahrt« (1933) sowie Vorsitzender des Reichsverteidigungsrates (1939) spielte er in der Innenpolitik eine herausragende Rolle, ebenso durch seine 1936 erfolgte Ernennung zum »Beauftragten für den Vierjahresplan«. Damit übertrug ihm Hitler die wirtschaftliche Kriegsvorbereitung, im Verlauf des Zweiten Weltkriegs dann auch die Ausbeutung der besetzten Gebiete. Und er ließ es zu, dass mit den »Reichswerken Hermann Göring« ein staatlicher Industriegigant geschaffen wurde, von dem ihr Namensgeber mit seiner Leidenschaft für Geschenke auch persönlich profitierte. Dass er zudem als »Reichsforstmeister« und als »Reichsjägermeister« fungierte, war demgegenüber von geringer Bedeutung.

Göring galt als der »erste Soldat« im Reich des Adolf Hitler seit 1938, als eine auch von ihm unterstützte Intrige zum Sturz des Reichskriegsministers von Blomberg und des Oberbefehlshabers des Heeres Fritsch führte. Er wurde zwar nicht wie erhofft Oberbefehlshaber der Wehrmacht, denn Hitlers selbst übernahm diese militärische Funktion von Blomberg, doch immerhin zum Generalfeldmarschall und nach dem Sieg über Frankreich 1940 zum »Reichsmarschall« ernannt. Dass die Luftwaffe auf ihr besonders enges Verhältnis zum Nationalsozialismus großen Wert legte, ist daher nicht verwunderlich. Durch ihren Oberbefehlshaber öffneten sich nahezu alle Türen. Auch gegenüber der Partei und ihrer Schutzstaffel (SS) konnte man selbstbewusst auftreten, denn die Indoktrination mit NS-Gedankengut übernahm die Luftwaffe selbst, bis in den Krieg hinein abgeschirmt durch Göring, der in weltanschaulichen Fragen eher als Pragmatiker galt. Geprägt wurde ihr Geist durch die kleine Elite der Piloten, die sich dem Mythos von Jugend, Technik und sportlichem Ehrgeiz verschrieb. Im Nationalsozialismus sah sie ihre Ideale verkörpert. Als »Görings Luftwaffe« brannte sie darauf, dem »Führer« zu dienen.

Das Problem der Spitzengliederung

In die fachlichen und operativen Bereiche von Kriegsmarine und Luftwaffe griff Hitler als Oberbefehlshaber der Wehrmacht bis 1943 selten
ein. Auch beim Heer hielt sich der ehemalige Gefreite anfangs zurück.
Sein Respekt gegenüber den Offizieren und militärischen Exzellenzen
schwand freilich in dem Maße, wie er wachsenden Widerspruch gegen
seinen riskanten Kriegskurs spürte. Die permanenten Auseinandersetzungen zwischen den Wehrmachtteilen drängten ihn in die Rolle eines
Schiedsrichters. Es ist aber bezeichnend, dass er mit den einzelnen Oberbefehlshabern meist separat konferierte. Damit ersparte er sich in seiner
Funktion als Oberster Befehlshaber der Wehrmacht mögliche langwierige Auseinandersetzungen mit unterschiedlichen Vorstellungen und Interessen. Ein geschlossenes Auftreten der militärischen Führungsspitze
hätte ihn in seiner Pose als »Größter Feldherr aller Zeiten« vielleicht ver-
unsichern können.

Auch in diese Rolle hat er sich erst durch das Versagen der
Spitzenmilitärs hineinsteigern können. Seine übersteigerte Selbstsicht
begann mit dem unerwarteten Sieg über Frankreich im Sommer 1940,
verstärkte sich durch die persönliche Übernahme auch des Oberbefehls
über das Heer im Dezember 1941 und endete damit, dass Hitler zum
Ende des Zweiten Weltkriegs bis in kleinste taktisch-operative Details
die militärische Kriegführung bestimmte. Diese totale Ausrichtung der
politischen, militärischen und taktisch-operativen Führungsaufgabe an
der Spitze des Reiches musste einen Einzelnen menschlich wie fachlich
überfordern.

In den Dreißigerjahren hätte sich eine solche Entwicklung kein
Offizier der neuen Wehrmacht vorstellen können. Die verantwortlichen Befehlshaber und Kommandeure vertrauten darauf, dass bei
Anerkennung des politischen Primats und grundsätzlicher Weisungen
der Staatsführung die militärische Kriegführung allein in ihren Händen
liegen würde, ganz im Sinne der Auftragstaktik. Als Führungsgrundsatz
innerhalb des militärischen Bereichs bedeutete diese Formel, dass
Untergebene im Sinne der übergeordneten Führung weitgehend selbstständig die Möglichkeit zur Erfüllung ihres Auftrags nutzten. Die
Oberkommandos und Generalstäbe der Wehrmachtteile konnten diese
Teilsouveränität aber schon deshalb nicht auf Dauer verteidigen, weil
im stetigen Konflikt untereinander die ausgleichende Funktion eines
Oberkommandos der Wehrmacht (OKW) meist nicht funktionierte.

Dieser Zustand spielte Hitler in die Hände und wurde von ihm gezielt gelenkt. Mit der Übernahme des direkten Oberbefehls über die
Wehrmacht und der Abschaffung des Reichskriegsministeriums bündel-
te er die damit verbundenen Funktionen in einem persönlichen militäri-

schen Führungsstab. Die Einsetzung von Wilhelm Keitel als »Chef des Oberkommandos der Wehrmacht« erwies sich für Hitlers persönliches Regime als Glücksstreffer. Die unerwartete und steile Rangerhöhung Keitels innerhalb der militärischen Hierarchie wurde von den Oberkommandos der Wehrmachtteile nicht wirklich akzeptiert. Hinter vorgehaltener Hand diffamierten sie den Bürochef Hitlers als »Lakeitel« und suchten umso mehr den direkten Zugang zum »Führer«.

Dabei war Keitel ein ausgesprochenes Organisationstalent, der sich zwar als Vermittler zwischen Hitler und der Wehrmacht verstand, sich seinem Oberbefehlshaber aber bedingungslos unterordnete. Selbst wenn sein Rat nicht gefragt oder ausgeschlagen wurde, verteidigte er Hitlers Befehle vehement gegenüber seinen früheren Kameraden, die ihn wegen dieser Haltung verachteten. Keitel erwies sich als Prototyp eines Militärtechnokraten, der sich auf die Ausführung eines höheren Willens beschränkte und Skrupel nicht sichtbar machte, sofern er sie überhaupt empfand.

Dem OKW unterstanden wichtige Zuständigkeiten des früheren Kriegsministeriums, die von gemeinsamem Interesse waren, wie die Militärische Abwehr und die Rüstung. Weil Hitler seinen persönlichen Stabschef insbesondere gegenüber der Heeresführung zu stärken bemüht war, gewann das OKW zunehmend an Einfluss und Bedeutung. Die meisten Aufgaben lagen beim Wehrmachtführungsamt (WFA), das bezeichnenderweise 1940 zum Wehrmachtführungsstab (WFSt) umbenannt wurde. Unter seinem Chef, General Alfred Jodl, übernahm der WFSt 1941 die operative Zuständigkeit für die einzelnen Kriegsschauplätze, mit Ausnahme der Ostfront. Diese blieb allein beim Oberkommando des Heeres. Indem Hitler dann auch noch die Funktion des Oberbefehlshabers des Heeres ausübte, war seine »Machtübernahme« im Bereich der militärischen Kriegführung vollendet.

In der Heeresführung hatte man sich seit 1935 lange Zeit Illusionen gemacht, die eigene Autonomie zumindest in fachlich-operativer Hinsicht verteidigen zu können. Doch die militärische Spitze widerstand nicht dem Durchsetzungswillen des früheren Gefreiten. Konflikte blieben so nicht aus: 1938 und 1939 kam es fast zu einem Staatsstreich und im August und Dezember 1941 zu schweren Vertrauenskrisen. Trotzdem zeigte sich die Opposition in der Heeresgeneralität unentschlossen, zersplittert und durch Hitlers Erfolg korrumpierbar. Beispielhaft ist das Verhalten von Franz Halder.

Als Nachfolger des 1938 unter Protest zurückgetretenen Ludwig Beck übernahm er das Amt eines Generalstabschefs des Heeres. Diese in der preußischen Militärtradition seit dem 19. Jahrhundert hochgeschätzte Position konnte er gegen einen immer selbstbewusster auftretenden Hitler nur mühsam verteidigen. Dabei sah sich Halder als eine Art von »Reichsgeneralstabschef«. Er strebte die operative Gesamtführung des Krieges an, scheiterte aber bereits am Eigensinn der anderen Wehrmachtteile und an seinem eigenen Oberbefehlshaber. General Walther von Brauchitsch, unter moralisch fragwürdigen Bedingungen von Hitler zum Nachfolger von Fritsch eingesetzt, war schwach und krank, den nervlichen Belastungen des Krieges nicht gewachsen. Als Hitler im Dezember 1941 selbst die Position von Brauchitsch übernahm, glaubte Halder allen Ernstes, er könnte sich jetzt mit dessen Rückendeckung gegenüber den anderen Wehrmachtteilen umso besser durchsetzen. Neun Monate später feuerte ihn Hitler, weil Halder die Aufspaltung der Offensive in Südrussland nicht billigte. Der »Führer« sah in Halder ohnehin die Verkörperung der alten »reaktionären« Generalität, der es an Verständnis für die politischen Dimensionen »seines« Kampfes mangelte.

Das Problem der Spitzengliederung und die Rivalität der Teilstreitkräfte bildeten kein typisch deutsches Phänomen und kein Spezifikum der Wehrmacht im Dritten Reich. Was aber im Kaiserreich während des Ersten Weltkriegs zu einer Art von Militärdiktatur führte, entwickelte sich im Zweiten Weltkrieg zur politischen Entmachtung des Militärs und zur Durchsetzung eines absoluten politischen Primats. Hitlers Herrschaftspraxis obsiegte gegenüber der Schwäche einer militärischen Führungsspitze, die der Diktator 1943/44 im vertrauten Gespräch mit Joseph Goebbels gleichwohl mit Hasstiraden überschüttete. Seine Verachtung resultierte aus dem Erleben von nervlicher Schwäche, verführbarer Eitelkeit und finanzieller Korruption bei einzelnen militärischen Befehlshabern.

Die ständigen Bedenken seitens des Generalstabs, die nicht selten zögerliche und skrupelhafte Umsetzung seiner operativen Entscheidungen oder der – allerdings nicht allzu häufige – direkte Widerspruch zu Direktiven und Prognosen führten bei Hitler gelegentlich sogar zu Hassausbrüchen und Tobsuchtsanfällen. Je mehr er sich während des Krieges in die Rolle des Feldherrn hineinsteigerte und sein Nimbus durch die wachsende Zahl von Niederlagen und Rückschlägen litt, desto allergischer reagierte er auf Zweifel und Bedenken. Der vorsichtige Versuch von Halders Nachfolger im Amt des Generalstabschefs des Heeres, Kurt Zeitzler, mit Hilfe von Albert Speer Hitler im Herbst 1943 durch die Abgabe zumindest der unmittelbaren Führung der Ostfront zu entlasten, schlug fehl. Nur die enge Beziehung des Rüstungsministers zu seinem väterlichen »Freund« schützte ihn vor persönlichen Konsequenzen.

Der »Führer« hielt sich längst für unentbehrlich auch im militärischen Tagesgeschäft, ja die täglichen Lagebesprechungen wurden für ihn immer mehr zu einem persönlichen Fluchtpunkt vor der Realität. Am Kartentisch beherrschte er in bedrängter und dichter Atmosphäre seine militärische Umgebung, die er aus völlig ergebenen »Mitarbeitern« gebildet hatte. Unangenehme Meldungen ließen sich dadurch einfach vom Tisch wischen, ohne Diskussion, eigens herbeibefohlene Frontbefehlshaber waren leicht zu beeinflussen. Manchem »Helden«, der sich vorgenommen hatte, dem »Führer« einmal ungeschminkt die katastrophale Realität zu schildern, verließ angesichts dieser Umstände der Mut; mehr noch, er fuhr zurück an die Front mit neuer Zuversicht, die ihm Hitler äußerst geschickt mit seinem Gerede über Wunderwaffen und bevorstehende Wendungen des Kriegsglücks vermittelt hatte. In Fällen, wo Hitler die Geduld verlor oder den Eindruck gewann, dass er einzelne Generale nicht mehr für sich gewinnen konnte, scheute er auch kein drakonisches Vorgehen. Schon 1934 waren zwei von ihnen erschossen worden, und seit 1938 hatte er Dutzende von Generalen gefeuert. Solche Maßnahmen wurden nach außen hin meist als krankheitsbedingte Abberufung, Versetzung in die »Führerreserve« usw. deklariert. Die Betroffenen erhielten einen ehrenhaften Abschied und die Pension oder sogar Geldgeschenke in nicht unbeträchtlicher Höhe. Dafür hielten sie den Mund. Auf der anderen Seite ließ Hitler nicht zu, dass einzelne Generale von sich aus bei Meinungsverschiedenheiten ihren Rücktritt oder eine Versetzung anboten. Später bedauerte es der »Führer«, nicht nach dem Vorbild Stalins die eigene Armee rechtzeitig »gesäubert« zu haben. Erst nach dem gescheiterten Attentat vom 20. Juli 1944 ließ er beteiligte Offiziere zu Hunderten ermorden. Es wurde das größte Massaker an Offizieren in der deutschen Militärgeschichte!

Einer der höheren Offiziere, die sich nicht so schnell beeindrucken ließen und ihre Auffassungen gelegentlich auch hartnäckig vortrugen, war Erich von Manstein. Er gilt als das wohl größte operative Talent in Hitlers Wehrmacht während des Krieges. Der ehemalige Gardeoffizier des Ersten Weltkriegs übernahm 1935 als erster Chef die neu konstituierte Operationsabteilung im Generalstab des Heeres und war zu diesem Zeitpunkt der einzige, der schriftlich Widerspruch einlegte, als sich die Wehrmacht von den ehemaligen jüdischen Frontoffizieren distanzierte. Manstein war selbstbewusst genug, um 1938 darauf zu vertrauen, nach Becks Rücktritt dessen Nachfolger als Generalstabschef des Heeres zu werden. Damit hätte er praktisch zum wichtigsten militärischen Berater Hitlers im künftigen Krieg aufrücken können. Dass er stattdessen in dieser aufgeheizten Situation drohender Kriegsgefahr das Kommando über eine Infanteriedivision übernehmen musste, empfand er als Zurücksetzung. Die militärische Hierarchie ließ ein schnelles Vorrücken des allseits anerkannten außerordentlich talentierten Generalmajors nicht zu.

Zur neuen Heeresführung entwickelte sich bei Manstein rasch ein gespanntes Verhältnis. Nach seiner Einschätzung kümmerte sie sich zu sehr um die politische und strategische Sphäre. In seinem Tagebuch entwickelte er im Oktober 1939 eigene Überlegungen für einen Angriff im Westen und verwarf die zögerlichen Entwürfe Halders. Manstein war der typische Vertreter einer Militärelite, die sich auf ihre Funktionalität beschränkte, mit einem in gewisser Weise sogar modernen Verständnis von Technokratie. Eine Einmischung in die Politik lehnte er ab. Wenn sich die Heeresführung darauf beschränkte, die politische Führung kompetent und loyal zu beraten und deren Entscheidungen umzusetzen, würde sie nach seiner Meinung auch das Vertrauen des »Führers« gewinnen. Nur dann würde man auch dessen Entscheidungen beeinflussen können. Entschied sich Hitler gegen den Rat der Heeresführung, blieb die Verantwortung allein bei ihm. Es wäre die einzig mögliche soldatische Haltung, auch in diesem Falle die Entschlüsse der obersten Führung uneingeschränkt umzusetzen.

Manstein gelang es Anfang 1940, Hitler persönlich von seinen operativen Vorstellungen zu überzeugen. Sie legten den Grundstein für den grandiosen Erfolg im Mai 1940, aber nicht unbedingt für die weitere Karriere des Generals. 1941 durfte er ein Armeekorps an der Ostfront führen, 1942 eine Armee und 1943 schließlich eine Heeresgruppe. Zeitzler und Speer favorisierten ihn als möglichen eigenständigen Oberbefehlshaber Ost. Doch Hitler lehnte eine solche Lösung ab, ebenso Mansteins Drängen auf größere Spielräume der Generale bei der Führung des Krieges. So reichte eine harmlose Zwischenbemerkung des Feldmarschalls bei einer Ansprache Hitlers für seine Entlassung aus. Manstein wurde nach dem Ende des Zweiten Weltkriegs von einem britischen Militärtribunal verurteilt, weil er in seinem früheren Verantwortungsbereich Kriegsverbrechen nicht verhindert und so den Völkermord mitgetragen habe. Seine Rolle und Befehlsgebung im Ostfeldzug werden heute kritischer beurteilt. Der vermeintliche Rückzug auf die fachliche Kompetenz und die uneingeschränkte Respektierung des politischen Primats schützten im totalitären Führerstaat nicht, mitschuldig im moralischen und unter Umständen auch juristischen Sinne zu werden.

Keine höhere Macht? Die Bedeutung der Militärseelsorge

Noch kurz vor seinem Tode hatte der Repräsentant der alten Armee, Reichspräsident und Generalfeldmarschall von Hindenburg, 1934 in einem Erlass über »Die Pflichten des deutschen Soldaten« auch die Gottesfurcht festhalten lassen. Der Mythos, den Hitler um seine Gestalt als »Führer« verbreitete, fasste zwar seit der Machtübernahme in Deutschland Fuß, aber für die Soldaten der neuen Wehrmacht war er zunächst und vor allem Staatsoberhaupt und Oberster Befehlshaber. Im Ersten

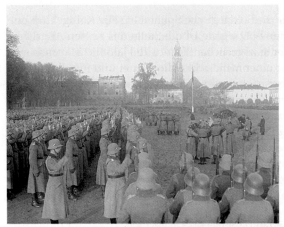

◀ Abb. 1:
Vereidigung von Rekruten der
Wehrmacht im Lustgarten in
Potsdam, im Hintergrund die
Garnisonkirche, 7. November
1935.
BArch/102-17197/Pahl

▶ Abb. 2:
Heldengedenktag in Berlin,
März 1935, von links: August
von Mackensen, Hitler,
Reichswehrminister (später
Kriegsminister) Werner von
Blomberg; 2. Reihe: Chef der
Heeresleitung Werner Freiherr
von Fritsch (ab Juni 1935
Oberbefehlshaber des Heeres,
1938 gestürzt), Reichsminister
der Luftfahrt Hermann Göring,
Oberfehlshaber der (Kriegs-)
Marine Erich Raeder.
BArch/122-F51618-53

◀ Abb. 3:
Der »Volksgerichtshof« in
Berlin während des Prozesses
zum Attentat vom 20. Juli
1944: in der Mitte Roland
Freisler, Präsident des
Volksgerichtshofes, verantwort-
lich für Tausende Todesurteile.
BArch/151-39-23

Weltkrieg hatte es für die Soldaten noch geheißen: Für Kaiser, Gott und Vaterland. Der Diktator setzte sich an die Stelle des Kaisers. Er scheute sich nicht, in immer stärkerem Maße auch die »göttliche Vorsehung« für sich in Anspruch zu nehmen. Aber seine Partei und ihre Funktionäre folgten einer atheistischen, im Kern antichristlichen Weltanschauung. Um diesen Widerspruch vorübergehend im Interesse der umfassenden Kriegsvorbereitung zu überbrücken, bremste Hitler die radikalen Kräfte in der NSDAP und duldete die kirchliche Bindung der Bevölkerungsmehrheit sowie der Soldaten. Im Prinzip aber konkurrierte die Berufung auf eine höhere Macht mit dem absoluten Herrschaftsanspruch des »Führers«. Das »Gott mit uns« stand zwar noch auf den Koppelschlössern der Soldaten. Ihr Glaube sollte aber jetzt der Glaube an den »Führer« sein. Anstatt der Religion sollte der Nationalsozialismus zur »Weltanschauung« werden. An die Stelle des Vaterlands traten Nation und Rasse.

Hitler konnte also den tradierten, religiös unterlegten Ethos eines »ritterlichen« Offiziers eigentlich nicht dulden. Das wurde zu einem Thema in seinen Appellen an die Soldaten – besonders deutlich in seiner Rede vor den Truppenkommandeuren am 10. Februar 1939, als er den zu erwartenden »Weltanschauungs- und Rassekrieg« skizzierte. Die beiden wichtigsten Kirchen machten es ihm leicht, Widerspruch aus christlicher Gesinnung und unter Berufung auf eine höhere Instanz auszuschalten und notfalls zu kriminalisieren.

Die katholische Kirche hatte bereits 1933 in einem Konkordat mit dem Reich mögliche Konfliktfelder ausgeräumt. Zwar schwelte der Kirchenkampf wiederholt auf, etwa durch den Widerspruch des kämpferischen Kardinals von Münster, Clemens August Graf von Galen, zu den Euthanasiemorden des Regimes nach Kriegsbeginn. Aber die Mehrheit des Episkopats unterstützte den Krieg bis zum Schluss, zumal als er sich 1941 gegen den »gottlosen« Bolschewismus in der UdSSR richtete, und enthielt sich politischer Kritik. Besonders eng mit der Armee und dem Offizierkorps war in Preußen traditionell der Protestantismus verbunden. Die Seelsorge für die Soldaten verband sich in der Vergangenheit eng mit der Monarchie, dem Adel und der Militärelite. Eine solche Bindung war in der neuen Wehrmacht innerhalb der Führerdiktatur nicht mehr gegeben. Hitler ersetzte nicht den Monarchen, der Adel hatte seine Führungsrolle bereits weitgehend eingebüßt und in der Militärelite fühlten sich immer weniger Offiziere fest an ihre Kirche gebunden.

Den Zusammenbruch von 1918 hatte die Verbindung von Armee und Kirche überdauert, nicht aber die Neuschöpfung der Wehrmacht von 1935. Die lange Geschichte der Militärseelsorge setzte sich zwar in Heer und Marine fort. Ihre Organisation vergrößerte sich mit dem Aufwuchs dieser »alten« Wehrmachtteile und folgte im Verlauf des Zweiten Weltkriegs den Eroberungen. Aber die Dichte ihrer Präsenz schwand erheblich. Für eine Wehrmacht von fünf bis zehn Millionen Mann standen 148 aktive evangelische Kriegspfarrer zur Verfügung, ergänzt um 428 für die Kriegsdauer eingestellte. Auf katholischer Seite waren die Zahlen ähnlich.

Wofür im Friedensheer die alte Heeresführung noch Sorge tragen konnte, verflüchtete sich während des Krieges bei den zahlreichen, teils improvisierten Neuaufstellungen. Bei der neugeschaffenen Luftwaffe gab es überhaupt keine Planstellen für Kriegspfarrer, und bei der Waffen-SS sowie anderen parteinahen Formationen wie den Bautruppen der »Organisation Todt« natürlich erst recht nicht. Viele Soldaten haben deshalb von der Existenz der Militärseelsorge kaum Notiz genommen.

Die alte Tradition christlicher Seefahrt bei der Kriegsmarine hielt den stürmischen Einzug der nationalsozialistischen Weltanschauung nicht auf. Da mag es verwunderlich erscheinen, wenn sich 1939 bei Kriegsbeginn Martin Niemöller als führender Vertreter der »Bekennenden Kirche«, einem Zusammenschluss von oppositionellen Pfarrern, aus der KZ-Haft heraus freiwillig zum Dienst in der Kriegsmarine meldete. Niemöller war im Ersten Weltkrieg ein verwegener U-Boot-Offizier gewesen. 1934 waren seine Erinnerungen unter dem Titel »Vom U-Boot zur Kanzel« erschienen. Als Theologe wandte er sich scharf gegen den von Hitler eingesetzten Reichskirchenminister Hanns Kerrl und die von diesem geförderte Gruppierung der »Deutschen Christen«. Den innerkirchlichen Kampf der »Bekennenden Kirche« betrachtete Hitler als staatsfeindlich. Obwohl der nationalkonservative Niemöller der NSDAP angehörte, attackierte er deren Chefideologen Alfred Rosenberg, was bereits 1935 zur Verhaftung des Theologen führte. Er galt ab 1938 als »persönlicher Gefangener« Hitlers, der seine Hinrichtung beabsichtigte und 1939 Niemöllers Gesuch ablehnte, wieder als U-Boot-Kommandant dem Vaterland dienen zu dürfen. Nach 1945 übernahm Niemöller nach seinen Erfahrungen im KZ Dachau als Außenseiter radikal pazifistische Positionen und hielt nun die Ableistung von Militärdienst für unvereinbar mit dem christlichen Glauben.

Sein merkwürdiges Gesuch an Hitler vom Kriegsbeginn 1939 symbolisierte aber noch einmal die dominierende theologische Haltung, die sich als »Dienst am Volk« verstand und daher die legitime staatliche Ordnung sowie die Landesverteidigung uneingeschränkt unterstützte. Das galt in besonderem Maße für die Seelsorge in der Wehrmacht, deren Vertreter sich zumeist als Symbiose von Offizier und Pfarrer sahen. Sie haben eine besondere Nähe zu den traditionell geprägten Offizieren empfunden und gelebt, was kritische Distanz zum Verhalten der Wehrmacht und ihrer Führung nicht ausschloss. Doch die Prioritäten waren eindeutig. Der Verzicht auf öffentliche Kritik sollte die institutionellen Chancen zur Seelsorge erhalten. Das Recht des Staates zur Kriegführung, die Notwendigkeit von Manneszucht und Disziplin sowie das Prinzip von Befehl und Gehorsam standen nicht zur Disposition. Wehrmachtseelsorge ermutigte daher zum Ertragen der Härten des Kampfes und beschränkte sich darauf, Trost zu spenden: in Lazaretten und Gefängnissen, im Schützengraben und bei Massenbegräbnissen. Umfang und Legitimation von Gewaltakten, insbesondere von Urteilen der Militärjustiz, konnten allenfalls in beschränktem Maße hinterfragt werden. Die Realität im Vernichtungskrieg mochte manchen erschüttern. Aber im Loyalitätskonflikt zwischen einem traditionellen, stark funktionalistischen militärischen Ethos, dem Prinzip der Humanität und der Verpflichtung gegenüber einer höheren Autorität fanden nur wenige eine sittliche Lösung. Zu ihnen gehören die Männer des militärischen Widerstands. Für vermutlich viele andere kann gelten:»So fand man sich, scheinbar in der Mitte, als die Repräsentanten des eigentlichen, des anständigen Deutschland: von außen genötigt, im Gewissen gespalten, innerlich zerrissen, im Handeln jedoch aktiv, den unausweichlich scheinenden politischen und militärischen Notwendigkeiten gehorchend.« (3.8 Beese, S. 491)

Recht im Unrechtsstaat? Das Elend der deutschen Militärjustiz

Die Grundlagen der Theologie ließen sich im Dritten Reich nur begrenzt verbiegen. Deshalb wurden sie von Nationalsozialisten, die außerhalb der Kirche standen, auch radikal bekämpft. Aber zu viele Kirchenvertreter und Gläubige waren biegsam genug, um sich der neuen Zeit anzupassen oder ihr sogar mit Zustimmung und Begeisterung zu dienen. Die traditionelle Institution der Militärseelsorge konnte daher in der neuen Wehrmacht kaum ein Hort des Widerstands oder der inneren Emigration sein. Dennoch gab es auch hier Refugien eigenständigen Denkens, die sich dem totalitären Anspruch Hitlers entzogen. Den Geist der Armee des »Führers« konnten sie nicht prägen.

Im Rechtswesen traten die neuen Verhältnisse noch deutlicher zutage. Im Gegensatz dazu hatte das Kaiserreich – bei allen Einschränkungen – noch als moderner Rechtsstaat gegolten. Die Militärjustiz war zwar ähnlich wie die Militärseelsorge integraler Bestandteil von Armee und Marine, aber sie hatte sich sogar im Ersten Weltkrieg ein hohes Maß an Rechtlichkeit bewahrt. Den Vergleich mit anderen Großmächten brauchte das Reich damals nicht zu scheuen. Todesurteile wurden nur in sehr geringer Zahl ausgesprochen. Selbst Meuterei, Desertion und Landesverrat, die an den militärischen Grundfesten rütteln, setzten das geltende Militärstrafsystem nicht außer Kraft.

Die Weimarer Reichsverfassung hatte nach der Niederlage für eine Abschaffung der Militärjustiz gesorgt. Die rechtsstaatliche Begrenzung

normativer Grundlagen des Militärs sowie der Kriegführung sollte damit gestärkt werden. Das konnte als Reaktion auf eine bedenkliche Ausweitung des Begriffs der »Kriegsnotwendigkeiten« gelten, mit
dem das preußisch-deutsche Militär seit der Jahrhundertwende auf die
Kodifizierung des Kriegsvölkerrechts (Haager Landkriegsordnung) reagiert hatte. Zu den ersten Maßnahmen des Dritten Reiches gehörte
im November 1933 die Wiedereinführung der Militärgerichtsbarkeit.
Die Einschätzung der Nationalsozialisten, dass die Militärjustiz gegen
Zersetzungserscheinungen versagt und so den inneren Zusammenbruch
von 1918 befördert habe, wurde von vielen Juristen und Offizieren
durchaus geteilt.

Das von 1872 stammende Militärstrafgesetzbuch wurde ab 1935 entsprechend verschärft. NS-typische Delikte, wie »Wehrkraftzersetzung«
fanden darin Eingang (1939). Der neue Geist eines »kämpferischen
Rechts« im nationalsozialistischen Sinne sollte zur Sicherung der deutschen »Blut-, Opfer- und Schicksalsgemeinschaft« beitragen, indem
die »Manneszucht« in den Mittelpunkt gestellt und die »Reinigung«
der Wehrmacht von »Minderwertigen« betrieben wurde. Gerichte sollten nicht die Wahrheit an sich suchen und nicht nach humanitären
Maßstäben Recht sprechen. Von dem schwammigen Spruch »Recht ist,
was dem Volke frommt« zu Hitlers Verdikt »Was Recht ist, bestimme
ich«, war es nur ein kurzer Weg. Die Anpassung der Wehrmachtjustiz an die ideologisierte Rechtsentwicklung im Nationalsozialismus
(3.14 Messerschmidt) vollzog sich in Etappen, aber reibungslos.

1936 wurde das Reichskriegsgericht als höchste Instanz eingerichtet. Im Zuge der raschen Aufrüstung musste auch das Personal der
»Wehrmachtbeamten im Offizierrang« aufgestockt werden, die als
Reserveoffiziere und ausgewiesene Richter für das Rechtswesen in
den Wehrmachtteilen eingestellt wurden. Die Kriegsgerichte, jeweils
ein Richter und zwei Soldaten als Beisitzer, galten zwar als selbstständige Dienststellen, waren jedoch dem jeweiligen militärischen Vorgesetzten als dem »Gerichtsherrn« unterstellt, in der Regel dem Divi-
sionskommandeur. In seinem Auftrag wurden Strafsachen behandelt und
Urteile gefällt. Diese mussten von ihm bestätigt werden. Der Gerichtsherr
konnte ein Urteil zurückweisen und die Neuverhandlung vor einem neu
zusammengesetzten Gericht fordern. Juristen verfügten also über einen
gewissen Spielraum, den manche auch zu nutzen verstanden.

Seit Beginn des Zweiten Weltkriegs entstanden jedenfalls immer
wieder Konflikte, weil Richter nicht die von Vorgesetzten erwarteten harten Strafen verhängten. Hier musste Hitler mehrfach selbst eingreifen, so etwa im Herbst 1939, als er gerichtliche Verfahren gegen
Kriegsverbrecher der SS niederschlagen ließ, und 1941, als er mit dem
berüchtigten »Kriegsgerichtsbarkeitserlass« den Verfolgungszwang bei

»Kriegsgerichtsbarkeitserlass« vom 13. Mai 1941

Der sogenannte Kriegsgerichtsbarkeitserlass legalisierte indirekt Kriegsverbrechen der Wehrmacht.

Die Wehrmachtgerichtsbarkeit dient in erster Linie der Erhaltung der Mannszucht. Die weite Ausdehnung der Operationsräume im Osten, die Form der dadurch gebotenen Kampfesführung und die Besonderheit des Gegners stellen die Wehrmachtgerichte vor Aufgaben, die sie während des Verlaufs der Kampfhandlungen und bis zur ersten Befriedung des eroberten Gebietes bei ihrem geringen Personalbestand nur zu lösen vermögen, wenn sich die Gerichtsbarkeit zunächst auf ihre Hauptaufgabe beschränkt. Das ist nur möglich, wenn die Truppe selbst sich gegen jede Bedrohung durch die feindliche Zivilbevölkerung schonungslos zur Wehr setzt. Demgemäß wird für den Raum »Barbarossa« (Operationsgebiet, rückwärtiges Heeresgebiet und Gebiet der politischen Verwaltung) folgendes bestimmt: [...]

II. Behandlungen der Straftaten von Angehörigen der Wehrmacht und des Gefolges gegen Landeseinwohner

1. Für Handlungen, die Angehörige der Wehrmacht und des Gefolges gegen feindliche Zivilpersonen begehen, besteht kein Verfolgungszwang, auch dann nicht, wenn die Tat zugleich ein militärisches Verbrechen oder Vergehen ist.

2. Bei der Beurteilung solcher Taten ist in jeder Verfahrenslage zu berücksichtigen, dass der Zusammenbruch im Jahre 1918, die spätere Leidenszeit des deutschen Volkes und der Kampf gegen den Nationalsozialismus mit den zahllosen Blutopfern der Bewegung entscheidend auf bolschewistischen Einfluss zurückzuführen war und dass kein Deutscher dies vergessen hat.

Quelle: »Führer-Erlasse« 1939–1945. Edition sämtlicher überlieferter, nicht im Reichsgesetzblatt abgedruckter, von Hitler während des Zweiten Weltkrieges schriftlich erteilter Direktiven aus den Bereichen Staat, Partei, Wirtschaft, Besatzungspolitik und Militärverwaltung. Zsgest. und eingel. von Martin Moll, Stuttgart 1997, S. 172 f.

Straftaten von Soldaten gegenüber der Zivilbevölkerung in den besetzten sowjetischen Gebieten aufhob. Wieder lag es aber im Ermessen von Offizieren, zur Aufrechterhaltung der »Manneszucht« Übergriffe zu bestrafen oder vor das Kriegsgericht zu bringen.

Bis in die Schlussphase des Krieges blieben politische Delikte und Straftaten wie Fahnenflucht die Ausnahme im Alltag der Kriegsgerichte, die sich in den besetzten Gebieten auch mit Straftaten der Zivilbevölkerung gegenüber Wehrmachtangehörigen und von Soldaten gegenüber Zivilisten befassten. Die zunehmende Durchdringung der Wehrmachtjustiz mit nationalsozialistischem Ungeist ist nicht zu bestreiten, was sich schließlich im letzten Kriegsjahr mit »Fliegenden Standgerichten« bis zum gefürchteten Instrument des Durchhalteterrors steigerte.

Dennoch lassen sich – bei insgesamt etwa 3000 Wehrmachtjuristen – durchaus Beispiele für individuelle Handlungsspielräume und Einstellungen anführen. Sie markieren zugleich die Hoffnung des militärischen Widerstands, dass sich mit der Beseitigung Hitlers und seines Regimes die Herrschaft des Rechts wieder aufrichten lassen würde. Für diese Männer war es eines der wichtigsten Motive für den geplanten Staatsstreich. Zu ihnen zählte auch Karl Sack. Die NS-Rechtsauffassung lehnte er ab und wechselte 1934 in die Militärjustiz, weil er sie für eine weitgehend unpolitische Institution hielt. Seine steile Karriere führte ihn bis 1942 an die Spitze der Heeresjustiz. Bereits als Richter am Reichskriegsgericht hatte er 1938 die Absicht der Gestapo durchkreuzt, ein Urteil gegen den Oberbefehlshaber des Heeres, Generaloberst von Fritsch, herbeizuführen. Sack stand seit dieser Zeit im engen Kontakt mit der militärischen Opposition und wäre nach einem erfolgreichen Staatsstreich am 20. Juli 1944 Reichsjustizminister geworden. Wenige Tage nach dem Attentat wurde er verhaftet und in den letzten Kriegstagen von einem SS-Standgericht zum Tode verurteilt und hingerichtet.

Ebenso wie Sack waren auch andere Juristen in den Dreißigerjahren in die Wehrmachtjustiz gegangen, weil sie Konflikte mit der Partei hatten und annahmen, die Wehrmacht sei »unpolitisch«. Zu ihnen gehörte Christian Freiherr von Hammerstein-Loxten, ein älterer Amtsrichter, der enttäuscht gewesen war, dass sich die evangelische Kirche dem neuen Staat unterwarf. Da die Luftwaffe dringend Richter suchte, begann er dort eine Karriere, die ihn bereits 1939 zum Chef der Luftwaffenjustiz machte. Ihm gelang es, Einfluss auf Göring zu gewinnen, damit dieser im Einzelfall mäßigend auf die Gerichte einwirkte.

Für die Objekte der Wehrmachtjustiz machten solche individuellen Ausprägungen bei den verantwortlichen Juristen keinen gravierenden Unterschied. In der Wehrmacht wurde eine harte Disziplin durchgesetzt, befehlswidriges, auffälliges oder gar kriminelles Verhalten bestraft; zunächst von unmittelbaren Vorgesetzten in Form von Disziplinarstrafen, dann durch Kriegsgerichte, die über ein abgestuftes System von Strafen verfügten. Kriegsgerichtlich verurteilt wurden bis zum Ende des Zweiten Weltkriegs immerhin rund 500 000 Soldaten. Viele von ihnen landeten in Feldstrafgefangenenabteilungen und Bewährungseinheiten, wenn man auf ihren Einsatz nicht gänzlich verzichten wollte, außerdem in Wehrmachtgefängnissen oder vor dem Erschießungskommando von Standgerichten. Rund 30 000 wurden als »wehrunwürdig« aus der Wehrmacht entlassen und in Konzentrationslager eingewiesen.

Etwa in gleicher Höhe bewegte sich die Zahl verurteilter Deserteure, von denen sich die Mehrzahl allerdings erst zur Flucht entschloss, als die Niederlage absehbar war. Die Forschung hat gezeigt, dass –

Todesurteile gegen Wehrmachtangehörige					
Jahr	Heer (gesamt)	Armeen	Kriegsmarine	Luftwaffe	Wehrmacht
1940	512	-	8	39	559
1941	523	91	38	64	625
1942	1 934	309	220	228	2 537
1943	2 790	510	247	369	4 626
1944	2 217	558	211	233	3 328

Quelle: BArch, RW 6/v. 130; [3.14] Messerschmidt, S. 163.

© MGFA
06807-02

wie im Ersten Weltkrieg – situative Bedingungen eine größere Rolle spielten als politische Motive. Gemessen an der Gesamtzahl der Wehrmachtangehörigen blieb die Desertion ein Randphänomen, das weniger als ein Prozent der Soldaten umfasste. Vermutlich ist dies die geringste Desertationsrate in der gesamten deutschen Militärgeschichte. Angesichts der strengen Disziplin und sozialen Kontrolle innerhalb der Wehrmacht war die Desertion aber zumeist auch lebensgefährlicher als der Verbleib an der Front.

Steigende Tendenz verzeichnete die Todesstrafe: Im ersten Kriegsjahr wurde sie im Durchschnitt monatlich 29, im November 1944 bereits 526 Mal verhängt. Insgesamt sind wohl mindestens 20 000 Todesurteile an Soldaten vollstreckt worden. Das wurde nur von der Roten Armee im Zweiten Weltkrieg übertroffen (157 000). Im Vergleich dazu exekutierten die französischen Streitkräfte 102 eigene Soldaten, die US-Armee 146 und die Briten 40. Im Ersten Weltkrieg waren 150 deutsche Soldaten zum Tode verurteilt und 48 davon auch hingerichtet worden.

Ein besonderes Kapitel stellt der »Ehrenhof des Heeres« dar, den Hitler am 2. August 1944 nach dem gescheiterten Staatsstreich einrichtete. Das Gremium aus Feldmarschällen und Generalen sollte die Verschwörer aus der Armee ausstoßen und dem nationalsozialistischen »Volksgerichtshof« übergeben. Damit wurde die Zuständigkeit des Reichskriegsgerichts ausgeschaltet. Das betraf 55 Offiziere. Weitere 29 wurden auf Vorschlag des »Ehrenhofes« aus der Wehrmacht entlassen. Der Niedergang des traditionellen Leitbildes der Armee und seiner institutionellen Sicherungen wurde im Missbrauch des Begriffs »Ehre« noch einmal allzu deutlich.

Leitbilder und Propaganda

Am Beginn dieses Niedergangs stand die makabre Inszenierung des »Tags von Potsdam« am 21. März 1933. Es war der einzige öffentliche Auftritt des neuen Reichskanzlers in Cut und Zylinder. Das zur Ikone gewordene Bild wurde zeitgenössisch interpretiert als seine Verbeugung vor dem Reichspräsidenten Hindenburg, dem obersten militärischen Befehlshaber, der die Uniform eines Generalfeldmarschalls der alten preußischen Armee trug. Es war allerdings weder die Unterwerfung des »Zivilisten« Hitler noch Ausdruck seines unbedingten Respekts vor der alten Armee. Die erste größere Inszenierung von Propagandaminister Goebbels bezweckte lediglich die Täuschung der nationalkonservativen Führungseliten und des Offizierkorps. Schon zwei Jahre später, mit dem Aufbau der neuen Wehrmacht, veränderten sich Erscheinungsform und Selbstverständnis grundlegend. Hitler gewöhnte sich als Oberster Befehlshaber an eine schlichte, abgewandelte Uniformjacke. Frack und Parteiuniform blieben immer häufiger im Kleiderschrank.

Abgesehen von einer kleinen Gruppe älterer Offiziere hatte die Mehrzahl der Soldaten keinen sentimentalen Bezug mehr zu Glanz und Gloria des Kaiserreichs. Der Mythos »Preußen« wurde von Hitlers »nationaler Revolution« zwar gern als Bezugspunkt missbraucht. Aber dessen Anhänger galten bald als »Reaktionäre«. Das NS-Regime gestatte immerhin die Weiternutzung älterer Symbole wie der Reichskriegsflagge und der alten Truppenfahnen. Allerdings setzten sich daneben die Enbleme der Partei allmählich stärker durch. Die Neustiftung des »Eisernen Kreuzes« als Auszeichnung für soldatische Tapferkeit griff bei Beginn des Zweiten Weltkriegs auf das Symbol von 1813 zurück, besetzte es aber mit dem Hakenkreuz. 1944 fand man sogar noch Zeit, im »Großen Zapfenstreich«, dem traditionell höchsten militärischen Zeremoniell, das alte Kirchenlied »Ich bete an die Macht der Liebe« auszuwechseln. An seine Stelle sollte Beethovens Hymne »Die Himmel rühmen des Ewigen Ehre« treten. Die alte militärische Grußform wurde bald darauf durch den Hitlergruß ersetzt.

In der Tradition knüpfte Hitlers Wehrmacht zwar selektiv an die Vorgänger an. Aber die neuaufgestellten Einheiten stellten in den Dreißigerjahren nicht die Formationen des alten Reichsheeres bzw. der preußischen Armee wieder her. Die Reichswehr der Weimarer Republik sah man ohnehin nicht als lobenswertes Vorbild an. Es waren natürlich auch praktische Gründe, da in der Wehrmacht nach dem System der Zellteilungen neue Divisionen jeweils durch Aufteilung oder Abgaben aus bestehenden Verbänden gebildet wurden.

So konnte etwa das berühmte Infanterieregiment 9 der Reichswehr in Potsdam zumindest ideell die Tradition des ehemaligen preußischen Gardekorps pflegen. Dies spiegelte sich auch in der sozialen Zusammensetzung und im Geist des Offizierkorps. Aber die aus dem Regiment im Verlauf des Krieges immer wieder durch Abgaben neu formierten Einheiten entfernten sich von diesem Selbstbild und wurden einfache Nummern, so wie sich das Regiment natürlich selbst auch fortlaufend veränderte.

Beispielhaft lässt sich der Prozess auch bei den einstigen Kavallerieregimentern zeigen. Vom Versailler Vertrag vorgegeben, wurden sie von der Reichswehr unter modernen militärischen Gesichtspunkten nur widerwillig akzeptiert. In der neuen Wehrmacht wandelte man sie sofort in motorisierte Aufklärungsabteilungen um und teilte sie den Infanteriedivisionen zu. Damit brach eine jahrhundertealte, stolze Tradition ab, die in besonderer Weise die alte Armee kennzeichnete. Die Kriegervereine waren gleichgeschaltet und in den Dienst des NS-Regimes gestellt worden. Wenn sich August von Mackensen, nach Hindenburgs Tod der letzte noch lebende Generalfeldmarschall der alten Armee, gelegentlich noch in seiner pompösen preußischen Uniform zeigte, war das für die jüngeren Offiziere nicht viel mehr als Folklore. Hitler hielt jedenfalls Distanz, zumal sich Mackensen zur »Bekennenden Kirche« zählte und sich für Niemöller einsetzte.

Positive Bezugspunkte zum Ersten Weltkrieg ergaben sich durch die Erinnerung an große Schlachten und vor allem an den Typus des Frontkämpfers, den Hitler selbst für sich instrumentalisierte. Der Heldenkult knüpfte bereits zwischen 1914 und 1918 an heroisches Kämpfertum und individuelle Opferbereitschaft an, vorzugsweise bei den modernen Formen des Krieges. Der »rote Baron« Manfred von Richthofen als Flieger und der U-Boot-Kommandant Otto Weddigen zählten daher zu den nationalen »Helden«, die vom Dritten Reich bruchlos übernommen wurden. Aus dem »Volkstrauertag« der Weimarer Republik wurde 1934 in Umwandlung der Deutungsmuster der »Heldengedenktag«, den die Wehrmacht mit großem Aufwand zelebrierte, während die Partei jeweils am 9. November ihrer gefallenen »Helden« des Hitler-Ludendorff-Putsches von 1923 gedachte.

Im Selbstbildnis von Hitlers Wehrmacht verblasste nach den ersten Erfolgen die Erinnerung an die alte Armee, die zum Vorbild schon deshalb nicht recht taugte, weil sie schließlich – Dolchstoß hin oder her – 1918 zusammengebrochen war. Hitler wurde aber nicht müde, immer wieder zu betonen, dass sich unter seiner Führung ein »November 1918« niemals wiederholen würde, womit er nicht nur bei der Kriegsmarine auf Zustimmung stieß, die unter dem Trauma der damaligen Matrosenmeutereien litt. Natürlich gehörte es zu den vorrangigen Anliegen von Propagandaminister Goebbels, mit seinem Apparat das Bild vom »Führer und seinen Soldaten« zu verbreiten. Auch in der Wehrmacht selbst waren die verantwortlichen Offiziere darum bemüht, diese innige Verbindung zu betonen. Der Führerkult, an sich schon Ausdruck militärischer Gesinnung, fand in der Wehrmacht stärksten Widerhall. Bei den häufigen Streitigkeiten mit Partei und SS handelte es sich oft um alltägliche Rangeleien, Kompetenzstreit und die Eifersucht unterschiedlicher Uniformträger um die Gunst des »Führers«.

Für die Heeresführung stand die Sorge um den herausgehobenen Status des »einzigen Waffenträgers« im Vordergrund. Im traditionellen Selbstverständnis uneingeschränkter militärischer Führungsgewalt stand die Rolle Hitlers als Oberster Befehlshaber der Wehrmacht natürlich nicht zur Disposition, wohl aber Rang und Einfluss nachgeordneter Staats- und Parteidienststellen sowie mit wachsendem Gewicht der Aufstieg der SS. Umso mehr achtete die militärische Führungsspitze darauf, dass ihr die Verantwortung für den »Geist« der Truppe nicht entglitt.

Dass die »seelisch-geistige Bewaffnung« der Bevölkerung in den Händen der Partei und des Propagandaministeriums liegen sollte, war den Militärs durchaus recht. Innerhalb der Wehrmacht beanspruchte man dafür aber die Autonomie. Reichskriegsminister von Blomberg erließ am 18. März 1935 entsprechende »Leitsätze für Erziehung und Ausbildung«. Darin wurde die Wehrmacht zur »großen Erziehungsschule der Nation« erklärt und der Wehrdienst als »letzte und höchste Stufe« in der Erziehung eines jeden männlichen Jugendlichen nach Elternhaus, Schule, Hitlerjugend und Reichsarbeitsdienst. Das Erziehungsziel sollte nicht nur der »Herr der Waffe, sondern auch der seines Volkstums und seiner allgemeinen Staatspflichten bewusste Mann« sein (zit. nach **1.1** Das Deutsche Reich und der Zweite Weltkrieg, Bd 9/1, S. 489). Anfangs war diese Doppelaufgabe innerhalb der Wehrmacht durchaus umstritten. Es komme nicht darauf an, Soldaten zu Nationalsozialisten zu machen, sondern »Nationalsozialisten zu Soldaten«.

Mit seinem Erlass über die »einheitliche politische Erziehung und Unterrichtung« des Offizierkorps sorgte Blomberg schließlich am 30. Januar 1936, dem Jahrestag der nationalsozialistischen Machtübernahme, für Klarheit. Alle Offiziere hatten sich nunmehr die NS-Weltanschauung zu eigen zu machen. Mindestens zwei Wochenstunden im Monat sollten dem »nationalpolitischen Unterricht« gewidmet werden. Rassenkunde gehörte dazu. Viele brauchten diese Belehrungen nicht. Andere hielten dennoch die Wehrmacht für ein Refugium, das sie vielleicht vor weiteren politischen Zumutungen zu schützen vermochte. Dort, wo sich ein traditionell geprägtes Offizierkorps im Kasino versammelte, wo ein Kommandeur mehr Wert auf soldatische Haltung als auf politische Gesinnung legte, mochte für den Einzelnen diese die Hoffnung in Erfüllung gehen. Im totalitären Staat waren aber zumindest Lippenbekenntnisse unvermeidbar, ebenso der entsprechende Eintrag zur nationalsozialistischen Gesinnung in der Beurteilung für die weitere Beförderung. Ein Beispiel dafür bietet der Arzt und Dichter Gottfried Benn, der sich trotz kritischer Distanz zum Regime 1935 als Militärarzt reaktivieren ließ und in eine »aristokratische Form der Emigration« ging.

Hitler war am Vorabend des von ihm geplanten Krieges mit dem Ergebnis dieser Indoktrination innerhalb der Wehrmacht keineswegs zufrieden. Nach sechs Jahren ideologischer Beeinflussung spürte er vor allem bei den höheren Offizieren noch immer wenig Begeisterung für die NS-Ideologie. Am 23. Januar 1939 hielt sein Chefideologe Alfred Rosenberg vor allen Divisionskommandeuren im Kriegsministerium einen Vortrag zu den »Weltanschauungsfronten der Gegenwart«, am 4. Februar vor Kompaniechefs aus dem ganzen Reich in Bad Tölz. Die ideologischen Höhenflüge entsprachen offensichtlich nicht jedermanns Geschmack. Rosenberg notierte anschließend in seinem Tagebuch: »Man ging nach anfänglicher Zurückhaltung mit. Auch hier gilt es unentwegt zu arbeiten.« Auch die Wehrmacht müsse ein Instrument der NS-Weltanschauung werden. »Das weitere wird sich in den kommenden Jahren ergeben: wenn wir fertig sind, müssen die Offiziere in unsere Schulungsburgen wie die jungen N.[ational] S.[ozialisten] zu ihnen als militärische Rekruten. Erst dann kann eine große Einheit entstehen.« Eine Woche später, am 10. Februar, hielt der »Führer« persönlich eine geheime Ansprache vor den Truppenkommandeuren, um sie darauf einzustimmen, dass der kommende Krieg ein Weltanschauungs- und Rassekrieg sein werde.

Da im Kriegsalltag die soldatische Ausbildung immer wieder zu straffen war und selbstverständlich im Vordergrund stand, musste wiederholt an die Bedeutung der »wehrgeistigen Erziehung« erinnert werden, wurden die Inhalte und Parolen der Situation angepasst. Ausbilder und Führer wussten nur allzu gut, dass mit fürsorglicher Betreuung und Ansprache bei der Mehrzahl der Wehrpflichtigen mehr zu erreichen war als durch hohle politische Phrasen. Über diese allgemeine Form, wie soldatische Ausbildung, Gemeinschaftsgeist und Kameradschaft, den inneren Zusammenhalt zu fördern, reichte aber nicht aus. Das galt auch für die Truppenbetreuung durch Soldatenheime, Truppenbüchereien, von Kinos bis zu Bordellen.

Die Vermittlung von Kampfgeist, bedingungslosem Gehorsam und fanatischen Hass auf den Gegner ergänzten sich – erst recht, als die Zeit der schnellen Siege verflog, der Kampf härter und aussichtslos wurde. Der Einsatz gegen die UdSSR förderte ab 1941 eine Flut von Maßnahmen zur Indoktrination der Truppe im Sinne von Antibolschewismus und Antisemitismus, zum Verständnis des rassenideologischen Vernichtungskrieges. Aktionismus und Ausmaß dieser »Erziehung« verraten wenig über die Akzeptanz bei den Millionen von Angehörigen der Wehrmacht, auch nicht bei einzelnen Tätern, die sich der Parolen des Regimes bedienten. Eher geben die zahlreichen Anordnungen und Maßnahmen einen Hinweis darauf, dass die Führung unzufrieden blieb. Die Einrichtung von speziell geschulten »nationalsozialistischen

Führungsoffizieren« nach dem Vorbild der politischen Kommissare der Roten Armee kam jedenfalls spät, erst im letzten Kriegsjahr. Jetzt blieb der Wehrmachtführung ohnehin kaum ein anderes Aushilfsmittel, um die wankende Kampfmoral der geschlagenen Truppen zu stärken, als mit fanatischen Parolen zum »Endkampf« aufzurufen – und zugleich dem zweifelhaften Durchhaltewillen der Soldaten mit einem mörderischen Terror von Standgerichten, Sippenhaft und anderen handfesten Maßnahmen auf die Sprünge zu helfen.

Größere Erfolge bei der Indoktrination der Truppe waren zumindest in der Zeit der unerwarteten und leichten Siege zu Beginn des Zweiten Weltkriegs auch von einem anderen Führungsinstrument der Wehrmacht zu verzeichnen. Propaganda galt damals als ein modernes Medium, das in der Politik unentbehrlich zur »Volksaufklärung« politischer Massen sowie zur Selbstdarstellung des Regimes geworden war. Die Wehrmacht versprach sich sowohl im Zuge von Aufrüstung und Kriegsvorbereitung als auch bei der Führung eines Krieges viel von einer gezielten und professionellen Propaganda. Denn man war überzeugt, dass Deutschland den Ersten Weltkrieg auch deshalb verloren hatte, weil der altbackene »Vaterländische Unterricht« die Truppen ebenso wenig erreichte wie die Pressepolitik des Kaiserreichs das In- und Ausland zu beeinflussen verstand. Kriegsberichterstatter waren damals zivile Journalisten, die der militärischen Zensur unterlagen.

Nun galt gerade der Nationalsozialismus hinsichtlich seiner Propagandamethoden als besonders erfolgreich und modern. Joseph Goebbels hatte mit seinem Apparat den gesamten kulturellen Bereich erfasst. Das Eindringen in die Wehrmacht erwies sich als nicht einfach, da die militärische Führungsspitze die vielfältigen Möglichkeiten der Propaganda nach eigenen Vorgaben nutzen wollte. Wehrmacht und Propagandaministerium verständigten sich 1938 schließlich auf Grundlinien einer engen Zusammenarbeit. Die Anfang 1939 geschaffene Amtsgruppe Wehrmachtpropaganda (WPr) war mit der Zuordnung zum OKW institutionell hoch aufgehängt. Unter Generalmajor Hasso von Wedel arbeiteten hauptsächlich militärfremde Medienspezialisten hochprofessionell in dieser neuen Verwaltungseinheit, die teilweise privatkapitalistische Züge entwickelte, als sie in den besetzten Ländern regelrechte Medienkonzerne aufbauten.

Mit Kriegsbeginn wurde durch die Aufstellung von Propagandakompanien (PK) in allen Wehrmachtteilen eine breite Basis zur Beeinflussung von Truppe und Heimat geschaffen. 1943 gab es 23 Kompanien. Seit 1942 bildeten sie eine eigenständige Truppengattung. Gemäß der Vereinbarung von 1938 rekrutierte die Wehrmacht das notwendige Fachpersonal aus Vorschlagslisten der Reichspropagandaämter. Mit modernster Technik ausgestattet, bildete die Kriegsberichterstattung das wichtigste Aufgabengebiet der Propagandakompanien. Für die Gestaltung von Texten, Fotos, Zeichnungen und Gemälden sowie Film- und Rundfunkreportagen gab es jeweils ausgewiesene Spezialisten. Viele von ihnen machten auch nach 1945 im Zivilleben Karriere. Die in den Kinos gezeigten Wochenschauen suggerierten sogar ein unmittelbares Miterleben von Kämpfen. Das darin gezeigte Bild der Wehrmacht wird bis heute transportiert, weil die Filmaufnahmen immer wieder in modernen Fernsehdokumentationen Verwendung finden.

Die Produkte der Propagandatruppen dienten zur Herstellung von Plakaten, Flugblättern, Frontzeitungen und auf vielfältige andere Weise, nicht zuletzt auch durch Kunstausstellungen, zur Propaganda in den Streitkräften sowie in der Bevölkerung. Sie vermittelten ein Bild der Wehrmacht und des Krieges, das den Anspruch auf Wahrheit und Realismus erhob, das Unterhaltung und Bildung nicht geringschätzte. Auf den ersten Blick schien es sich von plumper Parteipropaganda abzuheben, transportierte aber gleichwohl – oft eher subtil – die nationalsozialistische Ideologie mit Rassenhass und Antibolschewismus. Im Mittelpunkt standen natürlich die Verherrlichung der Wehrmacht und des soldatischen Kampfes sowie der Führermythos.

Zur Sympathiewerbung für die Wehrmacht und den NS-Staat trug die neuartige Auslandsillustrierte »Signal« bei. Sie wurde wenige Monate nach Kriegsbeginn in Zusammenarbeit von Wehrmacht und Auswärtigem Amt installiert, gegen den Widerstand von Goebbels, und insbesondere wegen der zahlreichen Farbfotos und dem ansprechenden Layout zu einem Verkaufsschlager. Hier wie auch in anderen Medien der NS-Propaganda spielten die neuen »Helden« der Wehrmacht eine zentrale Rolle. Sie wurden wie moderne Pop-Ikonen behandelt und in gut organisierte Kampagnen eingespannt. Zu den prominenten Beispielen gehören »Wüstenfuchs« Erwin Rommel und der Jagdflieger Werner Mölders.

Neben der Kriegsberichterstattung und den Aufgaben in der Truppenbetreuung hatten die PK-Einheiten auch unmittelbare militärische Aufträge. Dazu gehörten die *Kampfpropaganda*, die auf die Beeinflussung und Zersetzung der feindlichen Armee zielte, die *Gegenpropaganda* als Reaktion auf gegnerische Aktivitäten sowie die Verbreitung gezielter Fehlinformationen, um eigene operative Maßnahmen zu tarnen. Die Amtsgruppe WPr fasste die militärische Entwicklung des Krieges im täglichen Wehrmachtbericht zusammen und kommentierte sie entsprechend. Hitler persönlich gab den jeweiligen Textentwurf frei, der dann über das Propagandaministerium an Presse und Rundfunk weitergereicht wurde. Größere Erfolge verbreitete man mit »Sondermeldungen«. Anders als der Heeresbericht im Ersten Weltkrieg beinhaltete der Wehrmachtbericht als amtliche Quelle auch die Kampfhandlungen der feindlichen Streitkräfte. Die insgesamt 2080 Tagesberichte waren eine Mischung aus militärischem Rapport, bei Erfolgen ausführlich, konkret, teilweise übertrieben, bei Rückschlägen kurz und verschleiernd. Misserfolge wurden aber selten verschwiegen, denn es galt, wie es Alfred Jodl in einem Geheimerlass vom 18. Juni 1941 formulierte, »das eigene Volk zur notwendigen Härte zu erziehen«. Im Verlauf des Krieges geriet der Wehrmachtbericht immer mehr zu dem, was Joseph Goebbels so ausdrückte: »Die Nachrichtenpolitik im Kriege ist ein Kriegsmittel. Man benutzt es, um Krieg zu führen, nicht um Informationen auszugeben« (Tagebuch vom 10. Mai 1942; 6.3 Goebbels, T. 2, Bd 4, S. 267 f.). Darin unterschied er sich nicht wesentlich von der Selbstdarstellung und Propaganda anderer Armeen im Zweiten Weltkrieg und wohl auch vorangegangener Kriege.

Der offizielle Wehrmachtbericht begann den Zweiten Weltkrieg am 1. September 1939 jedenfalls mit einer Lüge: »Auf Befehl des Führers und Obersten Befehlshabers hat die Wehrmacht den aktiven Schutz des Reiches übernommen. In Erfüllung ihres Auftrages, der polnischen Gewalt Einhalt zu gebieten, sind Truppen des deutschen Heeres heute früh über alle deutsch-polnischen Grenzen zum Gegenangriff angetreten.«

Und er beendete den Krieg am 9. Mai 1945, nach dem Selbstmord Hitlers und der bedingungslosen Kapitulation, mit einem letzten Appell, der kein kritisches Nachdenken über Schuld und Versagen erlaubte: »Die Toten verpflichten zu bedingungsloser Treue, zu Gehorsam und Disziplin gegenüber dem aus zahllosen Wunden blutenden Vaterland.«

Geführt wurde dieser letzte deutsche Krieg hauptsächlich von Hitlers Wehrmacht, einer Millionenarmee von Wehrpflichtigen, die 1935 geschaffen worden war: eingeschworen auf den »Führer« und indoktriniert im Sinne des Nationalsozialismus. Doch blieb sie nicht der einzige Waffenträger der Nation, wie es der »Führer« 1935 versprochen hatte.

Die Waffen-SS: Parteiarmee oder vierter Wehrmachtteil?

Anfang 1934, als die SA noch über ein eigenes Millionenpotenzial für eine mögliche Volksmiliz verfügte, hatte Generalleutnant Beck als Chef des Truppenamtes einen Vorschlag für die Spitzengliederung einer neuen Wehrmacht im Krieg verfasst, der die Oberste SA-Führung den künftigen Oberbefehlshabern der Wehrmachtteile gleichstellte. Das Modell einer Parteiarmee als gleichsam vierter Wehrmachtteil hatte sich wenige Wochen später erledigt. Statt mit der SA bekam man es aber bald mit der SS zu tun.

Diese war 1935 aus der Sicht der neuen Wehrmacht nicht mehr als eine kleine Truppe der Partei für den inneren Einsatz, mit arrogant-elitärem Habitus und betonter Treue zum Führer. Die SS hatte 1934 bei der Ermordung der SA-Führung die Schmutzarbeit übernommen. Ihre Hauptaufgabe bestand zunächst in der Bewachung der Konzentrationslager durch die »SS-Totenkopfverbände«. Deren Führer, Theodor Eicke, kompensierte seine Minderwertigkeitsgefühle gegenüber dem regulären Militär mit einem Befehl, den er am 6. April 1936 an seine Männer richtete: »Wir tragen keine Waffen, um dem Heere ähnlich zu sehen, sondern um sie zu gebrauchen, wenn Führer und Bewegung in Gefahr sind.« Die Spitze gegenüber der Armee konnte deutlicher nicht sein.

Wenige Wochen später wurde Heinrich Himmler mit der Ernennung zum Reichsführer SS und Chef der Deutschen Polizei zu einer fast allmächtigen Figur der Innenpolitik. Mit allen Mitteln strebte er danach, ähnlich wie Göring ein eigenes Imperium zu schaffen. In einer beispiellosen historischen Dynamik besetzte die SS fast beliebig staatliche Funktionen und instrumentalisierte sie für die angebliche historische Mission (3.23 Wegner). Polizei, Gestapo, KZ boten das wichtigste Fundament, das allmählich auch in den Bereichen Wirtschaft und Militär Fuß fassten. Polizei und Totenkopfverbände bildeten ein leicht bewaffnetes Potenzial, das im Kriegsfalle auch jenseits der Reichsgrenze in besetzten Gebieten tätig werden konnte. Über eine militärische Ausbildung verfügten bereits seit 1934 die Einheiten der SS-Verfügungstruppe, aus der die »Leibstandarte SS Adolf Hitler« herausragte.

Die Heeresführung konnte zwar nicht das wachsende innenpolitische Gewicht der SS eindämmen, deren Bestreben aber, eigene militärische Formationen zu bilden, setzte das Heer hartnäckigen Widerstand entgegen. Leitbild der SS-Verfügungstruppe als Keimzelle der späteren Waffen-SS war der »politische Soldat«, der seiner Berufung folgte, die nationalsozialistische Lebensraum-Ideologie kämpferisch zu verwirklichen, überall und gegen jeden Gegner, gleich mit welchen Mitteln. Dahinter stand Himmlers Bild einer neuen »Ritterschaft«, einer auch in rassischer Hinsicht ausgewählten gesamtgesellschaftlichen Elite. Gegenüber diesem konkurrierenden Anspruch befand sich die Heeresführung von Anfang an in einer wenig aussichtsreichen Position. Dass die SS genügend qualifizierte Offiziere und Unteroffiziere gewinnen konnte, die für die Aussicht auf rasche Beförderung bereit waren, die Uniform des Schwarzen Ordens anzuziehen, konnte nur schwer verwunden werden.

Himmler fand in dem General a.D. Paul Hausser sogar einen hochrangigen Berufssoldaten, der als Inspekteur die Verfügungstruppe militärisch professionell trainierte, einen eigenen Generalstab einrichtete, für die Ausstattung auch mit schweren Waffen sorgte und keinen Zweifel

◀ Abb. 4:
Reichsführer SS Heinrich
Himmler besucht Angehörige der
Waffen-SS in der Sowjetunion,
Sommer 1941
BArch/101III-Bueschel-010-14A

daran ließ, dass er den Aufbau einer eigenen Armee anstrebte, die in militärischer Hinsicht die Wehrmacht übertrumpfen sollte. Er verfügte zunächst nur über drei Regimenter und eine Nachrichtenabteilung. Der nächste Schritt würde die Bildung einer Division sein. Die Heeresführung kämpfte darum, diesen bewaffneten Verband nicht nur zu beschränken, sondern die Verfügung über ihn im Kriegsfalle sicherzustellen.

Doch die Bewahrung des Waffenmonopols konnte schon deshalb nicht gelingen, weil Hitler die Bestrebungen Himmlers unterstützte und das Heer auch vonseiten des OKW kaum Hilfe zu erwarten hatte. Mit der Beschleunigung der Aufrüstung 1938/39 ging das militärische Gewaltmonopol endgültig verloren. Hitler billigte die Aufstellung der SS-Division und ihre Ausrüstung mit schwerer Artillerie, was einen selbstständigen Fronteinsatz im Kriegsfall ermöglichte. Darüber hinaus stimmte er zu, auch andere SS-Formationen wie etwa die Totenkopfverbände und die Polizeiverstärkungen in den Prozess der Militarisierung einzubeziehen. Ende 1939 verschmolzen alle unter dem neuen Begriff der »Waffen-SS«.

Das nicht unberechtigte Misstrauen im höheren Offizierkorps des Heeres gegenüber Himmlers bewaffneten Einheiten, die von Einsatzgruppen der Sicherheitspolizei bis zu den Regimentern der Verfügungstruppe reichten, bestätigte sich im Krieg gegen Polen. Vereinzelte Proteste gegen die zahlreichen Übergriffe und Mordaktionen verliefen aber letztlich im Sande, weil auch der Oberbefehlshaber des Heeres akzeptieren musste, dass der »Führer« diese Morde deckte und das Heer die polizeilichen Aufgaben nicht selbst schultern konnte. Deshalb warb er immer wieder für eine enge Zusammenarbeit und strebte zugleich eine klare Aufgabentrennung an, im militärischen Einsatz die Waffen-SS dem Heer taktisch zu unterstellen. Bei der Geheimen Feldpolizei des

Heeres war man ohnehin darauf angewiesen, die Reihen mit ehemaligen Gestapo-Beamten aufzufüllen.

Erst der Krieg schuf die Gelegenheiten, aus einer elitären »Prätorianergarde« schrittweise eine multinationale Massenarmee zu formen. In gleichem Maße wie sich der Krieg ausweitete und die Verluste anstiegen, konnte Himmler seine selbstständigen Mobilisierungen ausdehnen. Von knapp 23 000 Mann bei Kriegsbeginn vergrößerte sich die Waffen-SS bis zum Sommer 1944 auf rund 600 000 Angehörige, wovon aber nur rund 370 000 im Fronteinsatz waren. Professionalität und militärische Erfolge der Waffen-SS konnten so weit gesteigert werden, dass sie als »Feuerwehr« an allen Fronten unentbehrlich wurde. Vor allem im Osten zeichneten sich viele Verbände nicht nur durch ihre Kampfkraft, sondern auch durch ihre Brutalität gegenüber der Bevölkerung aus. Für die Waffen-SS als Teil des von Himmler dirigierten Vernichtungsapparates blieben die Grenzen zwischen polizeilichem und militärischem Einsatz sowie mörderischer Rassenpolitik fließend. Sie waren, entgegen einer Nachkriegslegende, keine Soldaten »wie andere auch.«

Allerdings bleibt zu berücksichtigen, dass sich die Waffen-SS im Verlauf des Krieges stark veränderte. Anfangs als rassenpolitische Elite aus Freiwilligen konzipiert, musste sie später ihre Rekrutierungskriterien anpassen. Zunächst wurden rassisch ausgewählte Legionäre aus verbündeten und neutralen Ländern zwecks Bildung eines künftigen »germanischen Korps« aufgenommen, dann musste man die ausgebluteten Reihen mit zwangsrekrutierten Volksdeutschen aus ganz Europa auffüllen. Bis zum Kriegsende sank der Anteil der »Reichsdeutschen« auf etwa 40 Prozent. Schließlich übernahm Himmler auch »nicht-germanische« Freiwillige als Kanonenfutter für seine Fronttruppen, die nicht nur bei den Rückzügen an der Ostfront, sondern auch bei den schweren Abwehrkämpfen an der Invasionsfront 1944 erhebliche Verluste erlitten. Die zunehmende militärische Professionalisierung vergrößerte zudem die Spannungen innerhalb eines keineswegs einheitlichen SS-Führerkorps, wo die Brandbreite von den Haudegen und Berufssoldaten alter Schule bis zu den Schreibtischtätern des Holocaust und den intellektuellen Organisatoren des SS-Imperiums reichte.

Als Himmler nach dem gescheiterten Staatsstreich des militärischen Widerstands die Möglichkeit erhielt, höchste Führungspositionen des Heeres mit seinen Männern zu besetzen und insbesondere das Ersatzwesen in die Hand zu bekommen, verstärkte sich zwangsläufig die Konvergenz von Waffen-SS und Heer. Hatte der Reichsführer SS noch 1943 gemeint, dass seine Waffen-SS keine »zufällig schwarz angezogene Division des Heeres« sei, sprach er ab Oktober 1944 offen vom vierten Wehrmachtteil. Viele SS-Divisionen hatten ihren Elitecharakter allerdings längst verloren, und Tausende von Luftwaffen- oder

Heeressoldaten wurden ungefragt und kollektiv in die Waffen-SS überführt, ebenso Dutzende höhere Stabsoffiziere. Der Graben zwischen Heer
und Waffen-SS wurde nahezu eingeebnet. Längst hatte Himmler auch
Ambitionen entwickelt, in die Domäne von Kriegsmarine und Luftwaffe
einzubrechen. Dennoch waren selbst während der Ardennenoffensive
im Dezember 1944 durchaus noch signifikante Unterschiede im
Auftreten gegenüber der Zivilbevölkerung zu bemerken. Anfang März
1945 zeigten sich bei der letzten Offensive am Plattensee erhebliche
Auflösungserscheinungen bei der Waffen-SS, was Hitler zu drastischen
Strafmaßnahmen veranlasste. Andererseits fanden sich Heeresgenerale
wie Ferdinand Schörner, die als Durchhaltefanatiker die Kameraden
von der SS glatt zu übertrumpfen versuchten. Am Ende ernannte Hitler
keinen SS-General zu seinem Nachfolger als Oberster Befehlshaber
der Wehrmacht, sondern mit Karl Dönitz einen politisch zuverlässigen
Marineoffizier.

Die bewaffneten Verbände der SS bildeten eine eigenständige militärische Formation, mit spezieller Uniform, eigenen Dienstgradbezeich-
nungen und Ausbildungsgängen. Insofern könnte man sie als vierten
Wehrmachtteil bezeichnen. Rivalitäten und Reibereien zwischen Heer
und Waffen-SS waren keineswegs größer als zwischen den drei traditionellen Wehrmachtteilen. Aber die Soldaten der SS wollten stets mehr
sein als ein militärisches Instrument in den Händen des »Führers«. Sie
verstanden sich als kämpferische Exponenten der NS-Bewegung. Anders
als bei der Wehrmacht war der Fronteinsatz der Waffen-SS im Zweiten
Weltkrieg mit der rassenideologischen »Neugestaltung Europas« nicht
einfach verknüpft, sondern es war ihre eigentliche Bestimmung, unab-
hängig davon, ob sich der einfache SS-Soldat dessen immer bewusst war
oder nicht. Der Untergang des Dritten Reiches bedeutete deshalb auch
das Ende eines von der SS verkörperten politischen Soldatentums, das
vom Nürnberger Tribunal – im Gegensatz zur Wehrmacht – zu Recht als
verbrecherische Organisation eingestuft worden ist.

Die Streitkräfte des Regimes

Kaum eine andere Armee der Welt ist derartig oft analysiert und beschrieben worden, keine hat innerhalb kurzer Zeit derartige Höhen und Tiefen erlebt, über keine Armee der Kriegsgeschichte gibt es derartig divergierende Urteile: ein »marschierendes Schlachthaus«, eine »verbrecherische Organisation« oder die wohl größte und kampfkräftigste konventionelle Armee im Zeitalter der Weltkriege, die unter gleichen Bedingungen jeden Gegner zu schlagen vermochte und auch bei Überlegenheit des Feindes zu siegen verstand?

Das Heer

In Hitlers Wehrmacht bildete das Heer die größte Teilstreitkraft. Es übertraf seinem Umfang nach auch auf dem Höhepunkt des Zweiten Weltkriegs die anderen Teilstreitkräfte einschließlich der neuartigen Waffen-SS um fast das Doppelte. Wie in allen anderen Armeen veränderten sich in dieser Zeit Umfang und Strukturen der Wehrmacht rasant. Der stetige Aufwuchs des Personals ist das auffälligste Kennzeichen. Das deutsche Heer hat davon allerdings vergleichsweise wenig profitieren können. Während des Blitzkriegs sind vor allem Kriegsmarine und Luftwaffe ausgebaut worden. Tabelle S. 50

Bei durchschnittlich fünf Millionen Heeressoldaten zählte in der Kriegsmitte nur etwa die Hälfte zum Feldheer. Der Rest verteilte sich auf Besatzungs- und Sicherungseinheiten sowie auf das Ersatzheer und andere Einrichtungen. Innerhalb des Feldheeres umfassten die herkömmlichen Infanteriedivisionen rund 80 Prozent. In diesen traditionellen Kampfverbänden wiederum galten noch etwa 60 Prozent der Soldaten als »Gewehrträger«. Die verbleibenden 40 Prozent setzten sich aus Kampfunterstützungs-, Führungs- und Versorgungstruppen zusammen. Im Vergleich etwa mit der US-Armee waren diese Proportionen noch stärker auf den Kampf orientiert. Vergleicht man sie mit der Roten Armee, fällt der höhere Anteil an Kampfunterstützungstruppen auf, der es einer deutschen Infanteriedivision bei etwa gleicher Kopfstärke besser ermöglichte, das Gefecht selbstständig zu führen.

Waffengattungen Bereits bei Beginn des Zweiten Weltkriegs waren die in vier »Wellen« aufgestellten 86 Infanteriedivisionen (Inf.Div.) und die zusätzlichen vier motorisierten (mot.) Infanteriedivisionen unterschiedlich mit Personal und Material ausgestattet. An sich ließen sich diese herkömmlichen Divisionen ohne großen finanziellen und materiellen Aufwand – vergleicht man es etwa mit einer modernen Panzerdivision – auf- Tabelle S. 51

Personalstand Wehrmacht und Waffen-SS 1939 bis 1945

	1939	1940	1941	1942	1943	1944	1945
Heer	3 737 000	4 550 000	5 000 000	5 800 000	6 550 000	6 510 000	5 300 000
Luftwaffe	400 000	1 200 000	1 680 000	1 700 000	1 700 000	1 500 000	1 000 000
Marine	50 000	250 000	404 000	580 000	780 000	810 000	700 000
Waffen-SS	35 000	50 000	150 000	230 000	450 000	600 000	830 000
Insgesamt	4 222 000	6 050 000	7 234 000	8 310 000	9 480 000	9 420 000	7 830 000

Quelle: [9.2] Müller, S. 121.

© MGFA
06803-01

stellen und ausrüsten. Vielseitig verwendbar, bildeten sie eine bewährte Basis des neuen Heeres. Doch angesichts der explosionsartigen Vermehrung der Truppen und der rasanten waffentechnischen Entwicklungen war es innerhalb von vier Jahren nicht möglich, alle bei Kriegsbeginn zur Verfügung stehenden Infanteriedivisionen einheitlich und ausreichend mit modernsten Waffen auszustatten.

Planmäßig gehörten 1939 zu jeder Division 17 734 Mann, davon 534 Offiziere, 102 Beamte und 2701 Unteroffiziere (1. Welle). Was als Ergebnis notwendiger Improvisationen anzusehen war und vom Konzept eines qualifizierten Massenheeres abwich, fügte sich freilich bald in die Entwicklung des operativen »Blitzkrieges« ein. Während die voll angriffsfähigen Divisionen der 1. Welle über einen größeren Bestand von Kraftfahrzeugen und Granatwerfern verfügten, der es ihnen ermöglichte, die schnell wechselnden Kampfaufgaben in der Offensive zu erfüllen, waren Divisionen z.B. der 3. Welle zwar mit mehr Personal und modernen Waffen ausgestattet, dafür jedoch weniger mobil. Sie fanden vorzugsweise Verwendung in zeitweiligen Defensivaufgaben sowie zur Abschnürung und Ausräumung von Kesseln. Hier ist auch an die Handvoll Gebirgsdivisionen zu denken, die sich personell zur Elite des Heeres zählen konnten und deren Mobilität hauptsächlich von einem speziellen Schuhwerk abhängig war, das im Hochgebirgskrieg unentbehrlich gewesen ist. Am 22. Juni 1941 umfasste das Heer bereits 152 »reine« Infanteriedivisionen.

Im weiteren Verlauf des Krieges mussten die »alten« Divisionen weitgehend aus ihrer Substanz leben, weil Hitler Personal- und Materialreserven immer wieder vorzugsweise für die Aufstellung neuer Divisionen verwendete (insgesamt 35 Wellen). Durch Auskämmaktionen innerhalb der Divisionen sowie rückwärtiger Einheiten und Dienststellen musste dann Ersatz für ausgeblutete Verbände gefunden werden. Der schwerste Eingriff in die Kampffähigkeit erfolgte dort, wo Divisionen ihr drittes Regiment bzw. die Regimenter ihr drittes Bataillon oder sogar ihre Fahrzeuge abgeben mussten, um als Stellungsdivisionen feindlichen Offensiven zu trotzen. Meist gelang es diesen Großverbänden dann nicht mehr, rechtzeitig den durchgebrochenen motorisierten Feindverbänden

Gesamtstärken, Ausstattung und Bewaffnung der verschiedenen Divisionstypen des Heeres zu Beginn des Krieges

	Infanterie-division (1. Welle)	Gebirgs-division[1]	Infanterie-division (mot.)	Panzer-division	leichte Division[2]	Kavallerie-division
Offiziere	534	459	492	394	332	192
Beamte	102	85	133	115	105	29
Unteroffiziere	2701	2128	2456	1962	1616	893
Mannschaften	14397	14516	13364	9321	8719	5570
Summe Personal	**17734**	**17188**	**16445**	**11792**	**10772**	**6684**
Pferde	4842	4845	-	-	-	4552
bespannte Fahrzeuge	919	659	-	-	-	409
Personenwagen	394	253	989	561	595	205
Lastkraftwagen	615	618	1687	1402	1368	222
Krafträder	527	529	1323	1289	1098	318
Beiwagen	201	231	621	711	606	153
Panzer-Spähfahrzeuge[3]	3	-	30	101[3]	70 - 131[3]	6
Panzer-Kampfwagen[3]	-	-	-	324[3]	86[3]	-
l. MG	378	275	374	180	404	133
s. MG	138	72	130	46	62	44
l. Granatwerfer (5 cm)	93	66	84	30	42	9
m. Granatwerfer (8 cm)	54	36	54	18	24	18
l. Infanteriegeschütz (7,5 cm)	20	12	24	8	12	12
s. Infanteriegeschütz (15 cm)	6	-	-	-	-	-
Panzerabwehrkanone (3,7 cm)	75	48	72	48	54	21
l. Feldhaubitze (10,5 cm)	36	16[4]	36	16[4]	24	12[5]
s. Feldhaubitze (15 cm)	12	8	12	8	-	-
Kanone (10 cm)	-	-	-	4	-	-
Flugabwehrkanone (2 cm)	12	-	12	12	12	12

[1] Zugrunde gelegt sind die Stärken der 2. Gebirgsdivision, die über zwei Gebirgsjäger-Regimenter verfügte und damit der später allgemein eingeführten Gliederung für die Gebirgsdivisionen am nächsten stand.
[2] Die Stärken der leichten Divisionen wiesen Unterschiede auf, da die Gliederungen unterschiedlich waren. Hier ist die der 3. leichten Division zugrunde gelegt, die etwa dem Durchschnitt entsprach.
[3] Nicht erfasst sind die Waffen in den Panzerkampfwagen, Panzerspähfahrzeugen und bei den rückwärtigen Diensten.
[4] Gebirgsgeschütze.
[5] Feldkanonen.

Quelle: [4.11] Müller-Hillebrand, Bd 1, S. 71 f.; [1.1] Das Deutsche Reich und der Zweite Weltkrieg, Bd 5/1, S. 713.

© MGFA
06800-02

auszuweichen. Der Typus der Landwehr- bzw. Reservedivision des Ersten Weltkriegs als leicht bewaffneter Infanterieverband wurde nicht wieder aufgenommen. Stattdessen bildete man Sicherungsdivisionen, die größtenteils aus Landesschützenbataillonen bestanden und neben Wach- und Sicherungsaufgaben notfalls auch zur Abriegelung feindlicher Durchbrüche eingesetzt wurden. Ähnlich verwendete man die nach der Kriegswende gebildeten Feldausbildungsdivisionen, um aus dem Ersatzheer Ausbildungseinheiten näher an die Front zu führen und notfalls auch einsetzen zu können. Festungstruppen bekamen im letzten Kriegsjahr wieder größere Bedeutung.

Das Prinzip, aus der Not eine Tugend zu machen, fand dort seine Grenzen, wo in der zweiten Kriegshälfte schlicht Etikettenschwindel betrieben wurde, indem man ausgebluteten und schlecht ausgestatteten Verbänden hochtrabende Namen verlieh. Aus der Mischform von »leichten Divisionen« und »Infanteriedivisionen (mot.)« für den Bewegungskrieg entwickelte man beispielsweise den Typus der »Panzergrenadierdivision«, der aber weder vollmotorisiert war noch ausreichenden Panzerschutz für die Grenadiere bot. Ab dem Herbst 1944 hießen die Neuaufstellungen schließlich »Volksgrenadierdivisonen«. Sie setzten sich aus älteren und ganz jungen sowie bisher unabkömmlich (uk) gestellten Wehrpflichtigen zusammen und verfügten über mehr Fahrräder als Kraftfahrzeuge.

Die vorhandenen Infanteriedivisionen wurden neu gegliedert, um ein Maximum an Personaleinsparungen zu erreichen. Die drei Regimenter umfassten nur noch jeweils zwei Bataillone. Dafür erhielten sie den klangvollen Namen »Grenadierregimenter«, und die Division bekam ein spezielles »Divisionsfüsilierbataillon«, ausgestattet wie ein Grenadierbataillon, jedoch mit Fahrrädern beweglich gemacht. Außerdem ordnete Hitler an, sämtliche Bezeichnungen wie Reserve-, Ausbildungs- oder Ersatzdivision abzuschaffen, damit auch diese Verbände angespornt und hemmungslos an der Front eingesetzt werden konnten. Bei den letzten hastigen Aufstellungen im Frühjahr 1945 sollten klangvolle Namen wie »Theodor Körner« Hitlerjungen und Genesende aus den Lazaretten zum »Endkampf« mit armseliger Ausrüstung und Bewaffnung motivieren.

Daneben bestanden die alten Elite-Einheiten der Infanterie weiter. Nur wenige ragten aber noch hervor wie die »Großdeutschland«. 1939 aus dem Wachregiment Berlin hervorgegangen, wurde sie als Infanterieregiment »Großdeutschland« 1940/41 zusammen mit den Panzereinheiten als Sturmspitze verwendet, 1942 zur Infanteriedivision ausgebaut, 1943 zur Panzergrenadierdivision umgerüstet, praktisch einem Panzerverband gleichgestellt und als »Feuerwehr« an der Ostfront eingesetzt. Der Name »Großdeutschland« auf dem Ärmelband zeichnete die Soldaten als Elite aus.

Sie konkurrierte damit im Ansehen mit der wachsenden Zahl von Elitedivisionen der Waffen-SS, deren Aufstellung und bevorzugte Ausrüstung letztlich zu Lasten des Heeres ging. Die Infanterie des Heeres konnte auch nicht von dem Personalüberschuss der Luftwaffe profitieren, der seit 1942 zur Aufstellung von 20 Luftwaffen-Felddivisionen führte. Die Ausstattung dieser Verbände ging ebenfalls zu Lasten des Heeres. Zumeist als Infanteriedivisionen organisiert, waren Görings Einheiten – ähnlich wie die Waffen-SS mit eigenen Uniformen ausgestattet – als Erdkampfverbände überfordert. Sie erlitten hohe Verluste, weil es Unterführern und Offizieren an infanteristischer Erfahrung mangelte. Als Elite – und folglich dementsprechend ausgerüstet – galt von diesen dem Heer taktisch unterstellten Großverbänden das »Fallschirm-Panzerkorps Hermann Göring«.

Die Aufstellung der völlig neuartigen Fallschirmtruppe seit Mitte der Dreißigerjahre im Rahmen der Luftwaffe entzog dem Heer ebenfalls ein wichtiges Potenzial kampfkräftiger leichter Infanterie, das nur punktuell und zeitweilig zur Verfügung stand. Nach dem Aderlass bei der blutigen Eroberung von Kreta 1941 leistete die Fallschirmtruppe erst wieder im Dezember 1944 einen größeren Sprungeinsatz im Rahmen der Ardennenoffensive, ein Unternehmen, das schon allein an bemerkenswerten organisatorischen und technischen und vor allem an Ausbildungsschwächen scheiterte. Insgesamt wurden acht Fallschirmdivisionen aufgestellt, von denen nur zwei für den Sprungeinsatz ausgebildet waren. Eigene Luftlandetruppen stellte des Heer mit Ausnahme für den Einsatz auf Kreta in Form der 22. Infanterie-(Luftlande-)Division nicht auf, im Gegensatz zu Briten und Amerikanern, bei denen 1943/44 diese Spezialverbände große Bedeutung erlangten. Dagegen scheiterten größere Einsätze solcher Truppen auf sowjetischer Seite wiederholt.

Zur Infanterie können auch Spezialkräfte gezählt werden, die hinter der feindlichen Front zum Einsatz kamen. Sie stehen gleichsam in der Tradition von leichter Kavallerie, Streifkorps und irregulären Verbänden früherer Kriege. Im Ersten Weltkrieg hatten die Deutschen zumeist einzelne Militäragenten und Trupps eingesetzt, um in Nordafrika und Zentralasien den Aufstand gegen Briten und Franzosen zu schüren; im Nahen Osten operierte »Lawrence von Arabien« von britischer Seite aus sehr erfolgreich gegen die deutsch-türkischen Kräfte. Die Wehrmacht fasste solche Spezialkräfte in der Division »Brandenburg« zusammen, die in den letzten Kriegsmonaten zu einer regulären Panzergrenadierdivision umgebildet wurde.

Bereits 1941 hatte man im Heer damit begonnen, die hohen Verluste an der Ostfront teilweise durch den Einsatz einheimischer »Hilfswilliger« und Kriegsgefangener auszugleichen. Sie ersetzten fronttaugliche Soldaten der Infanterie insbesondere bei den Trossen sowie bei Kommandanturen und Sicherungseinheiten. Ab 1942 füllten die Lücken außerdem Kindersoldaten auf, zunächst bei den auch im Osten verwendeten Abteilungen des Reichsarbeitsdienstes (RAD) und der Heimatflak, bei Kriegsende auch im Frontbereich. Schließlich leisteten – wie in anderen Armeen des Zweiten Weltkriegs – junge Frauen als Soldatinnen vielfältige Hilfsdienste und machten in Lazaretten sowie als Nachrichtenhelferinnen Männer für den Fronteinsatz frei.

Größere Änderungen im Vergleich zum Ersten Weltkrieg gab es auch bei anderen Unterstützungselementen nicht. Bei den Pioniereinheiten standen die Aufgaben im Bewegungskrieg stärker im Mittelpunkt, wo angesichts der Geschwindigkeit gepanzerter Vorstöße die Anforderungen etwa beim Bau von Brücken erheblich stiegen. Pioniereinheiten des Heeres übernahmen in der Regel im Gefechtsgebiet die notwendigen Aufgaben. Straßen-, Brücken-, Eisenbahn-, Unterkunfts- und Festungsbau wurden zunehmend von der »Organisation Todt« übernommen, Einheiten des Reichsarbeitsdienstes setzte man im rückwärtigen Bereich auch zum Betrieb von Versorgungsstützpunkten ein, Kolonnen schwerer Lkw des Nationalsozialistischen Kraftfahrkorps (NSKK) übernahmen über längere Strecken die Zuführung von Nachschub. Die ursprünglich große Zahl von regulären Heeresbaubataillonen, in der Annahme eines möglichen neuen Stellungskrieges aufgestellt, konnte daher reduziert und das Personal für den Fronteinsatz umgesetzt werden.

Auch wenn sich die Masse der Infanteriedivisionen höchst heterogen darstellt, ist für die Waffengattung insgesamt zu erkennen, dass sich Ausbildung, Ausrüstung und Aufgaben – nach dem dramatischen Wandel während des Ersten Weltkriegs – in der Zwischenkriegszeit kaum weiterentwickelt hatten. In der persönlichen Ausrüstung und Bewaffnung gab es bis 1942 keine wesentlichen Verbesserungen. Bei Entwicklung und Rüstung rangierte die Infanterie auf hinteren Plätzen der Dringlichkeit. Hauptbewaffnung bildete seit vier Jahrzehnten der Karabiner 98, den hauptsächlich mittelständische Spezialbetriebe fertigten. Das Heer setzte auf den gezielten Einzelschuss des Kämpfers. Das schien effizienter und sparsamer zu sein. Schnellfeuergewehre, Maschinenpistolen (MP) und Maschinengewehre (MG) galten als störanfällig und nur für Spezialaufgaben verwendbar. Der enorme Wert einer erheblich größeren Feuerkraft der Infanterie erwies sich bald nach Kriegsbeginn, doch deren Umsetzung fand nur zögerlich statt. Das leistungsgesteigerte MG 42 wurde so zum Rückhalt des Infanteriekampfes. Erst im letzten Kriegsjahr wurde ein moderner Maschinenkarabiner in größerer Stückzahl eingeführt.

Granatwerfer hatten im Ersten Weltkrieg beim Stellungskampf ihre Bedeutung bewiesen. Das an sich billig zu produzierende Gerät spielte im Zweiten Weltkrieg eine noch erheblich größere Rolle auf dem Gefechtsfeld, vor allem bei der Roten Armee. Doch blieben auch hier die Deutschen anfangs zögerlich. Ihr älteres Modell war ein Gerät mit geringem Kaliber und begrenzter Schussweite, geeignet besonders für den Stellungskrieg. Erst 1943/44 wurde nach sowjetischem Vorbild ein verbesserter Werfer in geringer Stückzahl eingeführt. In der Wehrmacht hatte man lange auf ein spezielles Infanteriegeschütz gesetzt, das zwar im direkten Schuss ein besseres Ergebnis erzielte, in Herstellung und Einsatz aber aufwändiger war. Die Interessen der traditionellen Geschützfabriken deutscher Rüstungskonzerne dürften sich hier mit der Unbeweglichkeit von Fachmilitärs getroffen haben, die im Schema eines disziplinierten, straff geführten Einsatzes von Geschützbatterien befangen waren.

Zu Granatwerfern und Infanteriegeschützen trat als schwere Waffe der Infanterie die Panzerabwehrkanone (Pak). Auch hier stieg im Verlauf des Zweiten Weltkriegs die Bedeutung überraschend schnell; eine Entwicklung, von der die deutsche Seite zumeist überrollt wurde. Das in großer Stückzahl produzierte Standardmodell von 1939 (3,7-cm-Pak) kam schon nach kurzer Zeit als »Heeresanklopfgerät« in Verruf. Die schrittweise Erhöhung des Kalibers und die Verwendung gepanzerter Trägerfahrzeuge (Sturmgeschütze) war meist von Improvisationen und Aushilfen geprägt. Erst in der Schlussphase des Krieges standen leistungsstarke Modelle in geringer Stückzahl zur Verfügung.

Für die Panzerabwehr in den Infanterieregimentern hatte man zunächst auf den Einsatz von tragbaren »Panzerbüchsen« gesetzt, die aber trotz Spezialmunition bald nicht mehr die Panzerung feindlicher Fahrzeuge durchschlagen konnten. Schießbecher, als Aufsatz auf dem Gewehrlauf, bewährten sich ebenfalls nicht. Ab 1943 stand in großer Stückzahl die »Panzerfaust« für den Infanteristen zur Verfügung, ein reaktives Geschossrohr, mit dem sich auf kurze Distanz eine wirksame Hohlladunggranate verschießen ließ. In den letzten Kriegstagen wurde sie als »Wunderwaffe« für Mann, Frau und Kind propagiert, hat aber keinen größeren Einfluss auf das Kampfgeschehen gehabt. Gegenüber dieser primitiven Technik gab es bereits 1941 den Vorschlag einer modernen nachsteuerbaren Lenkrakete zur Panzerabwehr, was zunächst an der Höhe der verlangten Entwicklungskosten scheiterte (rund 800 000 RM, im Gegenwert der Produktionskosten von zwei Kampfpanzern!). Erst 1944 griff man in aller Eile die Idee wieder auf, und im Frühjahr 1945 sollten die ersten Modelle in die Erprobung gehen.

Eine wesentliche Entlastung für die schwer bedrängte Infanterie, die sich oft nur im Nahkampf gegen Panzer mit tragbaren Minen oder gebündelten Handgranaten zur Wehr setzen konnte, bedeutete der Einsatz von schweren Flak-Batterien der Luftwaffe. Die 8,8-cm-Kanone wurde zur wichtigsten Abwehrwaffe gegen feindliche Panzer. Das Heer konnte seinen Bedarf erst ab 1943 stärker zur Geltung bringen, musste aber auch hier stets mit den Anforderungen der anderen Wehrmachtteile konkurrieren und sich entscheiden, wie der eigene Anteil zwischen der Fertigung von Panzerkanonen und Panzerabwehrgeschützen aufzuteilen war. Hatte im Ersten Weltkrieg noch die Artillerie die Hauptlast der

Panzerabwehr getragen, entwickelte das Heer jetzt das Dogma, dass der Panzer die beste Panzerabwehr sei.

Das traditionell stärkste Element der Feuerkraft auf dem Schlachtfeld war die *Artillerie*. Sie war im Ersten Weltkrieg Hauptträger des Kampfes gewesen und hatte die Armeen im Stellungskrieg festgehalten. Im Zweiten Weltkrieg war der erneute Übergang zum Bewegungskrieg gelungen, gestützt auf die Panzerkanonen und die »fliegende Artillerie« der Luftwaffe. Dennoch behielt die Feldartillerie ihre tragende Bedeutung im Feuerkampf. Durch sie wurde die größte Menge an Munition auf den Feind verschossen. Was an der Invasionsfront die Bombenteppiche der Amerikaner bewirkten, leistete an der Ostfront die Feuerwalze der russischen Artillerie.

Die Wehrmacht konnte, abgesehen von der Anfangsphase des Krieges, diesen Materialeinsatz nicht leisten. Auch auf diesem Gebiet war die Rüstungsüberlegenheit 1941/42 verloren gegangen. Speers Möglichkeiten, durch den Bau neuer Geschützfabriken und durch Massenfertigung die Zahl von Artilleriegeschützen zu steigern, blieben begrenzt. Neben der konkurrierenden Fertigung von Panzerkanonen und Flak spielte dabei auch die Struktur der Herstellerfirmen eine Rolle. Das Kartell der traditionellen Kanonenfabriken von Krupp und Rheinmetall, zu dem 1939 noch die böhmischen Škoda-Werke kamen, teilte sich einen Markt, der nach dem Ersten Weltkrieg sehr eng begrenzt und lizensiert worden war.

Während der Aufrüstungsphase konnte sich die Geschützfertigung – gegenüber den vorrangigen modernen Rüstungsproduktionen wie Panzer- und Flugzeugbau – nicht profilieren. Im Krieg dann musste die Artillerie selbst innerhalb der Heeresrüstung zurückstehen und kam niemals in die höchste Dringlichkeitsstufe. Die riesige Beute an Geschützen in der ersten Kriegsphase verleitete die Heeresführung dazu, dieses »europäische Artilleriemuseum« nicht einzuschmelzen, sondern selbst zum Einsatz zu bringen. Auch die eigenen veralteten Modelle sowie die aus der Umrüstung von Panzern freigewordenen Kaliber wurden weiter verwendet. So baute man etwa im Sommer 1944 1221 Türme von Panzerkampfwagen in die Festungslinien ein. Aus der Umrüstung des Panzers III standen im Sommer 1942 rund 1800 5-cm-Kanonen zur Verfügung, die auf erbeuteten französischen Sockeln von anno 1897 für den Küstenschutz verwendet wurden.

Die zahlreichen zu »Festungen« erklärten Stützpunkte an allen Fronten verfügten Ende 1944 über 1691 Rohre, vorwiegend Beutegeschütze mit wenig Munition. Selbst russische Schiffskanonen aus dem Ersten Weltkrieg wurden als Küstenbatterie bei Calais eingesetzt, ebenso französische Festungsgeschütze von 1884. Im März 1944 waren bei einem Gesamtbestand des Feldheeres von 17 589 Geschützen insgesamt 8337 (47 Prozent) im Einsatz, die nicht aus deutscher Produktion stammten. Fast die Hälfte davon (41,4 Prozent) war französischen Ursprungs. Die Masse der Beutewaffen wurde in Westeuropa eingesetzt.

Im Westen konnte das Heer (Stand Januar 1944) 654 deutsche und 3648 Beutegeschütze einsetzen, von denen es bei 2672 keine Munitionsfertigung gab, die also auf zumeist kleine Restbestände angewiesen waren. Waren sie verschossen, mussten die Geschütze gesprengt werden. An der Ostfront waren die Verhältnisse günstiger. Dort stammten 79 Prozent des Bestandes aus deutscher Produktion.

Das Sammelsurium an Geschütztypen, teilweise aus der Zeit vor dem Ersten Weltkrieg, verursachte nicht nur erhebliche Probleme bei Nachschub und Einsatz, es verminderte zugleich auch den Anforderungsdruck gegenüber dem Rüstungsministerium. Hitler war unzufrieden: »Maschinengewehre aus aller Herren Länder, Kanonen aus aller Herren Länder, das kann ich nicht als Kampfkraft ansehen.« Aber einen Ausweg wusste er auch nicht angesichts der großen Waffenverluste in der Stalingrader Schlacht. Ein umfangreiches Programm für den Bau schwerer Geschütze, das der Chef der Heeresrüstung im Frühjahr 1943 ausgearbeitet hatte, ließ sich nur in kleinem Rahmen verwirklichen. Improvisationen und Basteleien auf diesem Gebiet waren das Lieblingsthema in den Besprechungen Hitlers mit seinem Rüstungsminister. Immerhin erreichte Speer eine beachtliche Steigerung des Ausstoßes zumindest für die leichte Artillerie des Heeres. Von knapp 2500 Geschützen 1940 stieg die Fertigung bis auf über 13 500 im Jahre 1944. Das war weniger als ein Drittel der gesamten Geschützproduktion, deren Masse für die Panzerausstattung verwendet wurde.

Die Fertigung von Artilleriewaffen umfasste allerdings zum großen Teil technisch und taktisch veraltete Modelle – Standardgeschütze, die Mitte der Zwanzigerjahre entwickelt worden waren. Wegen der vermeintlich unüberwindbaren Konstruktionsschwierigkeiten entschied Hitler im Dezember 1943, die vorgeführten neuen Modelle einer leichten und schweren Feldhaubitze »während dieses Krieges« nicht mehr zur Einführung zu bringen. Eine vielversprechende 12,8-cm-Kanone – der vermutlich beste Geschützentwurf während des Zweiten Weltkrieges – kam nur in geringen Stückzahlen an die Front. Speer und Hitler diskutierten noch um die Jahreswende 1944/45 über die Ablieferung von ein oder zwei Dutzend solcher Geschütze, komplettiert durch alte französische und russische Beutelafetten, da die eigene Konstruktion einer Kreuzlafette nicht abgeschlossen werden konnte.

Eine überraschende Entwicklung auf dem Artilleriegebiet ergab sich schließlich aus dem Einsatz von »Nebelwerfern«. Die großkalibrigen Rohre für ungesteuerte Raketen waren in den Dreißigerjahren für einen möglichen Gaskrieg gebaut worden. Als die Rote Armee 1941 mit solchen Mehrfach-Raketenwerfern (»Stalinorgeln«) an der Ostfront große Wirkung auf die deutsche Infanterie erzielte, widmete das Heer die eigene Gaskriegstruppe für den konventionellen Artillerie-Einsatz um, erhöhte die Kaliber und die Zahl gebündelter Rohre. Weil die Rauchentwicklung der Raketen – im Gegensatz zu Artilleriegranaten – den Standort des Geschützes sofort verriet, musste nach jeder Salve Stellungswechsel vollzogen werden. Abgesehen von dieser Schwierigkeit handelt es sich um ein relativ einfach herzustellendes und einsetzbares System. Ein einzelnes Gerät konnte schlagartig eine große Fläche abdecken und enorme moralische Schockwirkung erzielen. Doch auch hier holte das Heer den Vorsprung der Roten Armee niemals ein.

Neben Infanterie und Artillerie gehörte noch im Ersten Weltkrieg die Kavallerie zu den wichtigsten Heereskörpern. Im Stellungskrieg hatte sie ihre Bedeutung eingebüßt, ebenso als Stoßkraft in der Durchbruchsschlacht. Bei Aufklärung und Verfolgung blieb sie freilich zumindest im Bewegungskrieg nützlich. Dass der Versailler Vertrag dem Reichsheer der Weimarer Republik eine große Zahl von Kavallerieregimentern zugebilligt hatte, wurde von der Heeresführung aber eher als Hindernis für eine Modernisierung der Armee angesehen. Gleich nach 1935 wurden die drei Kavalleriedivisionen aufgelöst und das Personal den Infanteriedivisionen zur Bildung von berittenen Aufklärungsabteilungen sowie von Reiterzügen bei den Infanterieregimentern zugewiesen. Nur in Ostpreußen blieb eine Kavalleriebrigade bestehen. Während des Feldzugs in Polen zeigte sich dann, dass in unwegsamem Gelände und in bestimmten Gefechtssituationen berittene Kampfgruppen durchaus von Wert sein konnten. Zog sich der Gegner in sumpfiges oder dicht bewaldetes Gebiet zurück, mussten ihn die Panzer umgehen und die Infanterie brauchte Zeit und Kräfte, um ihn dort niederzukämpfen. Beim Einmarsch der Roten Armee in Ostpolen erwiesen sich die Kavallerieverbände sogar schneller als die schwerfälligen Panzer.

Doch im deutschen Heer setzte man unvermindert auf den Ausbau motorisierter Einheiten. Beim erneuten Marsch nach Osten 1941 gab es für Sicherungsaufgaben im rückwärtigen Raum Weißrusslands eine zusätzliche SS-Kavalleriebrigade, die allerdings hauptsächlich den Massenmord an der jüdischen Bevölkerung praktizierte, beim Heer dann eine Kosakenbrigade aus russischen Freiwilligen. Im rückwärtigen Gebiet, insbesondere bei der Bekämpfung von Partisanen, waren zahlreiche kleinere Reiterformationen einheimischer Freiwilliger im Einsatz. 1943/44 formierten sich das XV. Kosaken-Kavalleriekorps, das I. Kavalleriekorps des Heeres sowie zwei SS-Kavalleriedivisionen, die in bestimmten Regionen Ost- und Südosteuropas militärisch sinnvoll eingesetzt werden konnten. Im Gegensatz dazu behielten traditionsreiche Kavallerieregimenter in Frankreich, Großbritannien und den USA im Zweiten Weltkrieg zwar ihre Namen, wurden aber als leichte motorisierte Einheiten verwendet. In der Roten Armee blieben größere Kavallerieformationen bis 1945 im Einsatz, hauptsächlich bei der Verfolgung und der Sicherung des Hinterlandes.

Die wichtigste neue Waffengattung des Heeres bildete die *Panzertruppe*. Dieses neuartige militärische Instrument hatte man in Deutschland nach den Erfahrungen von 1916 bis 1918 zunächst weithin unterschätzt, und die Auseinandersetzungen zwischen den Befürwortern einer selbstständigen Panzerkriegführung und der Unterstellung von Panzern zur Unterstützung der Infanterie zog sich bis in den Zweiten Weltkrieg hinein. Der Durchbruch erfolgte mit dem Frankreichfeldzug 1940. Die Panzertruppe (als Waffengattung formell 1943 aus der Auflösung der Waffengattung »Schnelle Truppen« geschaffen) wurde im Verlauf des Zweiten Weltkriegs zur am schnellsten wachsenden Formation, zum entscheidenden Instrument operativer Kriegführung. Durch die Unterstellung von Begleitinfanterie und -artillerie sowie anderer Unterstützungselemente gewann sie die Fähigkeit zur selbstständigen Kampfführung in Panzerkorps und schließlich in Panzerarmeen.

Die mit dem Einsatz von Panzerdivisionen enorm gestiegene Geschwindigkeit von Planung und Durchführung taktisch-operativer Entscheidungen sowie der im Kampf der verbundenen Waffen implizierte hohe Kommunikations- und Koordinationsbedarf, verbunden mit einer Risikofreude, die bis an die Waghalsigkeit reichen durfte, kam der deutschen militärischen Tradition sehr entgegen. Betrachtet man die Ausgangslage, als die Reichswehr Ende der Zwanzigerjahre noch darauf beschränkt war, einige Traktorenmodelle unter größer Geheimhaltung in Sowjetrussland zu erproben, über den Ausbau der Kraftfahrtruppe seit Mitte der Dreißigerjahre zu einer einsatzfähigen Panzertruppe bis 1939, so stellt das Bemühen des deutschen Heeres sicherlich eine bemerkenswerte Leistung dar – erst recht, wenn man die noch beschleunigte Entwicklung während des Zweiten Weltkriegs einbezieht.

Der Ausbau der Panzertruppe sah sich allerdings vielen Behinderungen ausgesetzt. In den rund vier Jahren des Aufbaus bis Kriegsbeginn ließen sich trotz intensiver Ausbildungs- und Erprobungsarbeit nur wenige einsatzbereite Großverbände formieren. An der Zusammensetzung und Ausstattung musste im Verlauf des Krieges immer wieder nachgebessert werden. Für die Panzerwaffe kam der Kriegsausbruch zweifellos allzu früh, er bot dafür aber die Möglichkeit, praktische Einsatzerfahrungen zu machen. Aus den bei Kriegsbeginn einsatzbereit gemachten fünf Panzerdivisionen entstanden im Kriegsverlauf zusätzlich 28 »Nummerndivisionen« und als schillernde Notlösungen in den letzten Kriegsmonaten 13 »Namensdivisionen«. Davon konnte nur die Panzerlehrdivision seit Anfang 1944 als Eliteverband gelten. Außerdem sind insgesamt zehn Panzerdivisionen der Waffen-SS aufgestellt worden, die gleichfalls ganz unterschiedlich bewertet worden sind.

Die größte Veränderung trat im Herbst 1940 ein, als nach dem Frankreichfeldzug innerhalb weniger Monate die Zahl der Panzerdivisionen verdoppelt werden sollte. Dazu wurde den ursprünglich mit zwei Panzerregimentern und einem Schützenregiment ausgestatteten Verbänden ein Panzerregiment genommen. Die für einen angenommen kurzen Feldzug gegen die UdSSR fahrenden Divisionen verfügten also nur noch über die Hälfte der Kampfpanzer, und das bei Operationszielen, die im Vergleich zum Frankreichfeldzug im Jahr zuvor nicht über 300 sondern 800 km reichten, in weithin ungünstigem Gelände und gegen einen zahlenmäßig erheblich stärkeren Gegner. Dass die letzten erschöpften Vorstöße Anfang Dezember vor den Toren Moskaus eingestellt werden mussten, zeigt die extreme Überforderung, die im Plan »Barbarossa« von Anfang angelegt gewesen war. Dass die Verdoppelung der Divisionszahl innerhalb weniger Monate erhebliche personelle Probleme verursachte, ist verständlich. Das fing mit der Fahrausbildung für die Panzerfahrer an, für die es nicht genug Treibstoff gab und die daher verkürzt werden musste, und hörte mit der Suche nach geeigneten Kommandeuren und Stabsoffizieren nicht auf.

Von Anfang an warf der Mangel an geeigneten Kampffahrzeugen die größten Probleme auf. Die Panzerverbände des Heeres gingen 1939 in den Krieg praktisch mit ihren Schulungsfahrzeugen, die kleinen und leichtbewaffneten Typen I und II (rund 2800). Hinzu kamen zweihundert leichte Kampfwagen tschechischer Herkunft, eine willkommene Verstärkung. Erst Ende 1939 wurde die Serienproduktion der ursprünglich vorgesehenen Kampfwagen Typ III und IV aufgenommen. Der als schwerer Panzer konzipierte Typ IV begann mit einer monatlichen Auslieferungsquote von 20, die ein Jahr später auf 30 stieg und auf dem Höhepunkt der Verluste während des Vormarsches auf Moskau auf 60 erhöht werden konnte.

Der Gesamtbestand an Panzerkampfwagen konnte vom 1. September 1939 (= 3169) bis 1. April 1942 (= 5479) fast verdoppelt werden, doch der Anteil des Typs IV lag noch immer bei zehn Prozent. Dabei hatte sich inzwischen der sowjetische T 34, den Stalin in großen Mengen als Standardpanzer produzieren ließ, für die deutsche Seite als böse Überraschung herausgestellt. Das hektische Nachrüsten Hitlers bescherte dem Heer ein Jahr später die neuen Typen V (»Panther«) und VI (»Tiger«), die im direkten Duell dem T 34 überlegen, aber anfangs störanfällig waren. Auch wenn bei den neuen Typen die Serienfertigung nun schneller hochgetrieben werden konnte, produzierten die Panzerwerke bis zum Kriegsende in der Masse stets die bereits veralteten Modelle, die dann durch Nachrüstungen und Umbauten kampfwertgesteigert werden mussten.

Abgesehen von den Führungsproblemen beim Kampf der verbundenen Waffen unter den erschwerten Bedingungen der motorisierten Kriegführung erwies sich die Ausstattung der Unterstützungstruppen als weithin mangelhaft. Solange die deutschen Panzerverbände mit eigener Luftherrschaft und gut ausgebautem Straßen- und Wegenetz rechneten konnten, machten sich die Defizite nicht sofort bemerkbar. Mit der zeitlichen und räumlichen Ausweitung der Operationen gegen die UdSSR und seit 1942 auch auf allen anderen Kriegsschauplätzen konnten größere Panzerverbände nur noch eingesetzt werden, wenn sie unmittelbar wirksame und leistungsfähige Unterstützung erhielten. Dazu gehörten der Truppenluftschutz, Pioniere, Artillerie und infanteristische Begleitung. Alle diese Elemente benötigten am Ende gepanzerte Fahrzeuge, um ihre Aufgaben erfüllen zu können. Die industrielle Kapazität reichte aber nicht aus, der Panzertruppe zusätzlich neue Typen in möglichst standardisierter Massenfertigung zur Verfügung zu stellen.

Die Aushilfe einer mit Hilfe von Krafträdern (Kradschützen) und Lkw beweglich gemachten Infanterie bewies sich spätestens im Russlandfeldzug als untauglich. Schon im Feldzug gegen Polen hatten sich bei schwierigen Straßen- und Geländebedingungen große Probleme gezeigt. Auch die Bewegung von Artillerie und Flak mit Zugkraftwagen genügte im Kriegsverlauf nicht mehr. Die Verwendung eines Sammelsuriums von älteren Beutefahrzeugen zur Herstellung von Selbstfahrlafetten blieb unbefriedigend. Insgesamt konnte die deutsche Fahrzeugproduktion nicht die Erwartungen erfüllen. Der Vorrang der Panzerfertigung ließ sich nur zu Lasten z.B. der Lkw realisieren. Für beide war die Treibstoffversorgung stets ein Problem, das auch taktisch-operativ seinen Niederschlag fand. Das zwang seit 1943 zunehmend zur Entmotorisierung größerer Teile des Heeres, die neben der traditionellen Pferdebespannung (das Heer verfügte schon 1941 über mehr Pferde als Kfz) und den auf Holzvergasersystem umgestellten Kraftwagen am Ende mit Fahrrädern mobil gemacht wurden.

Operatives Denken Mehr als jede andere Streitkraft legte das Heer das Gewicht auf die operativen Aspekte des Kriegs. Strategie wurde dagegen selbst in den höchsten militärischen Bildungseinrichtungen nicht gelehrt. In der Praxis lag ihre Festlegung hauptsächlich beim »Führer und Obersten Befehlshaber der Wehrmacht«, der damit letztlich überfordert und spätestens nach der Kriegswende 1941/42 diesbezüglich ratlos gewesen ist. Auch in den Generalstäben spiegelte sich die Überbetonung des »operativen Gedankens« auf allen Ebenen wider. Fragen der Logistik, die im modernen technischen Krieg eine überragende Bedeutung gewonnen hatten, galten als nachrangig. Offiziere, die sich darauf spezialisiert hatten, erhielten kaum eine Chance, eine größere Karriere zu machen. Hier war die Wehrmacht der japanischen Armee sehr ähnlich, die einiges von der ehemaligen preußischen Militärtradition übernommen hatte. Beide unterschieden sich damit wesentlich etwa von der US-Armee.

Die taktische Ausbildung war hingegen höchst effizient. Sie erklärt die erstaunlichen Erfolge in der ersten Kriegsphase. Die Wehrmacht entwickelte hier die Fähigkeit, moderne Kampftechnik zur Durchführung weitreichender Operationen zu nutzen. Das Erfolgsgeheimnis lag im schwerpunktmäßigen Einsatz von Panzerverbänden und motorisierten Truppen, unterstützt von einer schlagkräftigen Luftwaffe. Dieser Kampf der verbundenen Waffen erforderte ein diszipliniertes Zusammenwirken aller Waffengattungen, für das je nach Kriegsschauplatz und Gefechtsart optimale Lösungen zu finden waren. Voraussetzung dafür war nicht zuletzt ein hervorragendes Funknetz, das der Wehrmacht im Westfeldzug und auch gegenüber der Roten Armee zu schnellen Führungsentscheidungen und Reaktionen verhalf. Dennoch entsprach die Wehrmacht in der Masse keineswegs dem Bild einer vollmotorisierten Blitzkriegsarmee. Die wenigen Eliteverbände erzwangen zumeist den Durchbruch und die Entscheidung in der Schlacht, die Mehrzahl der Truppen kämpfte und marschierte wie zu Napoleons Zeiten: zu Fuß, mit Pferd und Wagen, mit Gewehr und pferdebespannten Geschützen.

Das operative Denken im deutschen Heer hatte bereits vor Beginn des Ersten Weltkriegs dogmatischen Charakter erhalten. Es war geprägt von der Gefahr bzw. der Chance des Zweifrontenkrieges, die sich aus der europäischen Mittellage des Reiches ergaben. Generalstabschef Beck hatte 1937/38 wie Schlieffen zu Beginn des Jahrhunderts auf den strategischen Vorteil gesetzt, dass Deutschland durch seine geografische Lage die wichtigsten potenziellen Feindmächte (Russland und Frankreich) von einander trennte. Gestützt auf die gut ausgebaute Infrastruktur Mitteleuropas und auf der inneren Linie operierend, konnte man darauf setzen, im Kriegsfalle die Gegner nacheinander zu schlagen. Die neugebauten Befestigungslinien im Osten und Westen boten die Chance, sich jeweils nach einer Seite mit schwachen Kräften in der Defensive zu halten, um mit der Masse des Heeres an der anderen Seite den Gegner angriffsweise zu schlagen. Konzentration der Kräfte, Überraschung, Durchbruch, Umfassung und Vernichtung der feindlichen Armee in einer Entscheidungsschlacht waren unverändert die Paradigmen des operativen Denkens.

Voraussetzung für den Erfolg war die Verfügbarkeit ausreichend schneller, beweglicher Angriffskräfte, die in der Lage sein würden, in der freien Operation die Bewegung des Gegners zu überflügeln. Der Schlieffenplan war nicht zuletzt daran gescheitert. Mit dem Aufbau der Panzertruppe und einer taktisch-operativ einsetzbaren Luftwaffe hat sich die Wehrmacht seit 1935 bessere Möglichkeiten geschaffen. Dieser Weg, für den lediglich vier Jahre Vorbereitung zur Verfügung standen, wurde innerhalb der Heeresführung durchaus kontrovers diskutiert. Vertreter anderer Optionen, die etwa taktisch unverändert auf die Infanterie setzten oder strategisch einen totalen Volkskrieg anstrebten, traten bald in den Hintergrund.

Die Weisungen für die einheitliche Kriegsvorbereitung der Wehrmacht trugen eindeutig offensiven Charakter. In der Beurteilung der Erfolgschancen für schnelle Offensivoperationen gingen die Meinungen freilich auseinander. Als Generalstabschef war Beck unter den Bedingungen des Jahres 1938 äußerst skeptisch und befürchtete, dass ein Angriff gegen die Tschechoslowakei zu einer Ausweitung zum Weltkrieg führen würde: »Ein Krieg, den Deutschland beginnt, wird sofort weitere Staaten als den angegriffenen auf den Plan rufen. Bei einem Krieg gegen eine Weltkoalition wird Deutschland unterliegen und dieser schließlich auf Gnade und Ungnade ausgeliefert sein« (4.26 Beck, S. 63). In der Heeresführung blieb er damit allerdings isoliert.

Der Generalstab in seiner politischen Selbstbeschränkung vertraute wie vor dem Ersten Weltkrieg darauf, dass die zivile Reichsleitung für günstige außenpolitische Rahmenbedingungen vor Kriegsbeginn sorgen würde. Dann traute man sich zu, auch mit unterlegenen Kräften unter klarer Schwerpunktbildung angriffsweise auch in einem Mehrfrontenkrieg überlegene Feindkräfte schlagen zu können. Allerdings blieb unklar, ob eine »Entscheidungsschlacht« gegen die Feindarmee tatsächlich zum endgültigen Zusammenbruch des Feindes und zum siegreichen Kriegsende führen würde. Hinsichtlich des möglichen, seit 1938/39 immer mehr wahrscheinlichen Eingreifens der seebeherrschenden angelsächsischen Mächte gab es keine realistische strategische Lösung.

Hitler spielte bis 1941 seine Rolle und vermittelte der militärischen Führung den Eindruck, dass er sich geschickt und erfolgreich um die strategische Absicherung des Kriegskurses bemühte. Doch entgegen diesem Anschein und einer weitverbreiteten historiografischen Tradition verfügte der Diktator über keinen »Stufenplan« oder eine Strategie des »Blitzkrieges«. Natürlich wollte Hitler 1939 vermeiden, dass sich der befohlene Angriff auf Polen zum Weltkrieg ausweitete. Das Risiko aber nahm er gezielt in Kauf und wollte es durch den Pakt mit Stalin bannen. Damit scheiterte er am 3. September 1939 durch die britisch-französische

Kriegserklärung. Operativ verlief die Niederwerfung und Vernichtung der polnischen Armee planmäßig, wenn auch nicht ohne Friktionen, da der Bewegungskrieg mit gepanzerten Stoßkeilen noch nicht zur Zufriedenheit des Generalstabs beherrscht wurde. Strategisch war wenig gewonnen, weil die polnische Regierung den Kampf fortsetzte: mit der »Heimatarmee« im Untergrund sowie der reorganisierten polnischen Armee im Exil. Die Wehrmacht gewann lediglich die Option, nun die Kräfte auf die Auseinandersetzung mit den Westmächten konzentrieren zu können. Wie hier eine offensive Entscheidungsschlacht geführt werden konnte, blieb für Monate im Generalstab umstritten. Derweil musste man an der Westfront einen Stellungskrieg führen, den man nach den Erfahrungen des Ersten Weltkriegs unbedingt vermeiden wollte.

Der Feldzug in Frankreich im Mai 1940 wurde zu einem unerwarteten Triumph traditionellen operativen Denkens, ein Erfolg, zu dem die Fehler des Gegners nicht unerheblich beitrugen. Im Gegensatz zum Polenfeldzug griff Hitler immer wieder in die Planungen ein. Die Ideen des Generalstabs liefen darauf hinaus, die alliierten Verbände frontal zurückzudrängen und genügend Raum an der britischen Gegenküste zu gewinnen. Nach etwa einem Jahr sollte die Rüstungsproduktion dann einen Hochlauf erreichen, um die zu erwartenden amerikanischen Hilfslieferungen ausgleichen zu können. Hier fehlten zweifellos Schwerpunktbildung und Mut zum Risiko, also der »operative Funke«.

Erich von Manstein, der gescheiterte Konkurrent von Franz Halder in der Nachfolge Becks, warf dem Oberkommando des Heeres (OKH) mangelnden Willen zur Entscheidung vor und präsentierte seinen Operationsplan, der die Grundelemente Umfassung, Schwerpunktbildung, Initiative, Schnelligkeit, Angriff, Risikobereitschaft und Beweglichkeit enthielt. Seine Idee, die später als Sichelschnitt Bekanntheit erlangte, wurde die Grundlage für den Sieg im Westen. Das Ende des Krieges blieb freilich aus, weil Deutschland nicht über die Mittel verfügte, um Großbritannien militärisch niederzuwerfen.

Der Erfolg gegen Frankreich verdeckte, dass es kein einheitliches operatives Denken auf den verschiedenen Führungsebenen gab. Gegenüber den Frontkommandeuren konnte der Generalstab seine Direktiven nicht immer durchsetzen. Entscheidende strukturelle Probleme bildeten die unterschiedlichen Geschwindigkeiten im Angriff, die sich oft nicht ausgleichen ließen, sowie der Mangel an operativen Reserven, der sich besonders bei großräumigen Bewegungen bemerkbar machte.

Nach der strategischen Pattsituation entwickelte der Generalstab routinemäßig Eventualplanungen für eine mögliche Auseinandersetzung mit der UdSSR, als dem potenziell gefährlichsten Gegner auf dem Kontinent. In klassischer Tradition dachte man an eine grenznahe Entscheidungsschlacht im ostmitteleuropäischen Raum zwischen

Riga, Minsk und Kiew, um die UdSSR dazu zu zwingen, die deutsche Hegemonie in Europa anzuerkennen. Die Erfahrung von 1917 lag auf der Hand. Hitler dachte jedoch in anderen Kategorien und befahl die Vorbereitung einer großen Lösung, d.h. die Eroberung des europäischen Russlands mit seinen wertvollen wirtschaftlichen Ressourcen, die Deutschland unangreifbar machen sollten. Halder erweiterte unter dem Decknamen »Barbarossa« den Plan zur Vernichtung der Roten Armee in grenznahen Umfassungsschlachten um eine zweite Phase, den Marsch auf Moskau als dem Zentrum der »lebendigen Kräfte« des Gegners. Dieser klassische Ansatz ließ erneut eine klare Schwerpunktbildung vermissen und verzichtete darauf, größere Reserven für die zweite Phase des Feldzugs zu fordern. Alles baute darauf, dass sich die Rote Armee in einigen Kesselschlachten vernichten ließ und nicht wieder auferstehen würde. Nur unter dieser Voraussetzung konnte man damit rechnen, innerhalb von sechs bis acht Wochen Einzug in Moskau zu halten.

Parallel zu dieser größten Operation der Kriegsgeschichte plante das OKH eine Reihe von selbstständigen Unternehmungen wie die Eroberung von Gibraltar. Die Fähigkeit der Wehrmacht zu isolierten Aktionen war im April 1940 etwa mit der Invasion in Norwegen unter Beweis gestellt worden, ließ aber schon hier bedenkliche Schwächen in der Koordination der Wehrmachtteile sowie im Mangel an operativen Reserven erkennen. Ein Scheitern war schon bei Narwik möglich, ein Jahr später auch in Kreta. Der Einsatz in Nordafrika mit geringsten »Sperrverbänden« erwies sich nur dank der Initiative von Rommel nicht sofort als zum Scheitern verurteilt, im Gegenteil: Rommel zeigte sich mit großem taktischen Geschick in der Lage, zwei Jahre lang in Nordafrika den Briten mit weiträumigen Operationen erhebliche Schwierigkeiten zu bereiten.

Über das Ziel der Operation »Barbarossa« gab es von Anfang an keine Einigkeit zwischen dem OKH und Hitler. Der Diktator sah auf der Karte der UdSSR nur die wirtschaftlich wertvollen Gebiete im Baltikum, in der Ukraine und im Kaukasus. Moskau war für ihn, anders als für Halder, nur ein geografischer Punkt. Im Frühjahr 1941 mit dem Fortgang der Planungen konfrontiert, traf Hitler eine Reihe von Entscheidungen, die dem alten militärischen Begriff des »Vernichtungskrieges« einen anderen Sinn verliehen. Das Dogma der Vernichtung der feindlichen Streitkräfte, eine Grundfeste im operativen Denken des Generalstabs, wurde zugunsten wirtschaftlicher und ideologischer Ziele zurückgestellt.

Die Heeresführung zögerte, ihre Bedenken mit Nachdruck einzubringen. Halder vertraute darauf, dass er im Fortgang der Operationen seine Vorstellungen durchsetzen könnte. In der ersten Phase des Feldzugs operierte die Wehrmacht durchaus erfolgreich, auch wenn es ihr letztlich nicht gelang, die Kampfkraft der personell und materiell überlegenen Roten Armee entscheidend zu brechen. Von deutscher Seite setzte man wie stets auf die Überlegenheit von Führung und Moral. Doch der Vorstoß in die Tiefe des russischen Raumes erschöpfte die eigenen Kräfte. Die UdSSR zeigte sich nicht als der »tönerne Koloss«, der nach einem harten Stoß zusammenbrach, sondern Stalin gelang es, auch nach schweren Verlusten die Front wieder zu stabilisieren und Reserven für Gegenangriffe zu bilden. Der deutsche Generalstab verfügte dagegen bald nicht mehr über die Möglichkeit, seine Taktik der doppelten Umfassung mit schnellen Verbänden umzusetzen. Die überdehnten deutschen Linien konnten die sowjetische Gegenoffensive im Dezember 1941 nur mit Mühe auffangen. Der Primat der Operation stieß offensichtlich an seine Grenzen. Das deutsche operative Denken und die von ihm beeinflussten Strukturen, insbesondere bei der Logistik, waren nun einmal auf mittel- und westeuropäische Verhältnisse abgestimmt. Der Raum im Osten sprengte alle bisherigen Dimensionen der Operationsführung. Die von Hitler forcierte Brutalisierung der Kriegführung erleichterte entgegen seinen Erwartungen nicht die Niederwerfung des Gegners, sondern stärkte seinen Widerstand.

Der Sommerfeldzug 1942 erwies sich noch schneller als Fehlkalkulation. Wieder wollte Hitler auf Raumgewinn setzen und die Ölfelder des Kaukasus als Voraussetzung für die Fortsetzung des Krieges erobern. Die Operationsführung konnte mit den erheblich verringerten Offensivkräften zwar wiederholt einen Durchbruch und den Ansatz zu weiträumigen Bewegungen erreichen, doch der Gegner entzog sich immer wieder der Vernichtung. Erst bei Stalingrad und auf den Höhen des Kaukasus brachte er die erschöpften deutschen Angriffskräfte zum Stillstand. Die Versorgungswege waren noch einmal erheblich verlängert worden, ebenso die angriffsbedrohten Flanken an Don und Wolga. Stalins Gegenoffensive im November 1942 hatte daher leichtes Spiel. Zeitgleich verlor die Wehrmacht auch in Nordafrika die Initiative.

Die taktisch-operativen Schwächen traten nun offen zutage. Mit seiner Ausrichtung auf den Angriff war das Heer nach 1942, als der Bewegungskrieg auf deutscher Seite zur Verteidigung der »Festung Europa« geriet, schlecht darauf vorbereitet, die überdehnten Fronten gegen einen zahlenmäßig weit überlegenen Feind verteidigen zu können. Ein neues operatives Konzept entwickelte die deutsche Führung ebenso wenig wie ihr eine strategische Neuorientierung gelang. Hitlers Besessenheit zeigte sich in seinem Lieblingsbegriff, dem »Schlagen« des Gegners. Daher klammerte er sich an die Hoffnung, doch noch einmal in die Offensive gehen zu können. Alle Ansätze dazu scheiterten. Seine starren Haltebefehle führten immer wieder zu Krisensituationen und verhinderten ein rechtzeitiges Ausweichen. Der Verschleiß an mehreren

Fronten machte es nicht möglich, operative Reserven zu bilden. Wille und Glaube sollten den Mangel an Personal und Material ausgleichen.

Hitlers Wille zum »Schlagen« blieb aber bis zum Frühjahr 1945 ungebrochen. So wurden wiederholt Angriffsoperationen und Vorstöße unternommen, die das Blatt aber nicht zu wenden vermochten. Das mangelnde Verständnis des Diktators für operativ-strategische Zusammenhänge war sicher auch ein Ausdruck von Ratlosigkeit, denn er hatte seine Wehrmacht in eine aussichtslose Lage geführt, wie sie Beck bereits 1938 prognostiziert hatte. Der am 3. September 1939 beginnende Weltkrieg überforderte von Anfang an die militärischen Möglichkeiten des Reiches. Wenn Hitler am Ende aus der Strategie flüchtete, dann ist seinen Generalen zu Recht der Vorwurf zu machen, dass sie meist nur operativ dachten und ihr Denken mit der Vernichtung der gegnerischen Streitkräfte endete.

Gliederung und Kommandostrukturen Als unterste, zum selbstständigen Gefecht geeignete Kommandoebene verfügte die *Division* (mit arabischen Ziffern bezeichnet) neben dem Kommandeur, in der Regel ein Generalmajor, über zwei weitere Generalstabsoffiziere. Verantwortlich für den taktischen Einsatz war der Erste Generalstabsoffizier (Ia), ein Oberstleutnant, der zugleich die Funktion eines Chef des Stabes ausübte. Ihm nachgeordnet war der Zweite Generalstabsoffizier (Ib), zuständig für den Nachschub mit dem Dienstgrad Major, womit die »dienende Funktion« der Logistik erkennbar wurde. Dieser »Quartiermeister« verfügte über 58 Mitarbeiter für alle Bereiche der »Etappendienste«, wie etwa den Divisionsarzt und -veterinär, die beiden Kriegspfarrer (evangelisch/katholisch), den Stabszahlmeister und den Leiter des Feldpostamtes. Auch alle anderen Offiziere im Divisionsstab (15) verfügten über keine allgemeine Generalstabsausbildung, sondern waren Spezialisten auf ihrem Gebiet, oft Reserveoffiziere. Das galt etwa für den Ic, der verantwortlich für das »Feindbild«, den Abwehrdienst und die Propaganda war.

Im System der Befehlsketten stand traditionell das *Armeekorps* oberhalb der Division. Es umfasste zwei oder mehr Divisionen, geführt von einem Generalkommando, an der Spitze ein Kommandierender General (Dienstgrad Generalleutnant). Das Korps als mittlere Führungsebene war je nach Lage und Auftrag, bei geringen eigenen Korpsunterstützungstruppen, mit nur zeitweilig unterstellten Divisionen auch unterschiedlicher Waffengattungen ausgestattet, im Gegensatz zur Division, die einen festgefügten Großverband bildete. Bei Kriegsbeginn bestanden 19 Generalkommandos (bezeichnet mit römischen Ziffer), die überwiegend bestimmten Wehrkreisen zugeordnet waren. Im Idealfall führten sie die Truppen ihres Wehrkreises im Kampf.

Als Teil des Heimatheeres blieben dann Stellvertretende Generalkommandos (Wehrkreiskommandos) zurück, und zwar als territo-
rial zuständige militärische Behörde mit »vollziehender Gewalt« im
Falle von Kampfhandlungen in Deutschland. Was im Ersten Weltkrieg
noch eine umfassende militärische Vollmacht darstellte, war nach dem
Reichsverteidigungsgesetz in der Novellierung von 1938 stark eingeschränkt, Partei und Wirtschaft von vornherein ausgenommen, und
ohnehin oblag es Hitler als Oberstem Befehlshaber der Wehrmacht,
die Kommandogewalt nach Belieben zu regeln. Im Zusammenhang
mit den Planungen zu einem militärischen Staatsstreich setzte Oberst
Claus Graf Schenk von Stauffenberg 1943/44 auf die Aktivierung der
Stellvertretenden Generalkommandos, um die Macht im Reich in milita-
rische Hände zu überführen.

Mitte Januar 1945 gab es 77 Generalkommandos, viele waren inzwischen vernichtet und wiederaufgestellt oder die Reste als »Korps-
abteilungen« bezeichnet. Von Anfang an bestand die Absicht, auch
»reinrassige« Korps mit motorisierten oder Panzerdivisionen sowie
bei Gebirgsdivisionen zu bilden. Im Kriegsverlauf wurden einzelne
Reservekorps geschaffen; anders als im Ersten Weltkrieg handelte es
sich dabei allerdings nur um Rahmen für Ausbildungseinheiten, die in
besetzten Gebieten stationiert waren. Bei Beginn der Invasion wurden
dann die vier Reservekorps in aktive umgewandelt. Die Bildung von eigenen Armeekorps war für die Waffen-SS ein wichtiger Schritt, um zu
einer größeren Selbstständigkeit im taktisch-operativen Rahmen des
Heeres zu gelangen.

Erst für die Mobilmachung 1939/40 hatte man die Bildung von
zehn *Armeeoberkommandos* mit jeweils großen »Paketen« von eige-
nen Unterstützungstruppen vorgesehen. Neben den Nachschub-,
Verwaltungs-, Sanitäts-, Veterinär- und Ordnungsdiensten gehörten
dazu eine Panzerabwehrabteilung, ein Nachrichtenregiment sowie drei
Brücken- und Straßenbaubataillone. Teils durch Neubildung, teils durch
Umbenennung (1942 wurden aus den vier Panzergruppenkommandos
der Ostfront Panzerarmeen) stellte man insgesamt 19 AOK, fünf Panzer-
AOK, zwei Waffen-SS-AOK und ein Fallschirm-AOK bis Kriegsende auf.
Davon unterstanden elf Armeen zeitweilig je eine verbündete Armee
(Ungarn/Rumänien), womit sie zur Armeegruppe mutierten, bezeichnet
nach dem Namen ihres Oberbefehlshabers.

Die in der Regel mit zwei oder drei Armeekorps ausgestatteten
Armeen waren in der Lage, großräumige Operationen selbstständig zu
führen. Der Oberquartiermeister (OQu) der Armee spielte eine große
Rolle, weil er in direktem Kontakt mit dem Generalquartiermeister
des Heeres stand. Dadurch hatte der Generalstab des Heeres die
Möglichkeit, die operativen Aufträge auch indirekt durch die Bildung

von Versorgungsschwerpunkten zu steuern. Dem Oberquartiermeister unterstanden neben umfangreichen Versorgungsdiensten auch Feld- und Ortskommandanturen sowie zwei Wachbataillone und eine Feldgendarmerie-Abteilung. Diese wurden von einem Kommandanten des rückwärtigen Armeegebiets (Korück) eingesetzt, der einen front- nahen Bereich der militärverwalteten Gebiete bildete und deshalb für die Besatzungspolitik eine wichtige Verantwortung trug. Seine Hauptaufgabe war neben der Sicherung des rückwärtigen Raumes vor allem dessen Ausnutzung für die Zwecke der Truppe. Am Ende stand die Ausbeutung des Gebiets für Lieferungen ins Reich.

Zwei oder auch drei Armeen waren schließlich wie im Ersten Weltkrieg in einer *Heeresgruppe* zusammengefasst. Im Osten bestimmte man die AOK 2 und 12 als Heeresgruppe Nord bzw. Süd. Im Frankreichfeldzug bildete man drei Heeresgruppen (A, B, C), im Feldzug gegen die UdSSR die Heeresgruppen Nord, Mitte, Süd; die letztere wurde im Sommer 1942 zeitweilig geteilt in A und B und Ende 1942 eine beson- dere Heeresgruppe Don dazwischen geschoben. Die Umgliederungen und Umbenennungen setzten sich bis zum Frühjahr 1945 fort und passten die höhere Führungsebene den veränderten Frontverläufen und Kriegsschauplätzen an. Die Positionen der Oberbefehlshaber der Heeresgruppen waren natürlich mit besonderem Prestige verbun- den, und sie verfügten über beträchtliche Mittel zur Umsetzung ihrer operativen Aufgaben. Das betraf weniger die Logistik, hier ging die Führungsschiene vom OKH direkt zu den Armeen. Einer Heeresgruppe unterstand aber – neben zahlreichen Heerestruppen zur Unterstützung – immerhin eine Reserve aus mehreren Divisionen, die fallweise ein- gesetzt werden konnten, bei Beginn des Russlandkrieges aber ebenso ein weiteres Korps aus den Reserven des OKH, die zur »Nährung« des Angriffs bereitstanden. Für die Etappe der Heeresgruppe war der jewei- lige Befehlshaber des rückwärtigen Heeresgebiets zuständig, der über mehrere Sicherungsdivisionen verfügte und für die Besatzungspolitik im größeren Teil des Militärverwaltungsgebiets verantwortlich war.

Nur in Einzelfällen erhielten Oberbefehlshaber von Heeresgruppen zugleich den Titel eines Oberbefehlshabers für den gesamten Kriegs- schauplatz. Damit reagierte das OKH auf die missliche Entwicklung, dass man seit 1941/42 operativ nur noch für die Ostfront zuständig war und die Nebenkriegsschauplätze an den Wehrmachtführungsstab abge- ben musste.

Hier deutet sich an, wie sehr zumindest die militärische Spitzen- gliederung in Deutschland klare und eindeutige Formen vermissen ließ; ein Erbe der Vergangenheit, das in Hitlers Wehrmacht neue Blüten trieb. Das *Oberkommando des Heeres* bildete naturgemäß den größten Block in der Führungsspitze. In seiner Kriegsgliederung bestand es aus drei gro-

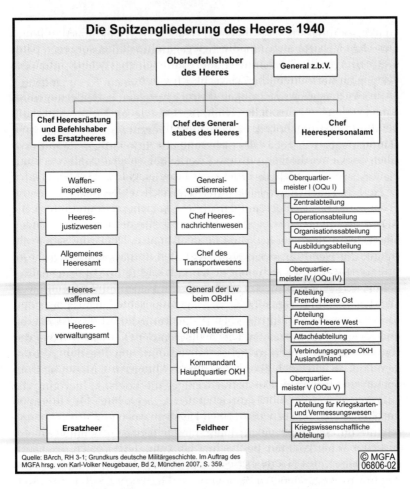

Die Spitzengliederung des Heeres 1940

Quelle: BArch, RH 3-1; Grundkurs deutsche Militärgeschichte. Im Auftrag des MGFA hrsg. von Karl-Volker Neugebauer, Bd 2, München 2007, S. 359.

© MGFA
06806-02

ßen Bereichen: dem Heerespersonalamt, dem Chef der Heeresrüstung und Befehlshaber des Ersatzheeres (in Personalunion), sowie dem Generalstab des Heeres, der eigentlichen Schaltzentrale für die Führung des operativen Krieges.

Bis Kriegsbeginn war dieser in fünf Oberquartiermeister-Bereiche eingeteilt. Der OQu I hatte die Zuständigkeit für Führungsfragen (später 1. Abteilung, sprich Operationsabteilung). Zugeordnet waren vier weitere wichtige Bereiche: der Chef des Transportwesens (5. Abteilung), der Generalquartiermeister (6. Abteilung), die Abteilung für Kriegskarten und Vermessungswesen (9. Abteilung) und der General der Pioniere und Festungen (10. Abteilung). Für die Ausbildung im Heer war der OQu II (später 4. Abteilung) zuständig, der OQu III (später 2. Abteilung, Organisationsabteilung) für die Organisation. Dem OQu IV oblag die »Beobachtung fremder Heere«, unterteilt nach Fremde Heere West (später 3. Abteilung) und Fremde Heere Ost (später 12. Abteilung). Der OQu V hatte sich um die Kriegsgeschichte zu sorgen (später 7. Abteilung). 1942 ernannte Hitler dafür einen »Beauftragten des Führers für die militärische Geschichtsschreibung«.

Im *Generalstab des Heeres* gab es trotz mancher Veränderungen im Kriegsverlauf in personeller Hinsicht eine relative Kontinuität. Hier betätigte sich ein hochgradiges Spezialistentum, das sich gleichsam als »Gehirn« des Heeres verstand, als eine Elite, die zwar dem Chef des Generalstabs und dem Oberbefehlshaber des Heeres zuarbeitete, sich aber auch als Brücke zur Front erachtete. Das feingliedrige Netzwerk der Generalstabsoffiziere zwischen Oberkommando und Front baute nicht zuletzt auf persönliche Beziehungen und informelle Kanäle, womit mancherlei Spannungen zwischen den oft rivalisierenden Oberbefehlshabern ausgeglichen werden konnten. Der Grundsatz wechselnder Verwendung der bestqualifizierten Offiziere zwischen Front und Generalstab ließ sich im Zweiten Weltkrieg oft nicht durchhalten, womit sich Tendenzen einer in sich geschlossenen Funktionselite verstärkten. Adolf Heusinger, Chef der Operationsabteilung, repräsentiert diese personelle Kontinuität ebenso wie etwa Alfred Jodl als Chef des Wehrmachtführungsstabes und Wilhelm Keitel als Chef des OKW. Diese drei gehörten zur ständigen militärischen Umgebung des »Führers«, der es vorzog, sich in den täglichen Lagebesprechungen mit Männern seines Vertrauens auseinanderzusetzen.

Dagegen war der Chef des Generalstabs des Heeres für Hitler von vornherein die Verkörperung einer selbstbewussten Führungskompetenz in der Nachfolge eines Moltke und Schlieffen und damit ein natürlicher Widerpart zur politischen Führung. Den Posten des Oberbefehlshabers des Heeres hatte Hitler 1938 bei erster Gelegenheit mit einer schwachen Persönlichkeit besetzt, die ihm nur selten zu widersprechen wagte. Walther von Brauchitsch resignierte im Dezember 1941, sodass Hitler selbst den Oberbefehl übernahm. Obwohl Autodidakt, hatte der ehemalige Gefreite inzwischen genügend Erfahrungen gesammelt, um diese Funktion selbst ausüben zu können. Auch Halder als Generalstabschef verfügte über keine starken Nerven, doch er kämpfte stärker um die Bewahrung der Moltke-Tradition und sah sich als eine Art von »Reichsgeneralstabschef«, d.h. als ersten und wichtigsten militärischen Ratgeber des »Führers«.

Habitus und persönliche Ausstrahlung weckten aber immer wieder Hitlers Aversionen gegen den angeblich reaktionären »Geist von Zossen« (bezogen auf den Standort des OKH südlich von Berlin). Halder hatte aus Hitlers Sicht eben nicht den »Stallgeruch« des Parteigenossen oder zumindest des Frontoffiziers und ließ durchaus Zweifel an dem Feldherrngenius des »Führers« erkennen. Seinem Widerstand gegen die Entgrenzung und Ideologisierung des Krieges sowie gegen die Überforderung der eigenen Kräfte fehlte es letztlich an Willenskraft und Konsequenz. Halder flüchtete sich lieber in die Illusion einer geregelten Arbeitsteilung im rassenideologischen Vernichtungskrieg gegen die UdSSR, die das Heer auf den militärischen Kampf ausrichtete.

Im Sommer 1942 war das Verhältnis zwischen Halder und Hitler endgültig zerrüttet. Der »Führer« wünschte sich nach den aus seiner Sicht ewigen Bedenkenträgern Beck und Halder endlich einen Vertreter der Truppe als neuen Generalstabschef. Dieser sollte sich nicht nur aus Politik und Strategie heraushalten, sondern sich auch darauf beschränken, die Weisungen Hitlers als dem Oberbefehlshaber des Heeres für die Ostfront umzusetzen. Die Aufteilung der Zuständigkeit für die verschiedenen Kriegsschauplätze war eine der folgenreichsten Entscheidungen in der Geschichte des deutschen Generalstabs. Kurt Zeitzler akzeptierte diese Selbstbeschränkung, aber trotz seiner robusten Natur sah er sich nach gut einem Jahr ebenfalls am Ende seiner Kräfte. Die ständigen Auseinandersetzungen zehrten an seinen Nerven, beim Staatsstreichversuch am 20. Juli 1944 war er krankgemeldet. So blieb er von Hitlers Rache am Generalstab verschont, wurde allerdings durch Heinz Guderian ersetzt, den der »Führer« in der Krise vor Moskau 1941 als Truppenführer von seiner Aufgabe entbunden, dann aber im Februar 1943, nach der Wende von Stalingrad, als Inspekteur der Panzertruppen zurückgeholt hatte.

Guderian hielt sich als Generalstabschef an die inzwischen sehr beengten Zuständigkeiten seines Amtes und ließ an seiner »Führertreue« keinen Zweifel. Als Mitglied im »Ehrenhof des Heeres« sorgte er für die Verdammung und Auslieferung der Angehörigen des militärischen Widerstands an den »Volksgerichtshof«. Sein Bemühen, die Ostfront unter allen Umständen zu stabilisieren, scheiterte nicht zuletzt deshalb, weil Hitler seinen Rat immer wieder in den Wind schlug. Nach einem Streit über die Lage an den Fronten wurde er am 28. März 1945 entlassen. Sein Nachfolger Hans Krebs übte die Funktion bis zu seinem Selbstmord im Führerbunker am 1. Mai 1945 aus – ein Abglanz jenes Niedergangs des deutschen Generalstabs, der sich in Hitlers Wehrmacht vollzog. Die Gründe dafür liegen aber nicht nur im Größenwahn eines Diktators und seines verbrecherischen Regimes, dem die militärische Führungselite zwischen 1935 und 1945 in der Mehrzahl willig und gehorsam folgte. Charakter und Persönlichkeit beeinflussten zudem das Ausmaß persönlicher Schuld und Verantwortung für diesen Marsch in den Untergang einer Armee, die eigentlich anderen Traditionen verpflichtet war. Nicht zu unterschätzen sind Strukturdefizite in der militärischen Organisation, die ältere Wurzeln haben und unter den Bedingungen des NS-Staates Spielräume für die auch militärische Machtergreifung Hitlers ließen.

Da ist zum einen an die Überschätzung der operativen Idee zu denken, die zur tendenziellen Überforderung der eigenen Ressourcen und als Folge nicht selten zu radikalen Entschlüssen Veranlassung gab. Innerhalb des OKH steht hierfür der Verantwortungsbereich des Generalquartiermeisters. Eduard Wagner akzeptierte widerspruchslos die Rolle eines »Dieners« der Operationen und entlastete damit den Generalstabschef. Wie Halder stand er dem Regime und Hitlers Kriegführung nicht vorbehaltlos gegenüber, sah aber im Rückzug auf das vermeintlich »Fachliche« für sich einen gangbaren Weg. Gleichwohl gehörte er eindeutig zum Kreis des militärischen Widerstands und unterstützte das Attentat vom 20. Juli 1944. Sein Abkommen mit Reinhard Heydrich im April 1941 über die Zusammenarbeit von SS und Polizei im rückwärtigen Bereich des Heeres hatte freilich den Weg für den Massenmord im Osten geebnet und das Heer in eine verbrecherische Kriegführung verstrickt. Für Wagner stand aber im Vordergrund die Illusion, dass sich die ihm unterstehende Abteilung Kriegsverwaltung damit aus den schwierigen politischen Aufgaben heraushalten und hoffen konnte, weitere Konflikte mit der SS zu vermeiden. Drei Tage nach dem gescheiterten Attentat auf Hitler beging er am 23. Juli 1944 Selbstmord, um nicht in die Hände der Gestapo zu fallen.

Als Chef der Heeresrüstung und Befehlshaber des Ersatzheeres war Friedrich Fromm zwischen 1939 und 1944 einer der mächtigsten Männer an der militärischen Führungsspitze. Dass es Deutschland an Ressourcen mangelte, um einen Weltkrieg auf längere Zeit durchzuhalten, stand für ihn von Anfang an fest. Er hatte auch den Mut, mit mahnenden Denkschriften Hitler darauf hinzuweisen, fand als Organisationsfachmann aber immer wieder Auswege und Improvisationen, auf die Hitler nicht verzichten konnte. Die Vorbereitungen Stauffenbergs für den Staatsstreich duldete er stillschweigend in seinem Bereich, verweigerte sich dann aber während des 20. Juli 1944 und ließ die Verschwörer am Abend erschießen. Dennoch wurde er auf Veranlassung Hitlers aus dem Heer entlassen, vom Volksgerichtshof wegen »Feigheit vor dem Feind« zum Tode verurteilt und am 12. März 1945 erschossen. Seine Funktion hatte Heinrich Himmler übernommen. Tatsächlich wurde sie von dessen Vertrauten Hans Jüttner ausgeübt, den bisherigen Leiter des SS-Führungshauptamtes. Damit gewann einer der Organisatoren der Waffen-SS die Kontrolle über die gesamten Personalreserven des Heeres.

Das bedeutsamste Strukturdefizit bildete einerseits die permanente Konkurrenz zwischen OKH und OKW, bei der die Heeresführung das Nachsehen hatte. Denn gegenüber dem willigen und geschmeidigen Keitel, der sein OKW zu Hitlers wichtigstem militärischen Führungsorgan auszubauen verstand, fand die Spitze des Heeres kein

Mittel, um sich gegenüber dem Diktator zu behaupten. Andererseits scheiterte sie daran, sich mit den anderen Wehrmachtteilen so zu verständigen, dass gemeinsame Anschauungen und Initiativen möglich wurden. Der Ressortegoismus war auch in der damaligen Zeit im Militärwesen ein weit verbreitetes Phänomen und durchaus kein Spezifikum der Wehrmacht, unter den Bedingungen der NS-Diktatur aber besonders stark ausgeprägt.

Die Luftwaffe

Der Einsatz der Luftstreitkräfte erwies sich im Zweiten Weltkrieg auf allen Schlachtfeldern als von entscheidender Bedeutung. In Deutschland bildeten sie – anders als etwa in den USA – einen selbstständigen Wehrmachtteil.

Innerhalb weniger Jahre hatte sich Görings Luftwaffe bis 1939 zur – zumindest zahlenmäßig – stärksten Luftmacht der Welt entwickelt. Dieser Rüstungsvorsprung ging rasch wieder verloren, zumal er auf Improvisationen und Fehlentscheidungen beruhte. Die moderne, aus dem Boden gestampfte und teilweise verstaatlichte Luftfahrtindustrie war in zu kleinen Einheiten über das ganze Reichsgebiet verstreut und wurde von Unternehmern dirigiert, die sich mehr als Pioniere und Konstrukteure verstanden. Das Ergebnis war eine Vielzahl verschiedener Flugzeugtypen in zahllosen Varianten, die in viel zu kleinen Stückzahlen produziert wurden. Ehrgeizige Ausbaupläne Görings konnten nur zum Teil realisiert werden. Fast die Hälfte der deutschen Rüstungsressourcen floss der Luftwaffe zu, die im Wettlauf mit den gegnerischen Großmächten aber nicht lange mithalten konnte. Fast eine Million Soldaten und Zehntausende von Geschützen mussten jedoch die eigene Truppe und die Heimat vor feindlichen Luftangriffen schützen, weil es nicht gelang, die Luftherrschaft auf dem Kontinent dauerhaft zu erringen und zu verteidigen. Am Ende kamen 200 000 Mann in Luftwaffen-Felddivisionen als Infanteristen zum Einsatz, weil Göring nicht bereit gewesen ist, seine riesige Organisation, die kaum noch Flugzeuge in die Luft brachte, zu verringern.

Die Luftverteidigung war eine erhebliche Schwachstelle der Wehrmacht. Der technische Vorsprung deutscher Jagdflugzeuge konnte nicht gehalten werden. Schon in der Luftschlacht um England im Herbst 1940 zeigten sich Leistungsgrenzen der Luftwaffe. Die frühe Entscheidung Hitlers, die Bevölkerung durch massive Luftschutzbauten zu schützen, band Hunderttausende von Arbeitskräften. Auch der Einsatz von Flak-Batterien war wenig effizient. Erst mit der Entwicklung von Strahlflugzeugen, die 1939 als Prototypen bereits vorhanden waren,

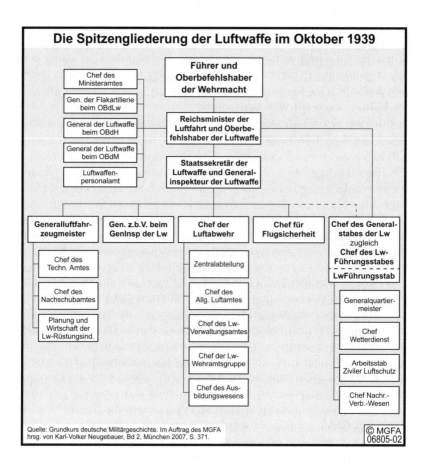

Die Spitzengliederung der Luftwaffe im Oktober 1939

Chef des Ministeramtes	**Führer und Oberbefehlshaber der Wehrmacht**
Gen. der Flakartillerie beim OBdLw	
General der Luftwaffe beim OBdH	**Reichsminister der Luftfahrt und Oberbefehlshaber der Luftwaffe**
General der Luftwaffe beim OBdM	
Luftwaffenpersonalamt	**Staatssekretär der Luftwaffe und Generalinspekteur der Luftwaffe**

Generalluftfahrzeugmeister	**Gen. z.b.V. beim GenInsp der Lw**	**Chef der Luftabwehr**	**Chef für Flugsicherheit**	**Chef des Generalstabes der Lw** zugleich **Chef des Lw-Führungsstabes**
Chef des Techn. Amtes		Zentralabteilung		LwFührungsstab
Chef des Nachschubamtes		Chef des Allg. Luftamtes		Generalquartiermeister
Planung und Wirtschaft der Lw-Rüstungsind.		Chef des Lw-Verwaltungsamtes		Chef Wetterdienst
		Chef der Lw-Wehramtsgruppe		Arbeitsstab Ziviler Luftschutz
		Chef des Ausbildungswesens		Chef Nachr.-Verb.-Wesen

Quelle: Grundkurs deutsche Militärgeschichte. Im Auftrag des MGFA hrsg. von Karl-Volker Neugebauer, Bd 2, München 2007, S. 371.

© MGFA
06805-02

aber erst 1944 produziert werden konnten, stand der Luftwaffe ein freilich noch nicht ausgereiftes Kampfmittel zur Verfügung, um die alliierte Luftüberlegenheit wirkungsvoll anzugreifen. Mit den wenigen Hochleistungsflugzeugen ließ sich aber keine Wende mehr im Luftkrieg erzwingen.

Im letzten Kriegsjahr war die Luftwaffe schon längst nicht mehr in der Lage, den eigenen schwer bedrängten Bodentruppen zu helfen. Das letzte Großunternehmen (»Bodenplatte«) zur Unterstützung der Ardennenoffensive geriet zum Fiasko, und alle verzweifelten Bemühungen, wenigstens den Luftraum zwischen Rhein und Oder zu schützen, schlugen fehl. Der Masseneinsatz von Jagdflugzeugen älterer Bauart durch unerfahrene, junge Piloten hielt die feindlichen Bomber nicht auf. Der endlich einsatzbereite Düsenjäger sollte nach Hitlers Willen als »Schnellbomber« gegen England fliegen. Die von Göring als Feiglinge beschimpften Jagdflieger-Asse protestierten vergeblich. Als Oberbefehlshaber der Luftwaffe war der »Reichsmarschall« schon längst in Ungnade bei Hitler gefallen, wegen seines Lebenswandels wurde er in Bevölkerung und Wehrmacht verachtet. Von ihm trennen wollte sich der »Führer« nicht, dafür überschüttete er die Luftwaffe beinahe täglich mit Vorwürfen und meinte, erst müsse man einige Luftwaffenoffiziere erschießen, bevor sich das Blatt wende.

Eine andere Schwachstelle war der frühe Verzicht auf den Bau einer strategischen Bomberflotte. Auch in der Luftwaffenführung gab es Verfechter eines radikalen Bombenkriegs gegen die feindliche Zivilbevölkerung, doch der äußerst aufwendige Bau weitreichender Bomber wurde zugunsten mittlerer Kampfbomber zurückgestellt, die angesichts begrenzter Ressourcen in sehr viel größeren Stückzahlen gebaut werden konnten. Die Luftwaffe sah ihre Hauptaufgabe darin, die Bodentruppen zu unterstützen, und verzichtete im Gegensatz zu anderen Luftstreitkräften auf eine eigenständige Kriegführung. Mit den berühmten Stukas unterstützte sie die Panzerangriffe als »fliegende Artillerie« und riegelte selbstständig das Schlachtfeld ab. Ihre Kampfbomber und Zerstörer attackierten militärische Ziele im Hinterland und führten in einem begrenzten Maße auch Terrorangriffe gegen die Zivilbevölkerung durch. Für die großen Entfernungen konnte aber niemals eine ausreichende Lufttransportkapazität geschaffen werden, die Brennpunkte des Kampfes ausreichend versorgte. Stalingrad bietet ein Beispiel für leichtsinnige Versprechen Görings. Die eigens aufgestellte Fallschirmtruppe konnte nach schweren Verlusten bei der Eroberung Kretas seit 1941 nicht mehr ihre Aufgabe als strategische Reserve erfüllen.

Ebenso fehlte es an einer wirksamen Komponente, die notwendig gewesen wäre, das europäische Küstenvorfeld zu überwachen und den U-Boot-Krieg zu unterstützen. Die Luftwaffe beharrte darauf, dass die fliegerische Aufgabe bei ihr liege, verfügte aber niemals über ausreichende Mittel, um eine entscheidende Rolle auch bei der Seekriegführung zu spielen. Gebot die Seekriegsleitung im Ersten Weltkrieg noch über eine Marineluftwaffe, musste sie unter dem Druck Görings diese Ambitionen aufgeben. So entdeckten den Aufmarsch der größten Invasionsflotte der Weltgeschichte an der Küste der Normandie am 6. Juni 1944 erst die Infanteristen des Heeres, die den Strand verteidigen sollten.

Da die Luftwaffe ab 1941 auch die Erwartungen Hitlers nicht mehr erfüllen konnte, im strategischen Bombenkrieg gegen Großbritannien mit größerer Wucht zurückzuschlagen, musste sie nach anderen Wegen suchen, um nach dem Kriegseintritt der USA eine abschreckende Wirkung gegen den zu erwartenden alliierten Angriff auf die »Festung Europa« zu erzielen. Der in den Dreißigerjahren entwickelte Fernbomber Heinkel He 177 war entgegen allen Planungen noch immer nicht einsatzbereit, vor allem deshalb, weil man krampfhaft an der Forderung festhielt, der viermotorige Bomber sollte die Fähigkeit zum Sturzflug haben, um auch

▶ Abb. 5:
Heer: Neuentwickelte
Panzertypen im Einsatz, hier
zwei Panzer VI (»Tiger I«) am
Ladogasee, Sowjetunion,
August 1943.
BArch/101I-461-0212-12/Zwirner

◀ Abb. 6:
Luftwaffe: Horizontal-
und Sturzkampfbomber
Junkers Ju 88 A-1 des
Kampfgeschwaders 51
»Edelweiß« (I./KG 51) vor dem
Start, Kanalinseln, 1941.
BArch/101I-402-0265-03A/Pilz

▶ Abb. 7:
Marine: Langstrecken-
unterseeboot U 504 vom
Bootstyp IX C, auslaufend,
Frankreich, Lorient, im August
1942.
BArch/101II-MW-4444-12/Stephan

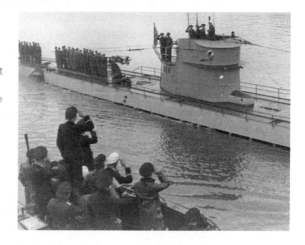

Punktziele – ganz im Sinne der bisherigen taktischen Doktrin – angreifen zu können. Dafür wurden jeweils zwei Motoren miteinander gekoppelt, ein technisches Konzept, dass dieses Fluggerät zu einem fliegenden Sarg für die Besatzungen machte. Bei Kriegsende 1945 standen etwa 1500 Maschinen auf norwegischen Flugplätzen nutzlos herum, eine der nicht wenigen Fehlinvestitionen der Luftwaffe.

Dafür wich man 1942 als Ersatz auf eine vermeintliche Wunderwaffe aus, einen rasch konstruierten Marschflugkörper, der später die Bezeichnung »V 1« (Vergeltungswaffe 1) erhielt. Die fliegende, lenkbare Bombe war zwar billig zu produzieren, erreichte aber nur eine Reichweite von rund 250 km. Sie wurde auf Abschussrampen an der Kanalküste stationiert, konnte aber entgegen den Planungen erst nach Beginn der Invasion zum Einsatz gebracht werden. Nun wurden die fest installierten Rampen vom Gegner bombardiert und der Einsatzraum rasch erobert. Durch mobile Abschussgeräte ging der Beschuss weiter, der sich gegen Südostengland, insbesondere gegen London, später auch gegen Antwerpen als alliierten Nachschubhafen richtete. Aber 80 Prozent der Geräte wurden von feindlichen Jägern im Flug abgeschossen oder fielen nicht selten auf eigenem Gebiet vom Himmel.

Weitaus gefährlicher für die Zivilbevölkerung im alliierten Hinterland war der Einsatz einer ballistischen Großrakete (V 2), die vom Heer seit Anfang der Dreißigerjahre entwickelt worden war. Unter maßgeblicher Leitung von Wernher von Braun sollte eine Fernartillerie für taktische Punktziele geschaffen werden. Mit einer Gipfelhöhe im Weltraum und Überschallgeschwindigkeit fiel die in Peenemünde erfolgreich erprobte Rakete auf ihr Ziel. Es gab praktisch keine Abwehrmöglichkeit. Die Reichweite von 300 km sollte später so gesteigert werden, dass damit auch New York erreichbar gewesen wäre. Beladen mit chemischen Kampfstoffen hätte sie eine vernichtende Wirkung erzielen können. Die Briten bombardierten freilich im Herbst 1943 die Herstellungsanlagen für das Fluggerät des Heeres. Nun mussten KZ-Sklaven in Mitteldeutschland in aller Eile in unterirdischen Anlagen die Produktion durchführen. Im Herbst 1944 begann das Heer mit dem Bombardement von London und Antwerpen. Der Beschuss dauerte bis März 1945. Insgesamt kamen beim Bau dieser Waffe mehr Menschen (Sklavenarbeiter) auf eigener Seite ums Leben als durch Abwürfe beim Gegner.

Die Luftwaffe zahlte für dieses letztlich nutzlose Bombardement in der Konkurrenz mit dem Heer einen hohen Preis, denn es fehlte zur gleichen Zeit der schwer bedrängten Reichsluftverteidigung an Flugzeugen und Treibstoff für die Ausbildung der Piloten. In den letzten Tagen des Kriegs sollten dann sogar »Selbstopfer«-Piloten nach japanischem Vorbild eingesetzt werden. Dazu ist es nur in wenigen Fällen gekommen.

Die Kriegsmarine

Den weitreichenden Planungen der Marineführung für eine die Weltmeere beherrschende deutsche Großflotte von Flugzeugträgern und Schlachtschiffen stand bei Beginn des Zweiten Weltkriegs eine nüchterne Realität entgegen. Es schien, dass der deutschen Marine nicht viel mehr übrig blieb als zu zeigen, »dass sie mit Anstand zu sterben« verstehe, wie es Großadmiral Erich Raeder im September 1939 ausdrückte. Als kleinster Wehrmachtteil führte sie den Seekrieg weitgehend selbstständig und mit den geringen Mitteln, die ihr Oberbefehlshaber Raeder, später Karl Dönitz, im Verteilungskampf innerhalb der Wehrmacht erringen konnte.

Schon mit der kühnen Norwegen-Operation im April 1940 verlor sie einen großen Teil ihrer Überwasserstreitkräfte. Die wenigen Großkampfschiffe gingen zumeist innerhalb kurzer Zeit in Einzelgefechten verloren. Durch Neubau während des Krieges konnten die Verluste nicht ausgeglichen werden. Es blieb am Ende eine Vielzahl von bewaffneten Fischkuttern und anderen Hilfsschiffen, die das Bild der Kriegsmarine prägten. Im europäischen Küstenvorfeld konnte sie nur bis 1943 in größerem Maße operieren, im Mittelmeer und im Schwarzen Meer ließ sich mit wenigen Fahrzeugen keine besondere Wirkung erzielen. In ihren Heimatgewässern, der Nord- und Ostsee, blieb sie mit Vorpostenbooten und Schnellbooten präsent. Im Frühjahr 1945 konnten einige wenige schwere Überwassereinheiten die Bodentruppen im Kampf gegen die Sowjetarmee artilleristisch unterstützen, und bei der Evakuierung der ostdeutschen Bevölkerung leistete die Kriegsmarine mit allen verfügbaren Fahrzeugen einen letzten wichtigen Dienst. Nun wurde sogar eine Division Marine-Infanterie aufgestellt, um überzähliges Personal im Erdkampf einzusetzen. An die Größenordnung der Marine-Infanterie im Ersten Weltkrieg reichen diese sinnlosen Akte des »Endkampfes« nicht heran.

Ihre größte militärische und strategische Bedeutung erreichte die Kriegsmarine durch den Einsatz von fast 1000 U-Booten. Es war die einzige Waffengattung, die über einen längeren Zeitraum wirkungsvoll den alliierten Schiffsverkehr angreifen und die feindliche Flotte attackieren konnte. Sie wurde, 1939 noch in geringen Zahlen, dann während des Kriegs nur langsam ansteigend, von ihrem Oberbefehlshaber Dönitz rücksichtslos auf Feindfahrt geschickt. Strategisch hätte sie England aushungern und die USA vom Eingreifen in Europa abhalten müssen. Nach spektakulären Erfolgen in den ersten Kriegsjahren, die für England eine harte Prüfung darstellten, wendete sich 1943 das Blatt. Dank überlegener Ortungstechnik und lückenloser Überwachung gelang es den Alliierten, die Rudel der »grauen Wölfe« zu zerschlagen und die U-Boote von Jägern zu Gejagten zu machen.

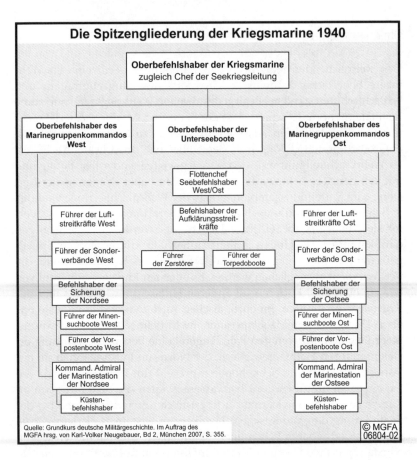

Die Spitzengliederung der Kriegsmarine 1940

Oberbefehlshaber der Kriegsmarine
zugleich Chef der Seekriegsleitung

Oberbefehlshaber des Marinegruppenkommandos West

Oberbefehlshaber der Unterseeboote

Oberbefehlshaber des Marinegruppenkommandos Ost

Flottenchef Seebefehlshaber West/Ost

Führer der Luft-streitkräfte West

Befehlshaber der Aufklärungsstreit-kräfte

Führer der Luft-streitkräfte Ost

Führer der Sonder-verbände West

Führer der Zerstörer

Führer der Torpedoboote

Führer der Sonder-verbände Ost

Befehlshaber der Sicherung der Nordsee

Befehlshaber der Sicherung der Ostsee

Führer der Minen-suchboote West

Führer der Minen-suchboote Ost

Führer der Vor-postenboote West

Führer der Vor-postenboote Ost

Kommand. Admiral der Marinestation der Nordsee

Kommand. Admiral der Marinestation der Ostsee

Küsten-befehlshaber

Küsten-befehlshaber

Quelle: Grundkurs deutsche Militärgeschichte. Im Auftrag des
MGFA hrsg. von Karl-Volker Neugebauer, Bd 2, München 2007, S. 355.

© MGFA
06804-02

Dönitz, von seinen U-Boot-Fahrern trotz aussichtsloser und verlust-reicher Einsätze verehrt, verkörperte den nationalsozialistisch geprägten Marineoffizier, der sich bedingungslos dem »Führer« unterwarf und großen Wert darauf legte, seine Truppe auf diesen Geist zu verpflichten. Durch seine ganze Energie versuchte er, die Unterlegenheit seiner Waffe auszugleichen. Dazu setzte er auf den »neuen U-Boot-Krieg«, was wohl nicht mehr als ein Bluff gewesen ist. Erst Hitlers Tod wirkte in gewissem Maße befreiend, dennoch war es bezeichnend, dass Dönitz zum Nachfolger in Hitlers Testament benannt wurde. Ihm oblag es, die Kapitulation der Wehrmacht zu organisieren und bis zu seiner Verhaftung eine neue »Reichsregierung« zu führen, die das Regime in die Nachkriegszeit retten sollte. Die Wehrmacht verkörperte in ihrem Selbstverständnis die Reichsidee und zeigte sich bereit, in einem totalen Krieg ihrem »Führer und Obersten Befehlshaber« bis in den Untergang des Reiches zu folgen. Der 8. Mai 1945 brachte daher, anders als der November 1918, einen völligen Bruch in der deutschen

Militärgeschichte. Weder die kleine Minderheit der Militäropposition, die am 20. Juli 1944 vergeblich den Staatsstreich versuchte und von der Wehrmachtführung verdammt wurde, noch die Masse der Soldaten, die aus falscher Überzeugung oder Resignation den Kampf bis zum letzten Tag fortsetzten, noch die geringe Zahl von Deserteuren und Überläufern konnten die Entwicklung beeinflussen.

Die Waffen-SS

Die aus Hitlers Streitkräften herausragende Waffen-SS bestand bei Kriegsbeginn noch aus der »SS-Verfügungstruppe« mit vier »Standarten« jeweils in Regimentsstärke. Diese unterstellte man einzeln verschiedenen Armeen des Heeres. Erst nach dem Feldzug gegen Polen fasste man diese Verbände zu einer Division zusammen (später »Das Reich« genannt). Aus Reservisten der SS sowie Abgaben der Totenkopf-Verbände – den Wachmannschaften der Konzentrationslager – bildete man eine zweite Division (»Totenkopf«), ohne schwere Waffen, als Besatzungstruppe. Diese beiden Großverbände wurden jetzt als »Waffen-SS« bezeichnet. Eine dritte Division ließ Himmler aus Verstärkungskräften der Ordnungspolizei aufstellen. Diese SS-Polizeidivision zählte man aber ab 1942 zur Waffen-SS.

Die zunächst kleine Kampftruppe der SS passte sich bald einigen Gepflogenheiten des Heeres an, etwa in der Bezeichnung Regiment, Bataillon und Kompanie statt Standarte, Sturmbann und Hundertschaft. Bei der Ausbildung für den Infanteriekampf war man bereits selbstständig. Ausrüstung und Personal mussten aber mühsam zusammengekratzt werden, da die Heeresführung dem weiteren Ausbau dieser Konkurrenz nur unter Druck Hitlers schrittweise nachgab. Der Westfeldzug schuf 1940 die Möglichkeit, ausländische Freiwillige »germanischer« Abstammung, die sich für die SS-Ideologie begeistern ließen, in eigenständige Einheiten der Waffen-SS einzugliedern. Beim Einsatz der SS-Infanterie hatten sich im Westen erhebliche Schwächen im taktischen Bereich gezeigt, die man im Kampf durch rücksichtslosen Einsatz wettzumachen versuchte. Der Anspruch, sich als Elite gegenüber dem Heer zu beweisen, führte auch in der Folgezeit zu schweren Verlusten, die sich nicht ohne Weiteres ergänzen ließen, da sich die Waffen-SS lange nur aus Freiwilligen rekrutierte.

Für den Feldzug gegen die UdSSR gelang es ihr aber zunächst, auch durch Abgaben aus den verschiedenen Bereichen der SS, die militärischen Kampfverbände auszubauen. Deren Elite bildete die »Leibstandarte Adolf Hitler«, jetzt als verstärktes und motorisiertes Infanterieregiment. Es konnte sich gleichwertig im Rahmen der

Panzergruppe 1 bewegen und Ansehen erwerben, ebenso wie die neue SS-Division »Wiking« mit ihren ausländischen Freiwilligen. Auch die »Totenkopf«-Division bei der Panzergruppe 4 bewährte sich nun bei weiträumigen Operationen, ebenso wie die Division »Reich« bei der Panzergruppe 2. Die neue SS-Division »Nord« kämpfte dagegen infanteristisch in den finnischen Wäldern. Mit der Aufstellung von zusätzlichen zwei Infanteriebrigaden (»Reichsführer SS«) und einer Kavalleriebrigade trug die SS nicht zuletzt dem Mangel an Kraftfahrzeugen Rechnung.

So bestand die Waffen-SS bis zum Frühjahr 1942 im Wesentlichen aus den vier motorisierten Eliteverbänden als Kern einer künftigen Armee. Nun erhielt sie die Möglichkeit, diese zu Panzergrenadierdivisionen aufzuwerten und in einem wahren Wildwuchs immer wieder neue Verbände aufzustellen und auszurüsten, aus allem, was man dem Heer abspenstig machen oder diesem verwehren konnte bzw. was Hitler als Oberbefehlshaber des Heeres zuließ. Zu einem Organisationsrausch kam es ab dem Herbst 1944, als Himmler den von ihm ersehnten Zugriff auf die Ressourcen des Heeres bekam. Seine Waffen-SS scheute sich schon längst nicht mehr, auch »nicht-germanische« und sogar russische Freiwillige zu übernehmen sowie volksdeutsche Männer zwangsweise zu rekrutieren. Wehrmachtangehörige mussten jetzt damit rechnen, ohne Weiteres zur Waffen-SS auf Dauer versetzt oder zeitweilig kommandiert zu werden. Die Grenzen zwischen Hitlers Wehrmacht und seiner Parteiarmee verwischten sich.

Ausländische Legionäre und »Hilfswillige«

Der seit 1941/42 zunehmende Einsatz von Ausländern in Wehrmacht, Waffen-SS und Polizei wäre ohne die anfängliche Sympathie großer Teile der europäischen Bevölkerung für Hitlers »Kreuzzug gegen den Bolschewismus« kaum denkbar gewesen. Dabei stand der »Führer« selbst dieser Entwicklung äußerst skeptisch und zögerlich gegenüber. Politisch und vor allem propagandistisch mochte das aus seiner Sicht im Moment nützlich sein. Aber Folgen für seine Kriegszielpolitik sollte das nicht haben. So duldete er die Impulse zur Aufstellung von Legionen und Hilfstruppen mehr als dass er sie förderte. Bei der Waffen-SS erfolgte die Einstellung zunächst nach strengen rassenideologischen Kriterien. Im Heer handelte man aus der personellen Situation der Ostfront heraus allein aus dem Blickwinkel des militärischen Nutzens und konnte durchaus an Erfahrungen des Ersten Weltkriegs anknüpfen.

Die Freiwilligen aus den neutralen sowie den besetzten Gebieten West- und Nordeuropas bildeten unter den Ausländern in Wehrmacht und Waffen-SS mit zunächst 30 000 Mann (1941) die kleinste Gruppe. Ihr

Ausländische Unterstützung für Hitlers Ostfront 1941–1945

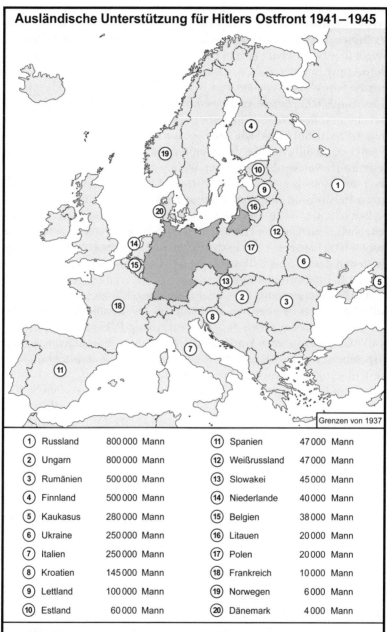

Grenzen von 1937

①	Russland	800 000 Mann	⑪	Spanien	47 000 Mann
②	Ungarn	800 000 Mann	⑫	Weißrussland	47 000 Mann
③	Rumänien	500 000 Mann	⑬	Slowakei	45 000 Mann
④	Finnland	500 000 Mann	⑭	Niederlande	40 000 Mann
⑤	Kaukasus	280 000 Mann	⑮	Belgien	38 000 Mann
⑥	Ukraine	250 000 Mann	⑯	Litauen	20 000 Mann
⑦	Italien	250 000 Mann	⑰	Polen	20 000 Mann
⑧	Kroatien	145 000 Mann	⑱	Frankreich	10 000 Mann
⑨	Lettland	100 000 Mann	⑲	Norwegen	6 000 Mann
⑩	Estland	60 000 Mann	⑳	Dänemark	4 000 Mann

Es handelt sich hier um die im Gesamtzeitraum mobilisierten Kräfte für verbündete Truppen, Wehrmacht, SS, Polizei und paramilitärische einheimische Verbände, die auf deutscher Seite gegen die Rote Armee kämpften. Nicht berücksichtigt sind volksdeutsche Wehrpflichtige, zum Beispiel aus Polen und Elsass-Lothringen, deren Anteil an der Ostfront nicht zu ermitteln ist.

Quelle: [4.32] Müller, S. 242.

© MGFA
06654-03

militärischer Wert zählte weniger als die politische Symbolik. Sie repräsentierten zumeist faschistische Strömungen in ihren Heimatländern. Durch ihre Bereitschaft, sich in deutscher Uniform am Kampf gegen die Rote Armee und den Bolschewismus zu beteiligen, erhofften sie sich politische Schubkraft, viele anfangs wohl auch Abenteuer. Das Heer integrierte rund 3000 Franzosen in einem eigenständigen Infanterieregiment, das der 7. Infanteriedivision, einer alten bayerischen Stammdivision, zugeteilt wurde. Mehrfach nach schweren Kämpfen an der Ostfront wieder aufgefüllt, wurde die »Legion des Volontaires Français contre le Bolchevisme« 1944 von der Waffen-SS übernommen, die bisher die Franzosen als nicht würdig betrachtet hatte. Zur neuen 33. Panzergrenadierdivision der Waffen-SS »Charlemagne« stießen außerdem Milizionäre des Vichy-Regimes, die vor den Alliierten flüchten mussten. Nimmt man andere Formationen noch hinzu, waren es wohl insgesamt 60 000 Franzosen, die in deutschen Diensten gestanden haben, außerdem mehr als 50 000 Elsässer, die freiwillig oder zwangsrekrutiert in deutscher Uniform gekämpft haben.

Im Heer dienten auch freiwillige Militärangehörige und faschistische Milizionäre aus Spanien. Sie bildeten die 250. Infanteriedivision und waren bis zu ihrem politisch bedingten Abzug 1944 im Stellungskrieg am Wolchow eingesetzt. Von deutscher Seite anfangs als Zigeunerhaufen angesehen, wurden sie später wegen ihrer hohen Kampfmoral in der Verteidigung sehr geachtet. Einige Zehntausend Flamen, Niederländer, Dänen und Norweger landeten von Anfang an bei der Waffen-SS. Die »nicht-germanischen« Wallonen aus Belgien übernahm die Wehrmacht in einem eigenständigen Infanteriebataillon für die Ostfront. Mitte 1943 zog Himmler auch sie in seinen Bereich.

Das größte Potenzial bot sich der Wehrmacht in Osteuropa bei jenen Völkern, die unter dem Stalinismus gelitten hatten. In den ehemaligen baltischen Staaten hatte sich bereits vor dem Einmarsch der Deutschen ein bewaffneter Untergrund gebildet, der mit der Abwehr zusammenarbeitete. Nach der Besetzung meldeten sich Tausende Freiwillige, die in Sicherungsabteilungen der 18. Armee sowie in Polizei- und »Schutzmannschafts«-Bataillonen im deutschen Hinterland den Kampf gegen die sowjetischen Partisanen aufnahmen. Sie bildeten für die SS zugleich »willige Helfer« bei der Ermordung der jüdischen Bevölkerung. 1943/44 ließ Himmler aus diesen Einheiten Großverbände der Waffen-SS formieren, wobei man die Ergänzung teilweise mit Hilfe der einheimischen Selbstverwaltung durchführte, die ganze Jahrgänge zum Arbeits- oder Wehrdienst einberief und so die Unabhängigkeit ihrer Staaten wiedererringen wollte.

Ähnliche Zustimmung fanden die Deutschen in der Ukraine vor, wo sich die Wehrmacht bei ihrem Durchmarsch der ukrainischen Freiwilligen bei Sicherungsaufgaben bediente, die dann von SS- und Polizei übernommen wurden. Im frontnahen Bereich der Ostukraine sowie in Südrussland bildete das Heer für längere Zeit bewaffnete Hilfsverbände aus Einheimischen, vorzugsweise aus Kosaken. Im Kaukasus rekrutierten sich aus den meisten Völkern Legionen für den Kampfeinsatz gegen die Rote Armee. Diese begleiteten 1943 den Rückzug der Wehrmacht und fanden größtenteils Aufnahme in der Waffen-SS.

Mit größter Hartnäckigkeit lehnte Hitler von Anfang an Vorschläge des Heeres zur Bewaffnung von Russen in deutschen Diensten ab. Unter dem Druck der militärischen Zwecke weichte seine Haltung allmählich auf. Zunächst verschafften sich auf unterer Ebene Wehrmachteinheiten einheimische Freiwillige und oft auch Kriegsgefangene (»Hilfswillige«) als Arbeitskräfte, um aus rückwärtigen Einheiten deutsche Soldaten für den Kampfeinsatz freistellen zu können. Vereinzelt kam es bereits 1941 zur Bewaffnung solcher Kräfte für Sicherungsaufgaben. In der Organisationsabteilung im Generalstab des Heeres drängte besonders Stauffenberg darauf, den russischen Freiwilligen einen besseren Statuts zuzubilligen. Er hoffte auf diese Weise, den noch zögerlichen Kurswechsel hin zu einer moderaten Besatzungspolitik zu beschleunigen.

Stauffenberg setzte im Sommer 1942 durch, dass deutsche Divisionen zehn Prozent ihrer Planstellen mit Russen auffüllen durften. Tatsächlich wurde eine Zahl von rund 250 000 Hilfswilligen erreicht. Zunächst galten nur Kaukasier und Kosaken als »gleichberechtigte Kämpfer«. Auch mit dem pragmatischen Argument, »deutsches Blut« sparen zu können, ließen sich die ideologischen Hardliner nur schwer zu Änderungen veranlassen. Im OKH konnte immerhin ein »General der Osttruppen« installiert werden. Die Position übernahm General der Kavallerie Ernst Köstring, bis 1941 Militärattaché in Moskau. Schließlich fand man mit der Gefangennahme des sowjetischen Generalleutnants Andrej A. Wlassow einen Mann, der geeignet schien, Führer einer »Russischen Befreiungsarmee« zu werden, wie sie von Protagonisten schon lange angestrebt wurde.

Nach der Wende von Stalingrad konnte Hitlers Zustimmung erreicht werden, dass man Wlassow zumindest für die Propaganda an der Ostfront einsetzte. Der Generalstab des Heeres drängte immer wieder darauf, das Potenzial der verstreuten »Osttruppen« besser zu nutzen. Im Juni 1943 gab es im Heer bereits 600 000 Hilfswillige und 200 000 Mann in den einheimischen Freiwilligenverbänden und Legionen. Die Mehrzahl blieb aber bei den Trossen oder wurde zur Partisanenbekämpfung eingesetzt. Erst Ende 1944 zeigte sich Himmler bereit, den vorher von ihm als »Schwein« bezeichneten Wlassow persönlich zu empfangen und offiziell die Aufstellung der russischen Befreiungsarmee zu verkünden. Aus höchst heterogenen russischen Verbänden konnten bis zum Frühjahr

1945 zumindest drei Divisionen formiert werden, die nach einem kurzen Kampfeinsatz an der Oder nach Böhmen auswichen und dort von der Roten Armee gefangen genommen wurden. Stalins Rache ließ nicht auf sich warten. Die Westmächte lieferten mehr als 32 000 Russen an den sowjetischen Diktator aus, die in deutscher Uniform gekämpft hatten und an ihrer Front in Gefangenschaft gegangen waren.

»Blitzmädchen« und Wehrmachtgefolge

Mit insgesamt rund 18 Millionen mobilisierten Männern war die Wehrmacht im Zweiten Weltkrieg dennoch keine reine Männersache. In allen kriegführenden Staaten war die Unterstützung der Frauen unentbehrlich. Sie hielten die Familien zusammen, ersetzten die Männer, die an die Front zogen, in den Fabriken und auf den Feldern, und sie wurden angehalten, die Kriegsanstrengungen im Alltag mit allen Mitteln zu unterstützen. Auch in Deutschland mussten sich Millionen Frauen, ob begeistert oder gezwungen, für den Krieg engagieren. Zu Hunderttausenden erfüllten sie die traditionelle Rollenerwartung in Krankenhäusern und Sanitätseinrichtungen der Wehrmacht. Die moderne Kommunikationstechnik bot die Möglichkeit, Soldaten in Stabstätigkeiten, im Funk- und Fernmeldedienst der Wehrmacht durch Frauen zu ersetzen. Wie in anderen Armeen leisteten junge Mädchen militärische Hilfsdienste in Uniform (»Blitzmädchen«), blieben aber auch im Zweiten Weltkrieg nur eine Minderheit (ca. 500 000). Der Dienst an der Waffe war die Ausnahme. Erst in der letzten Kriegsphase verwendete man Frauen in den Flakbatterien, dachte man in Berlin auch über einen Kampfeinsatz von Frauen nach, der zumindest in der Roten Armee bereits seit Längerem eine größere Rolle spielte.

Das damalige Geschlechterverständnis betonte den harten, kämpferischen Mann und wies der Frau nur eine fürsorgende Rolle zu. Die NS-Ideologie verstärkte das in allen kriegführenden Mächten vorherrschende traditionelle Frauenbild für sich noch durch die rassenideologisch begründete Rücksichtnahme auf die »deutsche Frau und Mutter«. Alle Bemühungen, insbesondere auch vonseiten der Wehrmacht, wie im Ersten Weltkrieg Millionen von Frauen für die Rüstungsindustrie zu mobilisieren und so die Männer für den Frontdienst freizustellen, scheiterten immer wieder am Einspruch Hitlers, der die Sorge um die »Heimatfront« vorgab, aber letztlich Gefangener seiner rassenideologischen Ideen geblieben ist. Stalin kannte solche Probleme nicht.

Mit Beginn des Zweiten Weltkriegs erweiterte man zumindest die Dienstpflicht im Reichsarbeitsdienst (RAD) auf die weibliche Jugend. Parallel zu den jungen Männer, die beim RAD eine dem Wehrdienst vorgeschaltete vormilitärische Ausbildung erhielten, mussten nun junge Mädchen vorzugsweise in der Kriegswirtschaft ihren sechsmonatigen Pflichtdienst ableisten und lebten kaserniert. Im letzten Kriegsjahr wurden sie auch für die Besetzung von Flak-Scheinwerfer-Batterien und zur Lenkung von Nachtjagdeinheiten der Luftwaffe herangezogen. Die jungen Männer setzte man im Verlauf des Krieges immer mehr zu Bauarbeiten im Rücken der Front ein und bewaffnete sie. Vor dort wurden sie von den Frontausbildungsregimentern des Heeres direkt übernommen. Ab 1943 bildete man RAD-Flakbatterien. Andere Abteilungen bauten die Bunker am Atlantikwall oder für kriegswichtige Untertageproduktionen. Nachdem Himmler die Position des BdE übernommen hatte, oblag dem RAD die gesamte militärische Grundausbildung, womit die Wehrmacht Personal in den bisherigen Ausbildungseinheiten einsparen konnte. In den letzten Kriegstagen formierte der RAD drei eigenständige Infanteriedivisionen, die zur Verteidigung von Berlin gedacht waren, infolge hoher Verluste in den Aufstellungsräumen und mangelnder Ausrüstung aber keine Bedeutung mehr erlangten.

Die weibliche Arbeitspflicht in der Kriegswirtschaft kannte viele Ausnahmen. Gegen unterschiedliche Auffassungen innerhalb der NS-Führung hielt Hitler daran fest, dass Frauen grundsätzlich nur in den Haushalt gehörten und ihren »Kriegsdienst« durch das Gebären einer künftigen Soldatengeneration leisten sollten. Diese Zurückhaltung gründete sich nicht nur auf ideologische Leitbilder, sondern resultierte auch aus den Erfahrungen des Ersten Weltkriegs, weil die Nationalsozialisten annahmen, dass damals der massenhafte Arbeitszwang für Frauen wesentlich zum Zusammenbruch der Heimatfront beigetragen habe. Den Preis für das ideologisierte Frauenbild zahlten Millionen ausländischer Zwangsarbeiter und -arbeiterinnen, die in den Rüstungsfabriken teilweise 80 Prozent der Belegschaft stellten.

Die Kriegführung im totalen Krieg richtete sich nicht nur gegen die feindlichen Soldaten, die Zivilbevölkerung war davon ebenso betroffen. So wurden auch in Deutschland zahlreiche Frauen zum Opfer der Kampfhandlungen und Bombenangriffe. Vor allem in Ostdeutschland mussten in den letzten Kriegsmonaten viele Frauen das Schicksal von Vergewaltigung, Verschleppung, Flucht und Vertreibung erleiden.

Krieg, Gewalt und Sexualität bilden einen komplexen Zusammenhang. Die Bilder der Frau als Rüstungsarbeiterin, als Mutter, als Braut (Ferntrauung) verdienen ebenso Beachtung wie die »Schattenseiten« der Geschlechterbeziehungen in den Streitkräften: sexuelle Übergriffe und Gewalt, Bordelle im Krieg, uneheliche Kinder der Soldaten im Feindesland, Frauen als Feindbild (»Flintenweiber«, Agentinnen). Zudem wirkten Erfahrungen des Ersten Weltkriegs nach, als Geschlechtskrankheiten in der Etappe grassierten, deren Wiederholung von der Wehrmacht verhindert werden sollte, was nicht zuletzt zur Ausprägung eines dichotomen Frauenbildes (Engel oder Hure) im Militär beigetragen hat.

Im Hinblick auf das Dritte Reich kam die Frau als »politische Kameradin« (SS-Helferin und KZ-Wächterin) und Täterin hinzu. Der Rassismus des Regimes fand seinen Niederschlag auch im alltäglichen Umgang mit Frauen in den Streitkräften (z.B. ukrainische Küchenmädchen im Soldatenheim). Die Widersprüche im Frauenbild des Nationalsozialismus und innerhalb der Wehrmacht sind nicht unbedeutend. Hannah Reitsch als Pilotin und Vorbild der modernen Frau war wohl eher eine Ausnahme. Ein Blick auf Frauen im Kriegseinsatz zeigt, dass viele alltägliche Dinge (Uniform, Hygiene) wie auch das Kampferlebnis und die Emotionalität meist ausgeblendet werden. Auch die Diskriminierung der Frauen nach Kriegsende (»Offiziermatrazen«) ist bemerkenswert.

Verluste

Wenn die Gefangennahme oder der Tod eines Soldaten bestätigt war, registrierte ihn die eigene Seite als »Totalverlust« oder »unwiederbringlichen Verlust«. In den Statistiken der Militärs tauchten diese Verluste natürlich nur als Zahlen auf, die persönlichen Tragödien dahinter blieben unerwähnt. Mindestens sieben Millionen deutsche Soldaten fielen in den beiden Weltkriegen, weit höher noch waren die Verlustraten der verbündeten und gegnerischen Staaten.

Für die militärische Führung waren Zahlenangaben über verwundete, gefallene, gefangene oder vermisste Soldaten wichtige Informationen, um den Kampfwert eigener oder gegnerischer Verbände beurteilen zu können. Dennoch war der Tod im Krieg in der Regel kein anonymer Vorgang. Vor allem in den modernen westlichen Gesellschaften ist mit dem Tod eines Individuums eine Fülle von juristischen und bürokratischen Konsequenzen verbunden, sodass jedes einzelne Schicksal erfasst und individuell verwaltet wird. In der Wehrmacht mit ihren Millionen Wehrpflichtigen gründete die Personalführung auf modernsten Methoden und Techniken. Seit den Dreißigerjahren wurden dafür – neben Wehrpass, Wehrstammkarte und Personalakte – maschinelle Lochkartensysteme (Hollerith-Maschinen) verwendet, die alle Informationen über den einzelnen Soldaten enthielten. Jeder Soldat trug eine Erkennungsmarke und ein Soldbuch bei sich. Bei der Einheit befand sich ein Wehrpass.

Deutsche militärische Verluste (Todesfälle) nach Kriegsschauplätzen und Jahren

	Sonstige	Westen	Osten	Endkämpfe	Kriegsgefangensch.	Summe (gerundet)	Anteil (in %)
1940 und früher							
Häufigkeit	41 000	61 033	0	0	0	102 000	
Zeilenprozent	40,18	59,82	0,00	0,00	0,00		
Spaltenprozent	7,51	17,95	0,00	0,00	0,00		1,90
1941							
Häufigkeit	43 000	11 033	302 495	0	0	357 000	
Zeilenprozent	12,06	3,09	84,84	0,00	0,00		
Spaltenprozent	7,87	3,25	11,03	0,00	0,00		6,70
1942							
Häufigkeit	48 132	12 000	506 815	0	5 033	572 000	
Zeilenprozent	8,41	2,10	88,61	0,00	0,88		
Spaltenprozent	8,81	3,53	18,48	0,00	1,10		10,80
1943							
Häufigkeit	78 099	11 000	700 653	0	22 297	812 000	
Zeilenprozent	9,62	1,35	86,28	0,00	2,74		
Spaltenprozent	14,30	3,24	25,54	0,00	9,87		15,30
1944							
Häufigkeit	278 419	244 891	1 232 946	0	45 330	1 802 000	
Zeilenprozent	15,45	13,59	68,44	0,00	2,51		
Spaltenprozent	50,98	72,04	44,95	0,00	9,90		33,90
1945							
Häufigkeit	57 495	0	0	1 230 045	252 188	1 540 000	
Zeilenprozent	3,73	0,00	0,00	79,89	16,38		
Spaltenprozent	10,53	0,00	0,00	100,00	54,89		29,00
nach 1945							
Häufigkeit	0	0	0	0	134 627	135 000	
Zeilenprozent	0,00	0,00	0,00	0,00	100,00		
Spaltenprozent	0,00	0,00	0,00	0,00	29,30		2,50
Summe	546 000	340 000	2 743 000	1 230 000	459 000	5 318 000	
Anteil (in %)	10,30	6,40	51,60	23,10	8,60		100,00

Quelle: [4.35] Overmans, S. 266.

© MGFA
06809-03

In dem Bemühen zur Humanisierung der Kriegführung hatte bereits die Haager Landkriegsordnung von 1907 festgelegt, dass die Staaten Auskunftsbüros einzurichten hätten, um das Schicksal der eigenen und gefangener feindlicher Soldaten nachzuweisen. Auf diese Weise wollte man den Familien, deren Angehörige vermisst waren, die qualvolle Wartezeit bis zum Kriegsende ersparen, bevor sie dann Näheres über das Schicksal des Vermissten erfahren konnten. In Deutschland im Jahr 1929 gegründet, nahm diese Organisation im August 1939 als Dienststelle des OKW unter der Bezeichnung »Wehrmachtauskunftstelle für Kriegsverluste und Kriegsgefangene« (WASt) ihre Tätigkeit auf. Sie gab Auskunft nicht nur bei Todesfällen, sondern auch bei Verwundungen, beurkundete die Sterbefälle und führte den Nachweis über die Grabstätten.

Der Tod eines Soldaten wurde in der Regel vom Kompaniechef, bei Offizieren vom Regimentskommandeur namentlich an das Heerespersonalamt gemeldet und durch persönliche Schreiben den Familienangehörigen mitgeteilt. Die Lazarette, in denen Verwundete verstorben waren, ergänzten die namentlichen Verlustlisten. Auf Karteikarten wurden wöchentliche Änderungsmeldungen an die WASt gesandt. Gräberoffiziere bei der Truppe sorgten für die Bestattung der Gefallenen und die Anlage von Friedhöfen. Um die Betreuung der Soldatengräber im Ausland kümmerte sich der 1919 gegründete »Volksbund Deutsche Kriegsgräberfürsorge«. Der Suchdienst des Deutschen Roten Kreuzes bemühte sich, das Schicksal von Vermissten aufzuklären. Denkmäler erinnerten in den Heimatgemeinden an den Soldatentod von Söhnen und Vätern.

Während des Krieges nutzte die Propaganda oft über- oder untertriebene Verlustzahlen für ihre Zwecke. Deshalb gibt es für beide Weltkriege kaum übereinstimmende Angaben. Im Ersten Weltkrieg waren weltweit mehr als 60 Millionen Soldaten eingesetzt. Neun Millionen von ihnen (14 Prozent) kamen ums Leben. Davon waren 3,5 Millionen Deutsche und Österreicher. Die Sterberate der Kriegsgefangenen blieb mit fünf bis zehn Prozent weit unter den Verlusten früherer Kriege. Die Zahl der zivilen Toten liegt bei insgesamt sechs Millionen.

Im Zweiten Weltkrieg stieg die Zahl der Verluste gewaltig an, weil nun nicht mehr nur an einzelnen Fronten gekämpft wurde, sondern der Bewegungskrieg ganze Nationen und Kontinente in die Kampfhandlungen einbezog. Die erheblich gesteigerte Feuerkraft der Armeen und vor allem ihrer Flugstreitkräfte erhöhten die Zahl der Opfer ebenso wie die Ideologisierung der Kriegführung, die eine Schonung von gefangenen oder verwundeten Gegnern sowie feindlicher Zivilbevölkerung nicht mehr als selbstverständlich erscheinen ließ. Zu gewaltsamen Exzessen führte insbesondere der Partisanenkrieg, der in Teilen Europas und Asiens hauptsächlich die Bevölkerung traf.

So waren insgesamt mehr als 55 Millionen Tote zu beklagen, in der Mehrzahl Zivilisten. Deutschland zählte 5,2 Millionen tote Soldaten (bei rund 18 Millionen Mobilisierten kam also nahezu jeder Dritte ums Leben) und mindestens 1,2 Millionen tote Zivilisten (etwa 500 000 allein im Bombenkrieg). Für die bei Flucht und Vertreibung ums Leben gekommenen Opfer gibt es bis heute keine zuverlässigen Zahlen. Bei den gefallenen Soldaten ist das Schicksal von mehr als einer Million Männern nach wie vor ungeklärt. Rund drei Millionen Angehörige von Hitlers Streitkräften gerieten in sowjetische Gefangenschaft, etwa 700 000 von ihnen starben; die extremste Todesrate lag bei 95 Prozent (1941). Wesentlich größere Verluste hatte die sowjetische Seite zu verzeichnen. Sie werden heute auf 27 Millionen Tote geschätzt, davon mindestens acht Millionen Soldaten. In deutscher Gefangenenschaft starben vermutlich mehr als drei Millionen Sowjetsoldaten.

Für die Kriegführung zählten nur »Verluste« bei der Truppe, weil sie für die Fortführung des Kampfes nicht mehr zur Verfügung standen und ersetzt werden mussten. Waren bei Meldungen »Vermisste« angegeben, handelte es sich zumeist um Soldaten, die in Gefangenschaft geraten oder ums Leben gekommen waren, ohne von der eigenen Truppe durch Augenzeugen bzw. durch Abnahme der Erkennungsmarke am Leichnam identifiziert worden zu sein. In der zweiten Kriegshälfte befanden sich unter den offiziell »Vermissten« vermehrt auch Deserteure oder Versprengte.

Bei einer leichten Verwundung, was in der Regel 60 Prozent aller Fälle ausmachte, fielen die Soldaten meist nur für kurze Zeit aus, bis sie, vom Hauptverbandsplatz des Regiments versorgt, zur Truppe zurückkehren konnten. Schwerverletzte wurden, möglichst nach einer Erstversorgung, in das Feldlazarett der Divisionen, etwa zwanzig Kilometer hinter der Front, gebracht und dort operiert. Das Feldlazarett, betrieben von der Sanitätskompanie, hatte die Funktion eines Krankenhauses. Hier setzte man erst ab 1942 zur Entlastung des männlichen Personals auch Krankenschwestern des Roten Kreuzes ein, obwohl die nahe Front, Partisanen und Luftangriffe eine extrem erhöhte Gefahr für die Frauen bedeuteten. Wenn eine kurzfristige Genesung nicht zu erwarten oder eine Spezialbehandlung und Rekonvaleszenz notwendig erschienen, brachte man die Verwundeten in Reservelazarette des Hinterlands oder im Heimatgebiet unter. Rund 5,2 Millionen deutsche Soldaten wurden im Verlauf des Krieges verwundet, nicht wenige mehrfach.

Die Ausstattung des Sanitätswesens im Einsatz war oft mangelhaft und zudem durch die Aufteilung auf die drei Wehrmachtteile belastet. Vor allem im Bewegungskrieg und bei Rückzügen fehlte es immer wieder an Fahrzeugen. Der Abtransport von Verwundeten durch die Luftwaffe bot zwar nicht selten eine schnelle Hilfe und war etwa im Falle des Kessels von Stalingrad am Ende die einzige Rettung. Doch standen für solche Aufgaben meist nicht genügend Flugzeuge zur Verfügung. Im Gegensatz zum Ersten Weltkrieg wurden Lazarette bei fluchtartigen Rückzügen überrollt oder fielen bei eingekesselten Einheiten in feindliche Hand.

Mit der Dauer des Krieges und der Absenkung der Tauglichkeitskriterien stieg neben der Zahl der Verwundeten auch die der Kranken. Im ersten Russlandwinter waren es bis zu 100 000 Soldaten mit Erfrierungen. Extreme Erfahrungen machte der Sanitätsdienst mit dem Hunger im Kessel von Stalingrad, den Tropenkrankheiten in Nordafrika, der Malaria in Italien und Albanien sowie schweren Verbrennungen, die durch die Motorisierung der Kriegführung verstärkt auftraten. Im Gegensatz zum Ersten Weltkrieg spielten Gasverletzungen keine Rolle. Um die damals unter den Soldaten grassierenden Geschlechtskrankheiten einzudämmen, richtete man im Zweiten Weltkrieg zahlreiche Wehrmachtbordelle ein, über die der Sanitätsdienst eine strenge Aufsicht führte.

Die Militärmedizin hatte sich in der Auswertung der Erfahrungen des Ersten Weltkriegs sehr früh einem Denken angenähert, das im Nationalsozialismus mit seiner Rassen- und Gesundheitsideologie sowie dem Bild des Frontsoldaten bis zur Perversion medizinischer Ethik reichte. Erscheinungen psychischer Verletzung wertete man als Ausdruck persönlicher Schwäche oder als Drückebergerei. »Kriegsneurotiker« waren im Zweifel »Bewährungseinheiten« oder anderen Strafformen zuzuführen. Sanitätsoffiziere sahen – wie in anderen Armeen – ihre Hauptaufgabe natürlich darin, der Front möglichst rasch wieder verwendungsfähige Kämpfer zur Verfügung zu stellen. Dass in Krisensituationen die Kriterien in den Lazaretten sich den militärischen Erfordernissen anpassten, war ebenfalls keine Besonderheit der Wehrmacht. Das Ausmaß aber, in dem sich der Schwerpunkt des Selbstverständnisses vom Arzt zum Offizier verschoben hat und sich dabei auch rassenideologische Implikationen verbanden, ist erschreckend.

In nicht wenigen Fällen ließ man – wie im Reich selbst – im besetzten Gebiet Nervenheilanstalten und Einrichtungen für Behinderte als Lazarettraum für die Wehrmacht »räumen«, vorzugsweise durch die SS. Verletzte und kranke Kriegsgefangene blieben im Osten in speziellen Isolierbaracken ohne ausreichende Versorgung, nichtarbeitsfähige Kriegsgefangene verhungerten. Schwerkriegsbeschädigte (»Krüppel«) setzte man sogar einfach am Straßenrand ab.

Im Gegensatz dazu entwickelte die Wehrmacht für die eigenen Kriegsversehrten ein ausgefeiltes Fürsorgesystem. Sofern Veteranen noch arbeitsfähig waren, konnten sie sich in der ersten Kriegsphase für die Ansiedlung in den besetzten Ostgebieten melden, in der zweiten Kriegshälfte senkte man die Kriterien für die Entlassung aus dem Wehrdienst. Bein- oder Armamputierte ermutigte man, Aufgaben im Ersatzheer zu übernehmen. In den Lazaretten mussten Leichtverwundete Arbeiten für die Rüstungsindustrie – gleichsam als Heimarbeit – leisten.

Die Wehrmacht scheute sich auch nicht, Soldaten mit chronischen Krankheiten zu eigenständigen Bataillonen zusammenzufassen, um sie medizinisch behandeln und gleichwohl auch – beispielsweise für Wach- und Sicherungsdienste – militärisch einsetzen zu können. Diät-Einheiten für Magenkranke, sogenannte Weißbrot-Bataillone, kamen auf diese Weise selbst in Russland zum Einsatz. Im letzten Kriegsjahr schickte man zahllose Sieche und Marode an die Front. »Es wäre doch für deutsche

Männer eine Schande«, wenn sie mit Erkrankungen, »die man zum großen Teil mit Energie und eisernem Willen selbst bekämpfen kann«, im »schweren Ringen um Deutschlands Freiheit und Bestand« zurückstünden, erklärte Heeressanitätsinspekteur Paul Walter am 29. März 1944 vor Truppenärzten seine Devise. Die Ärzte durchkämmten die Lazarette und schrieben zahlreiche Patienten einsatztauglich. Die Luftwaffe bildete im Juni 1944 die »S-Flakbatterie 1000 (o)«, eine Sonderformation für Soldaten mit »psychogenen Störungen«, stationiert im zerbombten Dortmund. Dort versammelte man »Zitterer, Schüttler und Stotterer«, wollte aber gegebenenfalls auch Bettnässer übernehmen (4.38 Valentin, S. 16, 146).

Anfang 1945 verfügte die Wehrmacht über 45 Magenbataillone, außerdem über elf Ohrenbataillone aus Schwerhörigen und Patienten mit eiternden Mittelohrentzündungen. Selbst diese schrieb man »kriegsverwendungsfähig« (k.v.). Die im Juli 1944 aufgestellte 70. Infanteriedivision bestand komplett aus solchen Spezialeinheiten, die an der Schelde gegen die Kanadier kämpfen sollten und sich nach kurzer Zeit »völlig abgestumpft« zeigten, obwohl man sie besonders energischen Frontoffizieren mit gesunden Mägen unterstellt hatte. Die Kranken quälten sich mit »Erbrechen, Ohnmacht, Anfälle[n] verschiedener Art«, im Kampf schossen nur wenige, die meisten liefen davon. Selbst die Erschießung von Einzelnen durch die Offiziere machte auf die Masse keinen Eindruck.

In der Bevölkerung und unter den Soldaten kursierten bereits 1941 Gerüchte, schwerstgeschädigte Soldaten würden im Rahmen der Euthanasie von den Nationalsozialisten ermordet werden. Weil man um die Moral der Truppe fürchtete, ging man dazu über, den Mord an Behinderten im Reichsgebiet zeitweilig auszusetzen oder besser zu tarnen. Soldaten waren wie in den meisten anderen Armeen wehrmedizinischen Versuchen ausgesetzt, oft eher harmloser Art wie bei der Erprobung eines Antiläusepulvers, aber auch neuer Medikamente und Behandlungsmethoden.

Nicht unproblematisch war im Zweiten Weltkrieg der Einsatz von leistungssteigernden Mitteln wie Pervitin, was zu einer Reihe schwerwiegender gesundheitlicher Schäden, bei einer Reihe von älteren Stabsoffizieren sogar zum Tode führte. Die alliierte Propaganda konnte schließlich behaupten, Hitlers Blitzkriege seien nicht zuletzt dank des Einsatzes von Drogen erfolgreich gewesen, die das Schlafbedürfnis unterdrückten und die Risikobereitschaft der vorwärtsstürmenden Truppen befeuert hätten. Obwohl »Reichsgesundheitsführer« Leonardo Conti am 12. Juni 1941 Pervitin unter das »Opiumgesetz« stellen ließ, um ein »ganzes Volk vor Rauschgiftsucht zu bewahren«, wurde das Mittel nicht nur von Langstreckenfliegern und Kraftfahrern in Extremsituation

◀ Abb. 8:
Soldaten der 13. Waffen-Gebirgsdivision der SS »Handschar« (kroatische Nr. 1) bei der Ausbildung: Lesen einer Broschüre »Islam und Judentum«, Sommer 1943.
BArch/101III-Mielke-036-23

▶ Abb. 9:
Feldwebel der Luftwaffe mit drei Wehrmachthelferinnen an einem Funkgerät, Mai 1942.
BArch/101I-616-2524-08A/Zwirner

◀ Abb. 10:
Hitlers Bundesgenosse Rumänien im Kampf gegen die Sowjetunion: König Michael I. (links, ohne Kopfbedeckung) bei einem Truppenbesuch an der Ostfront in Bessarabien, September 1941.
bpk/Bayerische Staatsbibliothek/Archiv Heinrich Hoffmann

weiter benutzt, sondern auch an erschöpfte Truppen auf Befehl der Kommandeure ausgeteilt.

Wesentlich geringere Hemmungen hatten deutsche Militärärzte, wenn es um Experimente mit KZ-Häftlingen und Kriegsgefangenen ging. Hier musste kaum Rücksicht auf Leben und Gesundheit der Probanden genommen werden. Zahlreiche Häftlinge fanden den Tod bei der Erprobung von Medikamenten gegen Gasvergiftung und zahlreichen anderen Experimenten. Hier waren insbesondere sowjetische Kriegsgefangene von Hungerversuchen und bei der Erprobung minderwertiger Nahrung (»Russenbrot«) betroffen.

Bundesgenossen

Großmächte brauchten auch im Zeitalter der Weltkriege Verbündete und Allianzen. Die Organisation und Lenkung eines Bündnissystems im Kriege war eine wesentliche Voraussetzung für den militärischen Erfolg, vor allem dann, wenn sich die Hoffnung auf eine schnelle Entscheidungsschlacht nicht erfüllte und der Krieg zu einem langen und erschöpfenden Ringen der Völker zu werden drohte. Die Meisterschaft eines Otto von Bismarck übertrug sich freilich nicht auf seine Nachfolger in der Führung des Reiches. Schon im Ersten Weltkrieg zeigte sich die Schwierigkeit, die Interessen der Bundesgenossen aufeinander abzustimmen, nicht nur in strategisch-politischer Hinsicht, sondern weil häufig auch die Zurückhaltung eigener Ambitionen und die Kompromissfähigkeit gefragt waren. Auch der militärisch-operative Einbau verbündeter Armeen mit unterschiedlichen Fähigkeiten und Ausrüstungen erschwerte häufig die gemeinsame Kriegführung. Vor allem Österreich-Ungarn beklagte die angebliche Arroganz des deutschen Offizierkorps und seines vermeintlich überlegenen Generalstabs. Rassedünkel und Nationalismus ließen sich auf beiden Seiten nur mühsam unterdrücken.

Der Preußenverehrer Adolf Hitler wurde zum Erben jener an sich nicht ungewöhnlichen Ungeduld, ja Unfähigkeit, schwächere und weniger leistungsfähige Verbündete zu akzeptieren, sowie der Neigung, eigene Probleme und eigenes Versagen schlichtweg dem Verbündeten anzulasten. Der »Führer« zeigte nicht nur intern, sondern auch im Umgang mit ausländischen Mächten und Staatsführern eine tiefsitzende Abneigung, am Konferenztisch oder sogar in größerer Runde anstehende Probleme und Strategien zu besprechen. Wenn sich solche Gespräche und Verhandlungen auf höchster Ebene nicht vermeiden ließen, bevorzugte er den direkten persönlichen Dialog oder den Monolog, wo er die Fähigkeit zur Geltung bringen konnte, seine persönliche Umgebung zu beherrschen. Fast alle seinen Verbündeten im

Zweiten Weltkrieg waren Monarchien, deren militärische oder diplomatische Vertreter meist mit entsprechendem Standesbewusstsein aufzutreten wussten. Auch der Umgang mit den Monarchen war für Hitler sichtlich eine Last. Nur für *ein* fremdes Staatsoberhaupt empfand er großen Respekt: den Staatspräsidenten der finnischen Republik, Marschall Carl Gustav Mannerheim, obwohl der wesentlich ältere und elegante Aristokrat, ein ehemaliger zaristischer Kavalleriegeneral, ein traditionell geprägtes Soldatentum verkörperte, das der »Führer« bei seinen eigenen Generalen verachtete.

Im Offizierkorps der Wehrmacht überlebten die Erfahrungen mit ehemaligen Verbündeten des Ersten Weltkriegs vor allem in der älteren Generation. Doch die Konstellationen veränderten sich in den Dreißigerjahren fundamental. Die Österreicher wurden nun »Reichsdeutsche«, Ungarn und Bulgarien waren zu Kleinstaaten geschrumpft, und die Türkei blieb auf Distanz. Dafür verbündete sich Hitler mit den ehemaligen Kriegsgegnern Italien und Japan. Jenseits der offiziellen Kontakte zu den fremden Armeen blieben alte Vorurteile und Klischees natürlich virulent, teilweise verstärkt durch die NS-Rassenideologie, die vor allem im Offizierkorps der Waffen-SS das Verhältnis zu ausländischen Bundesgenossen prägte.

In der Einschätzung der militärischen Leistungsfähigkeit waren die Deutschen von ihrer Überlegenheit zutiefst überzeugt, was die Erwartungen gegenüber den Bundesgenossen schmälerte. Insofern unterschied sich die Wehrmacht in der Koalitionskriegführung kaum von den Armeen anderer Großmächte. Die kurze und hektische Aufrüstungsphase bis 1939 schuf zudem keinen Spielraum, um durch Rüstungshilfe die verbündeten Armeen zu modernisieren und gleichwertig auszustatten. So kämpfte die Wehrmacht im Zweiten Weltkrieg an der Seite von Armeen, die über ein Sammelsurium meist veralteter und fremder Kriegstechnik verfügten, keine einheitlichen Einsatzgrundsätze hatten und nur begrenzt gemeinsame Interessen verfolgten.

Auf eine erprobte Militärallianz konnte sich die Wehrmacht jedenfalls nicht stützen, als sie im September 1939 den Krieg eröffnete. Finnland und die südosteuropäischen Staaten traten erst ein Jahr später, nach dem Sieg über Frankreich, an die deutsche Seite. Auch wenn sich die strategische Lage des Reiches inzwischen verbessert hatte, blieben die ökonomischen und militärischen Spielräume begrenzt, die Konflikte zwischen einzelnen Staaten des Bündnisses (Ungarn, Rumänien) nur schwer einzudämmen, und manche potenziellen Verbündeten (Spanien, Portugal) zogen im Banne der angelsächsischen Mächte die Neutralität vor.

In der Entschlossenheit, mit seiner Wehrmacht einen Weltkrieg zu riskieren, ließ sich Hitler schon 1939 nicht von strategischen Fehlkalkulationen und Widersprüchen irritieren. Nach seinem großen Plan sollte

Großbritannien eigentlich der wichtigste Bündnispartner werden. Sein Bemühen blieb allerdings vergeblich, sodass sich seine Ressentiments bis zu extremem Hass steigerten, zumal die Briten unter der Führung Churchills zu seinen hartnäckigsten Gegnern wurden. England sollte eigentlich auch Teil jener Allianz sein, die Hitler bereits 1936 mit dem Anti-Komintern-Pakt geschmiedet hatte. Sie stützte sich auf Italien und Japan, deren eigenständige imperiale Bestrebungen England notfalls in Schach halten und Deutschland den Weg nach Osten öffnen sollten.

Diese beiden Bundesgenossen verweigerten sich freilich 1939 seinem großen Spiel, sodass er sich an den erklärten gemeinsamen Hauptfeind, die UdSSR, binden musste, nicht zuletzt um den Preis, die baltischen Staaten als potenzielle Verbündete an Stalin zu verschachern und Finnland nach dem Überfall der Roten Armee im Stich zu lassen. Als der »Führer« nach dem Sieg über Frankreich seine Koalition neu aufstellen wollte, scheiterten seine Gespräche mit Spaniern und Franzosen. Italien überfiel ohne Absprache mit Berlin Griechenland, was sich zu einem Desaster entwickelte und Hitler zwang, vor dem Angriff auf die UdSSR auf dem Balkan einzugreifen. Dabei verlor er gleich auch noch den potenziellen Verbündeten Jugoslawien.

Außerdem musste er Divisionen nach Nordafrika entsenden, um auch hier eine italienische Katastrophe zu verhindern – ohne jedoch die Gelegenheit zu nutzen, durch entschlossene Angriffe den Suezkanal in die Hand zu bekommen und Italienisch-Ostafrika als Sprungbrett zum Fernen Osten zu erhalten. Am Horn von Afrika hat der »Führer« wahrscheinlich seine größte Chance verpasst, ohne sie überhaupt zu erkennen. Denn im Herbst 1940 entwickelte er zwar die Allianz mit Italien und Japan zum »Dreimächtepakt« mit dem Ziel, die USA vom Kriegseintritt abzuschrecken, kümmerte sich aber nicht um eine wirkungsvolle Koordinierung einer gemeinsamen Kriegführung. Er überließ Japan den Krieg im Fernen Osten und bereitete sich auf den Überfall auf seinen mächtigsten Verbündeten, Stalin, vor. Zugleich verzichtete er auf das Mitwirken Japans, das zwar Ambitionen zu Lasten der UdSSR hatte, aber im Sommer 1939 bei einer Schlacht gegen die Rote Armee in der Mongolei von Hitler im Stich gelassen worden war. So marschierte die Wehrmacht im Sommer 1941 nach Osten, und die japanische Kriegsmaschine wandte sich nach Südasien, was der UdSSR den Vorteil eines Einfrontenkrieges bot und ihr so das Überleben ermöglichte. Als sich der Ostkrieg unerwartet in die Länge zog, drängte Berlin vergeblich auf das Eingreifen Japans.

Inzwischen hatte Stalin seine Fernost-Armee für eine Gegenoffensive heimlich nach Westen transportiert, während Hitler im Dezember 1941, als das Scheitern seines Blitzkrieges vor Moskau bereits erkennbar war, sich der Kriegserklärung Japans an die USA anschloss und damit seine eigene strategische Lage verschärfte. Unter Koalitionskriegführung in einem Weltkrieg verstand sein Gegenspieler Churchill etwas anderes. Sie sorgte denn auch für eine klare Überlegenheit im »Krieg der Fabriken«, behauptete die Herrschaft über die Weltmeere und in der Luft; sie verständigte sich auf eine Strategie des »Germany first« und war in der Lage, die größte amphibische Operation der Weltgeschichte mit einer multinationalen Streitmacht zu organisieren. Die politischen und ideologischen Gegensätze sind in der Anti-Hitler-Koalition nicht geringer gewesen als im Hitler-Stalin-Pakt, doch hielt die von den Briten moderierte Koalition trotz innerer Spannungen.

Der verstärkte Einsatz europäischer Verbündeter an der Ostfront glich den Nachteil des Mehrfrontenkrieges gegen zwei Weltmächte, in den sich das Reich verwickelt hatte, nicht aus. Dabei brauchte Hitler diese Verbündeten mehr als sie ihn. Die Offensive 1941 an der gesamten Ostfront von über 2000 Kilometern war deshalb möglich gewesen, weil diese etwa die Hälfte der Front übernahmen: im Norden die Finnen, im Süden Ungarn, Rumänen und Italiener. So konnte Hitler seine Hauptkräfte im Mittelabschnitt konzentrieren. Am Ende aber waren alle zusammen zu schwach, um die Hauptziele zu erreichen: im Norden Murmansk und Leningrad, in der Mitte Moskau und im Süden Baku.

Eine neue Offensive konnte 1942 nur noch im Südabschnitt organisiert werden, und zwar nur unter der Voraussetzung, dass die Verbündeten ihren Einsatz verstärkten und die lange Flanke am Don absicherten, sodass Hitler sich auf Stalingrad konzentrieren konnte. Daraus entstand das bekannte operative Desaster, nicht nur mit dem Untergang einer deutschen, sondern auch von vier verbündeten Armeen.

Nach der Wende von Stalingrad musste sich Hitler auf den Absprung seiner Verbündeten einstellen, was teilweise zur Besetzung der Partnerstaaten und zum offenen militärischen Schlagabtausch führte. Ihren letzten Sieg errang die Wehrmacht im Herbst 1944 gegen die bisher verbündete Slowakei, deren Aufstand niedergeschlagen wurde. Ungarn blieb bis zum Frühjahr 1945 Kriegsgebiet und der letzte Verbündete. Bei der Kapitulation suchten die im Alpenraum versammelten Kräfte der Wehrmacht ihr Heil in dem Versuch, sich als österreichische Truppe zu deklarieren, was jedoch scheiterte. Hitler hatte in dem angeblichen Versagen und im »Verrat« seiner Verbündeten stets eine wohlfeile Erklärung für die deutschen Niederlagen gefunden – nicht aber bei sich und seiner Unfähigkeit zur Koalitionskriegführung.

Ausbildung und Fronterfahrung

Vom Eliteheer zur Massenarmee

Alle Großmächte verstärkten ihre Streitkräfte während des Kriegs um ein Mehrfaches. Der notwendige Aufwuchs der Wehrmacht nach Kriegsbeginn wurde zunächst durch ein ausgefeiltes System von »Unabkömmlich-Stellungen« (uk-Stellungen) begrenzt. Rund drei bis sechs Millionen wehrfähiger junger Männer blieben bis kurz vor Kriegsende von Einberufungen verschont, weil sie nicht nur als Facharbeiter in der modernen Rüstungsindustrie »unabkömmlich« waren, sondern auch von anderen zivilen Bereichen reklamiert wurden, die ein beachtliches, friedensorientiertes Beharrungsvermögen zeigten. Erst nach der Wende vor Moskau Ende 1941 gelang es durch verschiedene Aktionen, diese Reserven für die Wehrmacht zu mobilisieren – niemals ausreichend, stets hart umkämpft und erst mit der zunehmenden Verschlechterung der Kriegslage mit einigem Erfolg. Dieses Potenzial wurde erst in den letzten Kriegsmonaten voll ausgeschöpft und mit kurzer Ausbildung an die Front geworfen. Das galt in gewisser Weise auch für die Streitkräfte selbst, denn die Bemühungen zur »Auskämmung« von Trossen, Stäben und anderen rückwärtigen Einrichtungen brachten in der Wehrmacht niemals die gewünschte Zahl zusätzlicher Kämpfer hervor (»Aktion Heldenklau«).

Entsprechend den Veränderungen der Kriegslage, der Waffen- und Kampftechnik sowie der verschiedenen Einsatzgebiete und Aufgaben befand sich die Wehrmacht in einem permanenten Prozess der Umgliederung, Ausbildung, Auflösung und Neuschöpfung. Durch ein System von Zellteilungen erreichte sie es, die alten Stammeinheiten im Wesentlichen zu erhalten, durch Rekruten immer wieder aufzufüllen und gleichwohl neue Verbände aufzustellen, die aus Kadern der bewährten Stammtruppenteile unter Berücksichtigung der landsmannschaftlichen Zusammengehörigkeit gebildet wurden.

Der bemerkenswerte soziale Zusammenhalt der expandierenden Wehrmacht gründete maßgeblich auf diesem System. Selbstverständlich gab es große Unterschiede zwischen Divisionen der 1. Welle, den Stammeinheiten des Friedensheeres sowie später geschaffenen Elitedivisionen gegenüber den Großverbänden, die während des Kriegs in weiteren »Wellen« neu aufgestellt wurden. Im Durchschnitt aber blieb ein hoher Grad an Professionalität und Kampfkraft erhalten, wie er in anderen Armeen unter vergleichbaren Bedingungen nicht vorzufinden war.

Das effiziente Verfahren des Personalersatzes wurde durch eine Ausbildung unterstützt, die sich trotz mancher Schwächen und Anachronismen während des Kriegs auf neue Herausforderungen einzustellen verstand. Der Erfolg zeigte sich vor allem in der taktischen und operativen Überlegenheit, die von der Wehrmacht auch in ungünstigen Lagen gegenüber den meisten Gegner erzielt worden ist. Ihr gelang »eine einmalige Kombination von Disziplin, Geschlossenheit und Flexibilität« (1.3 Die Wehrmacht. Mythos und Realität, S. 344).

Mit den dramatischen Rückzügen und Niederlagen ab 1943 ging diese Fähigkeit freilich allmählich verloren. Ausbildung und Erziehung wurden ständig reduziert, um die steigenden Verluste rasch kompensieren zu können. Umso mehr Verantwortung übernahmen die Unteroffiziere als Führer »kleiner Kampfgemeinschaften«. Ihre Geschichte ist bis heute nicht geschrieben worden. Militärsoziologische Studien, unmittelbar nach Kriegsende von der amerikanischen Armee durchgeführt, bestätigten die Bedeutung der kleinen Gruppe. Durch das deutsche System der Auftragstaktik spielten sie im Gefecht eine herausragende Rolle.

In den letzten Kriegsmonaten schritt der Auflösungsprozess der Wehrmacht rasch voran. Der »Volkssturm« mit Kindern und Greisen brachte keine Verstärkung der Kampfkraft. Bei feindlichen Angriffen bildeten sich nur vorübergehend Inseln des Widerstands. Die Masse der Soldaten ließ sich überrollen und suchte das Überleben in der Flucht oder durch den Gang in die Gefangenschaft. Wie weit die politische Indoktrination die Soldaten tatsächlich prägte, wie stark der Führer-Mythos wirkte und ob Wissen oder Ahnung der schweren Verbrechen das Verhalten der Soldaten beeinflusste, bleiben offene Fragen. Sicher ist, dass im letzten Kriegsjahr Kampfgeist und -fähigkeit bis auf rudimentäre Reste dahingeschwunden waren.

Das »handwerkliche Können« ging auch bis in mittlere Führungsebenen im Verlauf des Kriegs verloren. Die zunehmend einseitige Personalauswahl bei Generalstabsoffizieren und Kommandeuren, von denen Hitler unbedingten Gehorsam und Gesinnungstreue erwartete, prägte einen neuen Typus, für den selbstständiges Denken und Handeln von ebenso geringer Bedeutung waren wie Verantwortungsgefühl für die unterstellten Soldaten. Zum Ideal wurde der draufgängerische Truppenführer erhoben, der sich keine Gedanken über größere Zusammenhänge machte und sich darauf beschränkte, im eigenen Befehlsbereich die Weisungen der Führung rücksichtslos umzusetzen.

Trotz eindrucksvoller Rüstungszahlen verringerte sich – gemessen am Gesamtumfang der Wehrmacht – laufend die Ausstattung mit Waffen, Gerät und Munition, und auch die personellen Ressourcen reichten nicht mehr dazu aus, die steigenden Verluste in den Kampfeinheiten zu ergänzen. Sie erreichten im letzten Kriegsjahr ihren Höhepunkt. In dieser Zeit kamen mehr Soldaten ums Leben als in den fünf Kriegsjahren zuvor.

Ausbildung und Kampfkraft

Wenn man den Anteil politischer und moralischer Faktoren an der Kampfkraft der Wehrmacht unterschiedlich gewichten kann, so besteht doch kaum ein Zweifel, dass die militärische Ausbildung zu den größten Stärken der deutschen Armee gehörte. Das beruhte auf einer langen Tradition, die nach der Niederlage im Ersten Weltkrieg und unter den Restriktionen des Versailler Vertrags gänzlich in den Mittelpunkt rückte. Die Reichswehr der Zwanzigerjahre war eine reine Ausbildungsarmee gewesen. Aus diesem Hunderttausend-Mann-Heer sollte die künftige deutsche Wehrmacht aufwachsen. Durch die überstürzte Aufrüstung und den – aus der Sicht der Heeresführung – verfrühten Marsch in den Krieg hatte die neue Armee zwar erhebliche Qualitätsmängel zu verzeichnen. Aber die Defizite wurden nach dem Polenfeldzug aufmerksam und selbstkritisch analysiert. Daraus folgte eine umfassende Ausbildungsoffensive, deren Gegenstand hauptsächlich die untere militärische Führung bildete, speziell die Bataillonskommandeure und das Zusammenwirken im Regimentsrahmen.

Die acht Monate bis zum Beginn des Angriffs auf Frankreich im Mai 1940 trugen durch diese Anstrengungen reichlich Früchte. Sowohl im taktischen als auch im operativen Bereich übertrafen die Leistungen von Heer und Luftwaffe die Fähigkeiten des ehemaligen Siegers und Angstgegners bei Weitem. Die Heeresführung hatte sogar Vorbereitungen getroffen, um bei einem Stillstand der Offensive zahlreiche weitere, gut ausgebildete Verbände nachführen zu können.

Neben dieser Verbandsausbildung achtete man auch auf die Grundausbildung der Soldaten. Nach Kriegsbeginn waren die aktiven Ausbilder zwangsläufig mit ins Feld gezogen und ersetzt worden durch ältere, reaktivierte Unteroffiziere und Feldwebel, die zuletzt im Ersten Weltkrieg gedient hatten. Sie traktierten die jungen Rekruten ebenso wie die ungedienten, »weißen« Jahrgänge mittleren Alters mit einer schikanösen Formalausbildung, was zu Beschwerden nicht nur der Betroffenen führte, sondern zur Einsicht militärischer Vorgesetzter, etwas zu ändern. Schließlich verfügten die durch Hitlerjugend (HJ) und RAD gegangenen Jungen bereits über eine vormilitärische Ausbildung mit »Schliff«, und die Einheiten erwarteten einen Nachwuchs, der über moderne, kriegsnahe Kenntnisse und Fähigkeiten verfügte.

Hier galt es spätestens bei der anschließenden Spezialausbildung neue Schwerpunkte wie etwa im Panzer- und Flugabwehrdienst zu setzen. Die besondere Herausforderung im Bewegungskrieg bildete nicht nur die Fähigkeit zur schnellen Reaktion im taktisch-operativen Rahmen, zur Initiative und zum entschlossenen Handeln auf allen Ebenen. Ebenso wichtig war das eingeübte Zusammenwirken verschiedener Waffen und Verbände. Deshalb kam es sowohl bei der Vorbereitung des Frankreichfeldzugs als auch für den Überfall auf die UdSSR zu erheblichen Friktionen, weil man sich dazu entschloss, einen Teil der Verbände erst in letzter Minute zusammenzustellen. Dadurch konnte die Rüstungsindustrie länger über die gut ausgebildeten Facharbeiter verfügen. So entstanden freilich große Lücken auf dem Sektor der Funktionsunteroffiziere, für die das Heer verstärkt Kfz- und Elektromechaniker sowie Werkzeugmacher brauchte. Die unzureichende Ausstattung mit Kraftfahrzeugen und Waffen erschwerte zugleich den Ausbildungsbetrieb in den Einheiten, und wenn die in den Wochen vor Feldzugsbeginn produzierten Geräte endlich in der Truppe eintrafen, reichten Zeit und Treibstoff oft nicht aus, eine reguläre Ausbildung zu organisieren. Das wiederum musste eigentlich gewährleistet sein, bevor die Division dann im Manöver das Zusammenwirken der Einheiten erprobte.

Neben der zeitweiligen Beurlaubung von rund 300 000 Soldaten nach dem Frankreichfeldzug erschwerte die geplante Umbildung des Feldheeres die Ausbildung. Die geforderte Verdoppelung der Zahl der Panzerdivisionen innerhalb von neun Monaten bedeutete unter anderem, dass bisherige Infanteriedivisionen umzubilden waren. Zu einem jeweils kleinen Stamm von Spezialisten aus vorhandenen Panzerdivisionen kamen neue Rekruten sowie ein Teil der Infanteristen. Sie sollten bis Mitte März 1941 »feldverwendungsbereit« gemacht werden. Die notwendige Ausbildung von Fahrern, Funkern und Panzerschützen verlangte erhebliche Anstrengungen. Technisches Führungspersonal musste bei den Armeen aus den eigenen Reihen ausgebildet werden. Qualitätsstandards der Vorkriegszeit konnten damit natürlich nicht gehalten werden.

Insgesamt wurden die Mängel in Ausrüstung und Ausbildung bei den eigenen Verbänden durchaus erkannt, aber angesichts der vermuteten Schwäche des sowjetischen Gegners als hinnehmbar eingeschätzt. Was an Erfahrung und Fähigkeit im Einzelnen noch fehlen mochte, würde dann im Einsatz erlernt werden. Nach den großen Schüben in der Einberufung und Ausbildung, die 1939 und 1940 jeweils mehr als vier Millionen Mann umfassten, reduzierte sich diese Größenordnung bereits 1941 auf etwa 2,5 Millionen, um dann im letzten Kriegsjahr noch einmal auf die Hälfte zu schrumpfen. Die Ausbildung wurde zwar immer weiter verkürzt, aber zugleich auch realitätsnäher. In der Wehrmacht bewegten sich die Bemühungen um die rasche Übertragung von Fronterfahrungen auf die Ausbildung des Nachwuchses auf hohem Niveau. Mit einer Fülle von Vorschriften und anderen Ausbildungshilfen war man bestrebt, der Entwicklung zu folgen und in Verbindung mit der Einführung neuer Waffensysteme einen Qualitätsvorsprung zu erreichen.

Ausbildungsgänge

Seit 1939 war die Mitgliedschaft in der Hitlerjugend für alle männlichen Jugendlichen verbindlich. Die Knaben zwischen zehn und vierzehn Jahren gehörten zum »Deutschen Jungvolk« und erhielten eine vormilitärische Ausbildung. Zwischen vierzehn und achtzehn zählten sie dann zur eigentlichen »Hitlerjugend«, die mit sechzehn Jahren bereits an einem »Wehrertüchtigungslager« teilnehmen musste. Die zweiwöchige Ausbildung fand in einer Kaserne statt. Unter der Anleitung von einem Leutnant mit drei Unteroffizieren, zumeist im Krieg dekorierte Invaliden, erhielten die uniformierten Jugendlichen vor allem eine Schießausbildung mit Karabiner und Maschinengewehr. Exerzieren, Geländekunde usw. waren bereits bekannt. Das ließ den Alltag nicht mehr als unsinnige Schleiferei erscheinen.

Die Lehrgangsbesten konnten, sofern sie den Hauptabschluss bereits hinter sich hatten und nicht in eine zivile Lehrlingsausbildung gehen wollten, in eine Unteroffizier-Vorschule eintreten. Hier gedieh den »Jungschützen« bis zum Erreichen des Wehrpflichtalters die mittlere Reife und eine technische Lehre an. Da die Ausbildung kostenlos war, konnte sich die Wehrmacht aus den zahlreichen Freiwilligen die Besten aussuchen. Nach mindestens einjähriger Vorschulung folgten sechs Monate Ausbildung der »Obergrenadiere« in einer Unteroffizierschule, jetzt mit dem Status regulärer Soldaten. Dort erhielten sie eine Grundausbildung als künftige Unteroffiziere mit zwölfjähriger Verpflichtung sowie die entsprechende Ausbildung in der Waffengattung.

Schüler höherer Lehranstalten wurden seit Anfang 1943 mit dem 16. Lebensjahr als Luftwaffen- bzw. Marinehelfer in der Nähe ihrer Schulstandorte einberufen. Sie galten nicht als Soldaten, obwohl sie in den Flak-Stellungen – neben dem Unterricht – regulären Waffendienst leisten mussten. Das konnte sie in Autoritätskonflikte sowohl gegenüber HJ-Führern, den Lehrern und den ihnen bildungsmäßig unterlegenen Unteroffizieren bringen. Nach neun Monaten wechselten sie mit der Ernennung zum »Luftwaffen-Oberhelfer« in den Reichsarbeitsdienst, der für alle männlichen und weiblichen Jugendlichen verpflichtend war. Hier folgten sechs Monate schwere körperliche Arbeit, unterbrochen von erneutem militärischem Drill. Nach kurzem Heimaturlaub und dem »Notabitur« folgte dann die Einberufung zur Wehrmacht.

Dieses Ideal von (Aus-)Bildung und Menschenführung spiegelte natürlich nicht immer die Realität in der Wehrmacht. Wie in den Armeen aller anderen Staaten gab es in der Rekrutenausbildung auch »Leuteschinder« und Sadisten unter den Ausbildern. Je nach den persönlichen Umständen und der psychischen Verfassung reagierten die jungen

Männer unterschiedlich auf diese erste Phase der Ausbildung. Sie sollte ihnen Waffengebrauch, Disziplin und Taktik nahebringen sowie die körperliche und seelische Belastbarkeit erhöhen. Die Kameradschaft, überlebenswichtig im Kampf, sollte sich im gemeinsamen Bestehen von Herausforderungen bilden. Viele empfanden die Umstände als permanente Demütigung, als Erzwingen von »Kadavergehorsam«, als Zerbrechen von Persönlichkeit, um »Jawohl-Maschinen« zu produzieren.

Der Grundausbildung schloss sich eine Spezialausbildung an, bis die Rekruten dann in ihren Stammeinheiten als voll verwendungsfähig galten. An der Front konnten in »ruhigen« Zeitabschnitten spezielle Lehrgänge neue Kampftechniken oder Aufstiegsmöglichkeiten vermitteln. Medizinstudenten etwa wurden nach allgemeiner militärischer Ausbildung und Fronteinsatz zum Studium in der Heimat beurlaubt. Bewährte Soldaten schickte man zur Weiterbildung in der Unteroffizier- oder Offizierlaufbahn im Wechsel von Front und Ausbildung auf die entsprechenden Lehrgänge.

Da die Soldaten – anders als etwa in der Roten Armee – Anspruch auf Heimaturlaub hatten, verlebten viele den Krieg in einem solchen Wechsel von Front, Hinterland und Heimat. Wurden Divisionen nach schweren Verlusten von der Ostfront ins besetzte Frankreich zur »Auffrischung« verlegt, erlebten sie weniger anstrengende Zeiten, die angefüllt waren mit Wachdienst, Ausbildung und Umschulung, unterbrochen auch hier im Einzelfall durch Einsätze gegen den einheimischen Widerstand, woraus sich sehr schnell in der Reaktion auf Anschläge bei Vergeltungsaktionen eine Verstrickung in Kriegsverbrechen ergeben konnte. Kamen die Einheiten nach einem längeren, schweren Einsatz in eine Ruhestellung sollten die Vorgesetzten die erschöpften Soldaten zunächst in Ruhe lassen, dann aber allmählich die äußere Disziplin wiederherstellen und einen regelmäßigen Kasernendienst organisieren, um die »Moral« der Truppe zu heben.

Durch die Freiwilligenmeldung zu Luftwaffe oder Kriegsmarine war dem Wehrpflichtigen eine längere Spezialausbildung in Aussicht gestellt, die ihn vor einem allzu frühen Fronteinsatz bewahrte. Die Ausbildung zum Jagdflieger etwa dauerte zwei Jahre. Hatten die Flugschüler bereits Erfahrungen aus der »Flieger-HJ«, bedeuteten Flugstunden zunächst mit Segelflugzeugen, dann mit kleinen Motorfliegern keine große Herausforderung. Unterbrechungen durch Exerzier- und Gefechtsdienst boten Abwechslung, bis die Ausbildung auf den Militärmaschinen erfolgte. Hierbei gingen allerdings in der Regel etwa 50 Prozent der Flugzeuge zu Bruch, was im Verlauf des Krieges wegen des zunehmenden Mangels an Treibstoff sowie horrender Verluste zu einer dramatischen Verkürzung der Zahl absolvierter Flugstunden führte. Seit 1943/44 wurden die jungen Piloten in schneller Abfolge in den Einsatz geworfen, was die meisten nicht überlebten.

Bei der Kriegsmarine betraf diese Deformierung der Ausbildung vor allem die U-Boot-Waffe. Obwohl die Indienststellung und Erprobung neuer U-Boote sehr zeitaufwändig blieb und teilweise zu erheblichen Liegezeiten führte, die für die Ausbildung genutzt werden konnten, sank der Altersdurchschnitt bei den Besatzungen. Die sehr jungen Männer hatten nach 1943 ebenfalls kaum noch Überlebenschancen. Doch bei einem Personalbestand von bis zu 600 000 Mann bildeten die rund 30 000 Angehörigen der U-Bootwaffe nur eine kleine Elite. Für die Mehrzahl der Marineangehörigen ist folgendes Beispiel sicher nicht repräsentativ, aber auch nicht untypisch:

Ein 1943 zur Kriegsmarine einberufener 17-jähriger machte zunächst die Grundausbildung und verbrachte dann die Zeit bis zum Frühjahr 1945 auf verschiedenen Lehrgängen, um als Geschützbedienung auf Kreuzern ausgebildet zu werden. Da die Kriegsmarine nur noch über wenige Großkampfschiffe verfügte und diese zumeist in scheinbar sicheren Positionen der Ostsee oder in norwegischen Fjorden ankerten, kam der junge Mann niemals zu einem seemännischen Einsatz, kurzzeitig in Lebensgefahr erst im April 1945, als er mit anderen jungen Matrosen ein »Panzerjagdkommando« bildete, das in Brandenburg die russische Schlussoffensive aufhalten sollte. Mit Panzerfäusten und Fahrrädern ausgestattet, haben sich diese »Seeleute« im Rücken der zusammenbrechenden Front in die süddeutsche Heimat durchgeschlagen. Sie hatten mehr Glück als jene jungen Marinesoldaten, die mit Flugzeugen ins belagerte Berlin gebracht wurden, um die Reichskanzlei zu verteidigen.

Ähnlich dramatisch und mit vergleichbar positivem Ausgang hatte sich 1943 auch der spätere Literaturnobelpreisträger Günther Grass freiwillig zur Kriegsmarine gemeldet. Er wollte U-Boot-Fahrer werden, wie die Helden der NS-Propaganda. Der zeitweilige Annahmestopp ließ den verhinderten Seemann von einem Abenteuer als Panzersoldat träumen. Doch zunächst musste er den Einsatz als Luftwaffenhelfer und beim RAD hinter sich bringen. Im November 1944 wurde er zur Waffen-SS einberufen, wie die meisten seines Jahrgangs als Kriegsfreiwilliger. Die Ausbildung des 17-jährigen zum Panzergrenadier und künftigem Besatzungsmitglied eines Sturmgeschützes erfolgte in der Einöde eines böhmischen Truppenübungsplatzes. Zum Einsatz kam er erst im April 1945 im Rahmen der 10. SS-Panzerdivision »Frundsberg«. Bei einem feindlichen Feuerüberfall verwundet, gelangte er – ohne jemals einen Schuss abgegeben zu haben – in einer Odyssee durch Lazarette und rückwärtige Verbindungen wieder nach Böhmen zurück, wo er am 8. Mai in US-Gefangenschaft geriet.

Im Heer entwickelte sich die Einberufung von älteren und bisher wegen mangelnder Tauglichkeit zurückgestellten Männern ab 1942 zu einem besonderen Problem. Die dreimonatige Grundausbildung wurde durch einen zwischenzeitlichen Ernteeinsatz und übermäßigen Wachdienst in ihrem Wert geschmälert, die soldatische Prägung gemindert. Das Kriegstagebuch (KTB) des Panzergrenadierregiments 304 vom Juli 1942 äußerte sich dazu wie folgt: »Die Ausbildung und der geistige Zustand sind völlig unzureichend. Die Leute lassen vielfach jede geistige Einstellung zum Kampfgeschehen missen und sind von unglaublicher Schwerfälligkeit, Auffassung und Ausdrucksweise. Die Waffen- und Geländeausbildung ist völlig vernachlässigt worden. Den Leuten fehlen jede soldatische Ausbildung, Form, Haltung und alle dienstlichen Kenntnisse [...] Der gesamte Zustand des Ersatzes lässt einen Mangel an fachgemäßer und intensiver Ausbildung erkennen« (zit. nach 5.4 Buchmann, S. 60).

Es waren nicht nur die dramatische Verschlechterung der Kriegslage und die überlegene Feuerkraft des Gegners, die zu einem Anstieg der deutschen Verluste führten. Die »Qualität« der jungen Soldaten verringerte sich erheblich, was ihre Überlebenschancen verminderte, im Gegensatz zu den »alten Hasen« mit einer besseren Ausbildung und den langjährigen Kriegserfahrungen. Statistisch gesehen hatten unter den Soldaten, die den Krieg nicht überlebten, jene, die 1939 einberufen worden waren, noch durchschnittlich 4,1 Kriegsjahre vor sich. Die Einberufenen von 1940 standen vor ihrem Tod noch 3,3 Jahre im Dienst, jene von 1942 nur noch 1,8 Jahre, der Einberufungsjahrgang 1943 noch 1,2 Jahre, der Jahrgang 1944 nur 0,8, die Gefallenen von 1945 am Ende noch 0,1 Jahre (4.35 Overmans, S. 250 f.).

Ausbildung zum Offizier

Anders als in früheren Kriegen war die Verlustquote auch unter den Offizieren relativ hoch. Luftangriffe und Partisanenüberfälle trafen selbst höhere Offiziere und Stäbe im Hinterland. Die Überlebenschance bei jungen und unerfahrenen Leutnanten im Einsatz war besonders gering. Ihre stufenweise Ausbildung bot einen gewissen Ausgleich. Sie veränderte sich im Kriegsverlauf nicht wesentlich und wurde von zumeist hervorragenden Ausbildern an der Kriegsschule geprägt. Ursprünglich war der Abschluss einer höheren Schule Voraussetzung, um als Offizieranwärter angenommen zu werden. Seit 1941 konnte die Einberufung bereits vor dem Abitur erfolgen. Die Freiwilligen machten eine Art von »Notabitur«. Manche Veteranen erinnern sich noch heute daran, dass ihre schulischen Leistungen an sich nicht ausreichten, das reguläre Abitur zu

Auswahl und Erziehung des Offiziernachwuchses

Eine Verfügung des Kommandeurs der 1. Panzerdivision Maximilian von Weichs vom 2. März 1937 legte die Richtlinien für die Erziehung im Offizierkorps fest.

I. Mit der nationalsozialistischen Revolution hat unser ganzes Volk nicht nur im Äußeren, sondern auch in seiner seelischen Haltung begonnen, den Gleichschritt des Heeres aufzunehmen. Das bedeutet allgemein die Erkenntnis, dass als Krönung der staatlichen Erziehungsarbeit der Jugend in der Dienstzeit in der Wehrmacht die höchste Ehre zuteil wird, die es für einen jungen Mann gibt: Die Ausbildung mit der Waffe und das Recht, die Waffe im Dienst für sein Volk zu führen. Dieser Gedanke gewinnt Jahr für Jahr in der heranwachsenden Jugend an Boden, und es ist klar, dass eine Jugend, die im Wehrdienst eine Ehrenpflicht sieht, ein anders zu bearbeitendes Material ist als jene, der Hass, Abneigung oder Furcht eingeimpft worden war. Daraus folgt, dass Führerstellen in der Truppe nur durch ausgesprochene Persönlichkeiten mit Takt und psychologischem Verständnis, mit Herz für die Truppe, mit großer geistiger und körperlicher Frische und mit ganz klaren Zielen besetzt werden dürfen [...]
Daraus ergibt sich, dass das Maß der Anforderungen, das der Offizier an sich selbst zu stellen hat, gewaltig gewachsen ist.
III. Folgende Richtlinien für die Erziehungsarbeit im Offizierkorps sind vornehmlich festzustellen:
1. Härte gegen sich selbst, 2. Natürliches Standesbewußtsein, 3. Ausgeprägtes Ehrgefühl,
4. Einfache Lebenshaltung, 5. Im innersten Wesen deutsch sein, 6. Nicht zu übertreffende Liebe zu Volk, Vaterland und Führer.

In einer Rede vor Kreisleitern der NSDAP äußerte sich Reichswehrminister Werner von Blomberg am 27. April 1937 über die »Auswahl des Offiziernachwuchses«.

Ich komme auf einen anderen Punkt zu sprechen, der für das Vertrauensverhältnis von Partei und Wehrmacht von zentraler Bedeutung ist. Ich meine die Frage der Führerauslese, der Personalpolitik, der Beförderungsgrundsätze im aktiven und im Reserveoffizierkorps. Ich weiß, dass diese Frage eine Quelle von Mißverständnissen und Mißtrauen sein kann und häufig genug auch ist. Um so klarer will ich zu dieser Frage Stellung nehmen [...] Im 20. Jahrhundert wird jedem Volksgenossen, sofern er gesund an Körper, Charakter und Geist ist, die Offizierlaufbahn erschlossen. Wir tun das nicht nur aus der Ideenwelt des Nationalsozialismus heraus, sondern auch aus rein militärischen Gründen: Weil das moralische Gefüge der Armee um so stärker ist, je mehr ihr Offizierkorps im ganzen Körper der Nation wurzelt; weil das Offizierkorps die soldatische Elite des Volkes sein muss, und weil wir es uns einfach nicht leisten können, irgendwo ein Talent brach liegen zu lassen, das überdurchschnittliche Leistung verspricht.

Quelle: Offiziere im Bild von Dokumenten aus drei Jahrhunderten. Hrsg. von Hans Meier-Welcker, Stuttgart 1964 (= Beiträge zur Militär- und Kriegsgeschichte, 6), S. 264–266, S. 267–270.

bestehen. Durch die Meldung zur Wehrmacht konnten sie sich aber den Schulabschluss sichern. Schließlich lag es nahe, den Nachweis höherer Schulbildung für die Offizierlaufbahn gänzlich fallen zu lassen. Da zugleich Tausende von bewährten Unteroffizieren in das Offizierkorps integriert wurden, ließen Klagen über die mangelnde »Qualität« der jungen Offiziere nicht auf sich warten.

Als typischer Werdegang vom Rekruten bis zum Offizier kann der Fall eines Gymnasiasten aus Hitlers Geburtsort Braunau am Inn gelten. Er meldete sich mit 17 Jahren als Offizierbewerber zur Infanterie und wurde am 1. August 1941 einberufen. Die sechswöchige Grundausbildung entschied darüber, ob er bereits für den Soldatenberuf geeignet war oder für ein Jahr wieder nach Hause geschickt wurde. Er bestand die Probe, wurde zum Fahnenjunker ernannt und wechselte in die infanteristische Vollausbildung. Geländedienst, lange Märsche, Waffenausbildung und Exerzieren gehörten nun zu seinem Alltag. Als Offizieranwärter lernte er reiten, ein Pferdefuhrwerk zu fahren sowie Motorrad und Kübelwagen zu lenken. Neben dem theoretischen und »wehrgeistigen« Unterricht mussten die Fahnenjunker dreimal wöchentlich der »Kasinoverpflichtung« nachkommen. Es bedeutete, beim gemeinsamen Essen mit dem Kommandeur und den Offizieren seine Tischmanieren zu beweisen. Dieser Ausbildungsabschnitt von drei Monaten endete mit der Ernennung zum Fahnenjunker-Gefreiten, einer Abschiedsfeier und kurzem Urlaub, anschließend folgte der Fronteinsatz.

Nach rund sechs Monaten ernannte man den jungen Mann zum Fahnenjunker-Unteroffizier. Das bedeutete – im Gegensatz zu den Wehrpflichtigen – ein reguläres Gehalt, allerdings auch die Streichung der Kinderbeihilfe für die Eltern, obwohl die Fahnenjunker noch nicht einmal volljährig waren. Nach kurzem Heimaturlaub wurden sie von ihrem Regiment zu einem vierwöchigen Vorbereitungslehrgang für die Kriegsschule abkommandiert. Es folgte ein zweimonatiger Besuch der Kriegsschule, die zur jeweiligen Waffengattung gehörte. Hier vermittelte man ihnen die nächst höhere Verwendung, den Einsatz als Zugführer. Sie wurden bei entsprechender Leistung in kurzer Abfolge zum Fahnenjunker-Feldwebel, schließlich zum Leutnant befördert. Der gesamte Leutnantsjahrgang wurde im Berliner Sportpalast zusammengezogen und von Göring (er vertrat Hitler, der in den Vorjahren die Rede gehalten hatte, 1943 wegen der Schlacht in Stalingrad aber inkommodiert war) auf den Krieg eingestimmt.

Nach erneutem Kurzurlaub begann der Kompanieführerlehrgang an der Waffenschule, hier der Infanterieschule Döberitz bei Berlin. Der Unterricht in Taktik, Gefechtsdienst, Schießen und Waffenlehre erstreckte sich über vier Monate und konzentrierte sich auf den Führungsdienst. Dazu gehörten Kommandosprache, Führungstechnik und Organisation;

▶ Abb. 11:
Fahnenjunker der Kriegsschule
Dresden beim Schießunterricht,
1935.
BArch/183-R43502/Wegner

auch Lagebeurteilung, Entschlussfassung und Befehlserteilung wurden eingehend geübt. Nach dem Abschluss folgte ein zweiwöchiger Erholungsurlaub. Die Leutnante mussten sich jetzt entscheiden, ob sie als Berufs- oder Reserveoffizier weiterdienen wollten, und gingen zurück an die Front. Bis 1942 hatte noch die alte Regel gegolten, dass die Offiziere eines Regiments über die Aufnahme eines Leutnants entschieden. Diese Offizierwahl sicherte eine gewisse Homogenität und stärkte den Zusammenhalt des Offizierkorps – aus Hitlers Sicht ein Relikt, das dem Geist des Nationalsozialismus widersprach.

Hatten die Leutnante als Zug- und Kompanieführer oder als Bataillonsadjutant zwei Jahre überlebt und inzwischen wegen guter Leistungen den Aufstieg bis zum Hauptmann geschafft, konnten sie sich glücklich schätzen, wenn sie von ihrem Regiment als geeignet für den Generalstabsdienst gemeldet wurden. Dann absolvierten sie eine Vorausbildung, ursprünglich auf drei Jahre angelegt, im Krieg bis auf sechs Monate verkürzt. Dabei durchliefen sie alle Waffengattungen und wechselten anschließend für weitere sechs Monate an die Kriegsakademie. Dort erhielten sie das Rüstzeug für den Dienst in einem Truppengeneralstab. Diskussionen und Analysen zur strategischen Lage fanden nicht statt, auch über die obere Führung durfte kein kritisches Wort fallen. Handwerker des Krieges bildete man auf diese Weise heran, willfährige Organisatoren des totalen Krieges. Führergläubigkeit statt Kriegskunst wurde zur Devise für den Marsch in den Untergang.

Die Ausbildung von Soldaten im Krieg folgte – trotz aller Friktionen – immerhin einer gewissen Regelhaftigkeit. Sie ist deshalb für den Historiker leicht zu erfassen und betraf zudem jeweils größere Gruppen in ähnlicher Weise. In der Erinnerung von Zeitzeugen bildet sie den größten Bereich gemeinsamer Erlebnisse. Das schließt gelegentliche unterschiedliche Bewertungen nicht aus, denn wenn auch die Rekruten zur

Gleichförmigkeit »gedrillt« wurden, blieben sie in ihren Empfindungen und Charakteren sowie in ihrer Einstellung und Einsichtsfähigkeit Individuen. Stellten sich die einen der körperlichen und psychischen Herausforderung aufgeschlossen und ehrgeizig, selbst bei einem »harten« Ausbilder, empfanden andere dieselbe Situation vielleicht als sinnlose Schleiferei durch einen Sadisten.

Kampferfahrungen

Sehr viel schwerer zu erfassen sind die Erfahrung des Krieges und speziell der Kampfeinsatz. Die Unterschiede im Erleben des Krieges durch Millionen Soldaten waren extrem. Schon die Zugehörigkeit zu einem Wehrmachtteil und zu einer Waffengattung prägten Alltag, Überlebenschance und Belastung in entscheidender Weise. Jagdpilot, Schnellbootfahrer und Infanterist kämpften in jeweils »anderen Kriegen«. Ein Spezifikum der Wehrmacht war zudem die Vielzahl von unterschiedlichen Feinden und Kriegsschauplätzen. Im Gegensatz etwa zum Sowjetsoldaten, der bis zum Kriegsende »nur« gegen die Deutschen an der Front in Osteuropa kämpfte, mussten Soldaten der Wehrmacht damit rechnen, in Norwegen oder Nordafrika, gegen GI's oder Poilus, sprich: den französischen Landser, gegen ehemals Verbündete oder gegen Partisanen kämpfen zu müssen. Das Kampferlebnis während der erfolgreichen Blitzfeldzüge 1939/40 hinterließ andere Spuren als die »Endkämpfe« 1945. Die Verwendung in einer Besatzungseinheit oder bei einer Elitetruppe, die pausenlos im Brennpunkt der Kämpfe stand, vermittelte unterschiedliche Erfahrungen, ebenso wie die Distanz zum Gegner auf dem Schlachtfeld: Standen Infanteristen oder Panzersoldaten unmittelbar an den feindlichen Linien, so bekamen Kampfunterstützungstruppen, die beispielsweise als Artilleristen mehrere Kilometer hinter der Front lagen, ihr Gegenüber niemals zu Gesicht.

Die Gemeinsamkeit des Erlebens beschränkte sich zumeist auf die Gruppe, in der sich der Soldat bewegte, aber auch hier spielten die informelle Hierarchie, Unterschiede in Lebensalter, Kriegserfahrung, Herkunft, Bildungsstand usw. eine große Rolle, wenn es darum ging, das gemeinsam Erlebte zu »verarbeiten« und zu deuten. Unmittelbar während und nach einem feindlichen Feuerüberfall etwa waren alle von Empfindungen wie Todesangst, Schmerz und Überlebenswille geprägt, mochte das vielleicht auch unterschiedliche Regungen hervorrufen. In dieser »Kameradschaft« fand der Einzelne Rückhalt, Trost, Ansporn, sofern er sich nicht absonderte oder abgelehnt und isoliert wurde. Das Gefühl der Einsamkeit, der hilflosen Verlassenheit und die Apathie mochten dann besonders groß sein.

Mit zeitlichem und räumlichem Abstand zum Kampferlebnis, in der Verarbeitung und Deutung des Erfahrenen bis hin zur späteren Erinnerung verkrustete das Geschehen, vieles wurde verdrängt oder in gebräuchliche Formeln gefasst. Das mahnt zur Vorsicht beim Umgang mit individuellen Zeugnissen zum Kriegserlebnis, von Tagebüchern und Feldpostbriefen bis zu Erinnerungsberichten und Erzählungen. Der Mikrokosmos des Krieges kann nur schwer erfasst, verallgemeinert und verständlich gemacht werden. Eine letztlich beliebige Reihung von Augenzeugenberichten wird bestenfalls eine Annäherung ermöglichen. Wenn sich »typische« Situationen und Verhaltensmuster identifizieren lassen, wird man indes der Kriegserfahrung einer ganzen Generation sehr nahe kommen können.

Mit der »Feuertaufe« etwa begegnet uns ein Phänomen, das so alt ist wie der Krieg selbst. Soldaten der Wehrmacht reagierten darauf nicht anders als die Soldaten des Kaisers. Keine Kriegsbegeisterung in der Erziehung von Kindesbeinen an sowie die vormilitärische Ausbildung konnten daran etwas ändern, auch nicht die ideologische Indoktrination, keine »realitätsnahe« Ausbildung und verbesserte Taktik. Die letzte ruhige Nacht vor dem Überfall auf die Sowjetunion machte alle stumm und beklommen, die Nerven waren aufs Äußerste angespannt. In der gedämpften Stimmung ließ sich der Gedanke nicht verdrängen, der erste Tag des Krieges würde für viele wahrscheinlich der letzte sein. Die anfängliche Begeisterung, auch weil man das Warten satt hatte, wich der Ungewissheit und Angst. Vielen dämmerte es, dass etwas Ungeheuerliches freigesetzt würde. Einer schrieb später, dass diese Stunden zu den »unvergesslichsten und wirklich ergreifendsten und schönsten meines Lebens« gehörten (zit. nach 5.6 Fritz, S. 48).

Der erste Granateinschlag, der erste Gefallene, Unordnung, Verwirrung, Schreie, Befehle, Schüsse, lösten bei den meisten kein Hochgefühl aus, sondern Erschütterung. Der Geruch von Pulver, Rauch und Benzin war vielen von der Ausbildung vertraut, der Geruch von verbranntem Fleisch, der Anblick von Toten, die verrenkt, verstümmelt, blutverschmiert im Straßengraben lagen, vor Minuten noch lebendig – das war ein Schock, aber nach einigen Tagen vielleicht schon Gewohnheit. Der Alptraum wurde zum Alltag, der Tod in jeder Sekunde möglich, erträglich nur durch die Konzentration auf das eigene Überleben. Das »Abschalten« führte mit der Gewöhnung bei den meisten Soldaten zur Abstumpfung, weil der Feldzug nicht das erwartete schnelle und siegreiche Ende erreichte und zum Abnutzungskrieg geriet.

Bei den vorangegangenen Blitzfeldzügen von wenigen Wochen Dauer hatten dagegen die Anspannung und die wachsende Siegesgewissheit alle seelischen Belastungen verdrängen können. Die Rückkehr der

siegreichen Truppen in die Heimat und die Jubelfeiern stärkten die
»Moral« sowie die Hoffnung auf ein baldiges Ende des Weltkriegs.
Friedensähnliche Bedingungen in den Standorten sorgten dafür, dass im
Rückblick die überstandenen Strapazen den Anschein eines glücklichen
Abenteuers erhielten. Selbst die Stationierung in den ehemals feindli-
chen Gebieten förderte bei den Besatzungstruppen und Dienststellen
diesen Eindruck. Mit der Zunahme des Widerstands der Bevölkerung ab
1941/42 veränderten sich allmählich die Verhältnisse.

Das galt erst Recht für die Erfahrungen an der Ostfront, wo die ausgebluteten und erschöpften Truppen immer wieder angetrieben wurden,
um dann Anfang Dezember 1941 die Offensive endgültig einzustellen.
Der sofort einsetzende sowjetische Gegenschlag traf die völlig überrasch-
ten Soldaten bis ins Mark, selbst einige Oberbefehlshaber wurden durch
die nervliche Anspannung krank oder starben sogar, wie beispielsweise
Generalfeldmarschschall Walther von Reichenau im Januar 1942. Zum
ersten Male mussten die Soldaten größere Rückzüge überstehen und erleben, dass ihre Führung nicht für ausreichende Winterausrüstung und
Reserven gesorgt hatte. Erfrierungen traten in großer Zahl auf. Eine
Masse von Waffen und Gerät musste zurückgelassen werden, ebenso
Tote und Verwundete. Doch nach ersten Abwehrerfolgen erholte sich
das angeschlagene Überlegenheitsgefühl gegenüber dem Feind.

Rotarmisten hatte man bislang als eine vermeintlich dumpfe Masse erlebt, als einzelne Kämpfer meist sehr tapfer, aber schlecht geführt und oft
in sinnlosen Angriffen geopfert. Mit zunehmender Angriffsstärke, personeller und materieller Überlegenheit stieg der Respekt gegenüber dem
Gegner. Zwar entstand im Frühjahr 1942, als die Wehrmacht im Osten
wieder in die Offensive ging, für kurze Zeit erneut eine Siegeseuphorie,
die jedoch am Jahresende in der Katastrophe von Stalingrad endgültig
verflog. Anders als die Russen hatten es die Deutschen in ihrer jüngeren
Geschichte, schon gar nicht im Zweiten Weltkrieg, noch niemals erleben
müssen, dass eine ganze Armee vernichtet wurde.

Die Gewöhnung an die klimatischen Verhältnisse, insbesondere den
Winter, gelang zwar nun besser, dafür steigerte sich die Furcht vor feindlichen Angriffen bis zur stillen Verzweiflung von Führung und Truppe,
wenn die Gefahr einer Einkesselung drohte. Hitlers Haltebefehle führten 1943/44 immer wieder zu extremen Krisensituation, wenn sich
durchbrochene Frontabschnitte nicht mehr rechtzeitig vom Feind lösen
konnten. Nie mehr Stalingrad – diese Hoffnung trieb die Soldaten auf
den Rückzügen zu Höchstleistungen an. Die Angst vor einer sibirischen
Gefangenschaft war zwar den Älteren aus dem Ersten Weltkrieg vertraut, doch nun kam die Sorge vor der Rache der Rotarmisten hinzu, die
angesichts der verbrecherischen deutschen Besatzungspolitik nicht un-
berechtigt gewesen ist.

Der Untergang einer ganzen Heeresgruppe im Sommer 1944 führte dazu, dass sich verzweifelte »Durchkämpfer«, d.h. Überlebende von überrollten oder abgeschnittenen Verbänden, nach Westen und damit zu den eigenen Linien durchzuschlagen versuchten. In den Angriffsschwerpunkten hatte die Rote Armee inzwischen eine derartige Überlegenheit erreicht, dass sie ganze Regimenter und Divisionen zertrümmerte. Auflösungserscheinungen in der Wehrmacht wurden von der Führung mit drakonischen Maßnahmen bekämpft. Überlebensgemeinschaften bildeten sich um erfahrene Frontkämpfer. Vorgesetzte, die ihre Einheiten in sinnlosen Kämpfen rücksichtslos opferten, sich womöglich selbst den Belastungen nicht gewachsen zeigten und sich rechtzeitig »absetzten«, waren verhasst, auch jene, die »Halsschmerzen« hatten, also offensichtlich auf ein Ritterkreuz versessen waren.

Angesichts der überlegenen Feuerkraft des Gegners, seinen Panzerrudeln und Schützenmassen sprachen Soldaten von der russischen »Dampfwalze«, gegen die von deutscher Seite immer seltener und meist nur vereinzelt Luft- und Artillerieunterstützung zu erwarten war. Bei den teilweise weiträumigen Rückzügen geriet die Bestimmung, eine Nachhut zum Himmelfahrtskommando zu bilden. Für den immer jünger werdenden Personalersatz sanken die Chancen, sich in die Frontverbände zu integrieren. Die »Neuen« starben bei den Kämpfen oft innerhalb weniger Tage oder Stunden, bevor sich die Älteren überhaupt die Namen merken konnten. Als der Krieg die Reichsgrenze erreichte und nun die ganz alten Männer des Volkssturms die Reihen füllten, änderte sich das nicht.

Der Zusammenhalt hatte sich zwar gelockert und die dumpfe Resignation vieler konnte sich bis zur Panik steigern, aber für Deserteure und »Kriegsverräter« hatten die meisten kein Verständnis. Ebenso verachtet wurden schließlich fanatisierte Nazis, die sich – von Vorgesetzten oft nicht gezügelt – rücksichtslos gegenüber der Zivilbevölkerung und Gefangenen verhielten oder sich zu befohlenen Mordaktionen freiwillig meldeten und als Denunzianten gefürchtet waren. Selbst in gefestigten Formationen war es nicht ratsam, allzu offen über die Kriegslage und das Regime zu sprechen. Meist hatte der Einzelne in einer Kompanie nur wenige Kameraden, mit denen das insgeheim möglich war. Idealisten blieben Außenseiter. Die Nähe zu ihnen konnte im Kampf gefährlich sein.

Der Heimaturlaub bot in dieser Hinsicht ähnliche Bedingungen. Als seelisches Ventil war er daher nur bedingt geeignet. Je stärker der Krieg auch hier zu Belastungen führte, desto weniger Veranlassung hatten Soldaten, ihre Angehörigen mit den Fronterlebnissen zusätzlich zu belasten. Um die Versorgung von Ehefrauen und Familien brauchte man sich – anders als im Ersten Weltkrieg – keine Gedanken machen. Das förderte ein manchmal krampfhaftes Bemühen, den Heimaturlaub als unpolitische Idylle zu genießen. Die Nationalsozialisten legten nach den Erfahrungen des Ersten Weltkriegs großen Wert darauf, die »Verbundenheit« von Front und Heimat mit allen Mitteln zu fördern. Dazu gehörte selbst die Möglichkeit einer »Ferntrauung«.

Die Rückkehr an die Front empfanden manche dennoch als willkommene Flucht in eine vertraute Kameradschaft. In diesem Männerbund konnten das Kriegserlebnis und die Anspannung der Kämpfe, die Nähe von Tod und Verwundung unmittelbar verarbeitet werden. Die Generation des Zweiten Weltkriegs ist zweifellos durch das NS-Regime seelisch »abgehärtet« worden. Das allgemeine Bild von Männlichkeit forderte nun einmal die heroische Haltung und ließ »Schwäche« sowie Emotionalität nur bedingt zu. Dennoch ist zu vermuten, dass Millionen von Soldaten durch das Fronterlebnis in mehr oder weniger starkem Maße auch im modernen Sinne traumatisiert worden sind.

Im Gegensatz zur Ostfront, an der die Masse der Wehrmacht eingesetzt war, gestaltete sich das Kriegserlebnis vieler Soldaten an anderen Fronten meist weniger bedrückend. Geografisch, klimatisch und kulturell waren Nord-, West- und Südeuropa (hier mit Ausnahme des Balkans) erträglicher, auch in militärischer Hinsicht. Auf die erdrückende materielle Überlegenheit der Westalliierten reagierten Soldaten mit einem kaum begründbaren Überlegenheitsgefühl, aber wohl gelassener als im Osten. Die feindlichen Jagdbomber ließen Bewegungen im Frontbereich tagsüber nicht zu. Dort, wo hartnäckiger Widerstand geleistet wurde, musste mit Bombenteppichen und massivem Artilleriebeschuss gerechnet werden. Der Feind wurde in der Regel völkerrechtskonform behandelt, Übergriffe an Gefangenen blieben die Ausnahme. Die Gefangennahme durch die Alliierten hatte bei Weitem nicht den Schrecken wie jene durch die Rote Armee. Oft reduzierte sich das Gefecht in den letzten Tagen des Krieges auf symbolischen Widerstand und rechtzeitiges Ausweichen – trotz aller Durchhaltebefehle des »Führers«. Anders als 1918 erhielten die Soldaten aber nicht die Chance, einfach nach Hause zu gehen und sich als angeblich »im Felde unbesiegt« von der eigenen Bevölkerung auch noch feiern zu lassen. Die Erfahrung der totalen Niederlage und bedingungslosen Kapitulation stand am Ende des dramatischsten Kapitels der deutschen Militärgeschichte – es gab zum ersten Mal keine deutschen Soldaten mehr. Die Überlebenden gingen nach der Gefangenschaft als Zivilisten nach Hause.

Wehrmacht und »Volksgemeinschaft«

Der verdrängte Krieg: Stimmungen und Propaganda

Deutschland erlebte in den Dreißigerjahren eine umfassende Militarisierung. Als »Volksgemeinschaft« idealisiert, musste sich diese Gesellschaft nach Hitlers Erwartungen im künftigen Krieg bewähren, zur »Heimatfront werden, die – anders als im Ersten Weltkrieg – unter dem Einfluss der Partei und einer modernen Propaganda stabil und leistungsfähig bleiben sollte. Doch wie stand es um ihren kriegerischen Geist? Im August/September 1939 kam – im Gegensatz zum August 1914 – keine Jubelstimmung in Deutschland auf. Zu groß war die Friedenssehnsucht in weiten Teilen der Bevölkerung. Die Erinnerung an die Schrecken des Ersten Weltkriegs dämpfte ebenso die Stimmung wie die bange Erwartung, dass es mit dem kleinen Wohlstand der letzten Jahre schon wieder vorbei sein könnte. Darauf musste der »Reichsminister für Propaganda und Volksaufklärung« reagieren.

Seinen Propagandaapparat hatte Joseph Goebbels bis Kriegsbeginn im Wesentlichen vollendet. Notwendige Anpassungen und Veränderungen im Krieg betrafen weder die Hauptthemen noch die organisatorischen Strukturen und technischen Möglichkeiten. Das Fernsehen als neues Medium steckte noch in den Kinderschuhen. Rundfunk, Film und Presse blieben die wichtigsten Instrumente des Regimes, um die Bevölkerung durch eine zentral gelenkte Informationspolitik zu beeinflussen. Kultur und Unterhaltungsindustrie behielten ihren Stellenwert und wurden trotz zunehmender Einschränkungen bis in die letzten Kriegsmonate in erstaunlich großem Maße gefördert. Wie in der hektischen Aufrüstungsphase unternahmen die Nationalsozialisten alle Anstrengungen, um die Entbehrungen, Einschränkungen und Opfer während des Kriegs zu rechtfertigen und zu heroisieren, zugleich aber auch durch Angebote zur Zerstreuung und Ablenkung zu kompensieren.

Goebbels war sich der Grenzen seiner Möglichkeiten durchaus bewusst. Für die Mehrheit der Bevölkerung blieb die Sehnsucht nach einem friedlichen Alltag und dem Ende der kriegsbedingten Belastungen bestimmend, doch war das letztlich vom Kriegsverlauf abhängig, den die Propaganda nicht wesentlich beeinflussen konnte. Es war ein »Glücksfall« für die Nationalsozialisten, dass der Zweite Weltkrieg für die Deutschen mit einer Serie von Erfolgen begann, sodass Besorgnisse zunächst verflogen. Hitler legte zudem großen Wert darauf, seinen Krieg als aufgezwungenen Verteidigungskrieg erscheinen zu lassen. Mehrfach ließ er angebliche Friedensangebote verbreiten.

Wenn auch äußerlich durch die Propaganda der Eindruck einer von Konformität und Akklamation geprägten Gesellschaft entstehen konnte, setzte sich im Krieg doch auch die Tendenz zum gespaltenen Bewusstsein und zum »Nischendasein« fort. Die Kluft zwischen der Friedenssehnsucht breiter Bevölkerungskreise und den militant-heroischen Bestrebungen der NS-Bewegung blieb bestehen.

Die Idealisierung Hitlers als unfehlbar und von der »Vorsehung« vermeintlich begünstigt geriet in Gefahr, als der Krieg einen ungünstigen Verlauf nahm und schmerzhafte Einschränkungen hingenommen werden mussten. Die Diskrepanz zwischen den offiziellen Verlautbarungen und den individuellen Erfahrungen wuchs so stark, dass die Legitimation des NS-Regimes bröckelte.

Die NS-Propaganda konnte den Glaubwürdigkeitsbruch nicht kitten. In wachsender Zahl wurden die Deutschen fatalistisch und akzeptierten, dass in Ermangelung politischer Alternativen das Schicksal des Reiches mit Hitler und seinem Regime verbunden blieb. Hier lag vermutlich Goebbels' größter Erfolg, der ansonsten nicht viel tun konnte, um die Situation zu verbessern, weil die Verlustmeldungen von der Front und die zunehmende Verelendung in den deutschen Städten alle politischen Parolen hinfällig machten. Die Ankündigung von »Wunderwaffen« zeigte nur geringe Wirkung. Indem sich die NS-Propaganda an Hitler kettete, versperrte sie sich den Weg in die Gedankenwelt der Menschen, die um ihr Überleben kämpften, für eine Zukunft jenseits des Kriegs. Die meisten hatten Angst vor den Racheakten, die aus dem Osten drohten. Auch Menschen, die nichts oder wenig von den deutschen Verbrechen wussten, fürchteten sich vor dem Bolschewismus. Diese Angst vor Revolution und Kommunismus prägte, wie schon am Ende des Ersten Weltkriegs, die Mehrheit der Bevölkerung in Deutschland – eine Empfindung, die 1945/46 schließlich in ganz Europa verbreitet war.

»Herrenmenschen« und »Sklaven«: Klassengesellschaft und Rassenhierarchie

Wenn der Antibolschewismus die populärste Waffe der NS-Propaganda war, so bildeten die antisemitischen Hasstiraden im Zweiten Weltkrieg ein Propagandainstrument mit besonders mörderischen Folgen. Sie dienten anfangs dazu, der Bevölkerung eine Erklärung für den Ursprung und die Ausweitung des Kriegs zu liefern. Später dann sollte die permanente Wiederholung einer jüdischen Weltverschwörung die drohende Niederlage erklären. Stets war damit die Androhung von Vergeltung und Vernichtung verbunden, was die Deutschen auf eine barbarische Kriegführung einstimmen sollte.

Der Krieg begann mit einer verschärften Bekämpfung politischer Gegner im Innern. Eine Verhaftungswelle rollte durch das Reich. Die Stigmatisierung von »Gemeinschaftsfremden« ging weit über das klassische Feinddenken hinaus, das auch westliche Gesellschaften veranlasste, im Krieg Ausländer und Mitbürger zu internieren, die aus Feindstaaten stammten. So war es kein Zufall, dass Hitler den Euthanasiebefehl auf den Kriegsbeginn datierte. Damit wurden auch jene aus der »Volksgemeinschaft« »ausgemerzt«, die als schwerstbehinderte und pflegebedürftige Deutsche nur als »unnütze Esser« und als Ballast auf dem Marsch in den Krieg galten. Eine wichtige Rolle bei dieser Mordaktion spielte das Argument, es müsse Lazarettraum für die Soldaten freigemacht werden. Damit war die Aussonderung noch keineswegs beendet. Sie betraf ebenfalls eine große Zahl von angeblich Asozialen und anderen Randgruppen, die unter dem Gesichtspunkt der Kriegstüchtigkeit eingesperrt, sterilisiert und zur Zwangsarbeit eingesetzt wurden.

Da die Nationalsozialisten den Krieg als eine rassische »Auslese« verstanden, wollten sie den Verlust der vermeintlich »Besten« im Kriegseinsatz kompensieren, und zwar einerseits durch die »Ausmerzung« der »Minderwertigen« und andererseits durch die gezielte »Aufnordung« der »germanischen Herrenrasse«. So wurden gleich bei Kriegsbeginn Anstrengungen unternommen, um die Zeugung und Aufzucht »rassereiner« Kinder zu fördern, die Mutter-Funktion und die Familien zu stärken sowie die Ansiedlung und Ausbildung von künftigen »Wehrbauern« zu ermöglichen.

Der Krieg wirkte in der Rassen- und Gesellschaftspolitik insgesamt als Faktor der Beschleunigung und Radikalisierung. Eroberung und Ausbeutung fremder Territorien boten die Chance, sehr viel radikaler als in Deutschland die Vorstellungen der Nationalsozialisten zur »Neuordnung« umzusetzen. Annektierte Gebiete wie der »Warthegau« galten als Experimentierfeld, um eine neue »Ordnung« zu schaffen, die dann später auf das »Altreich« übertragen werden sollte.

Kein historisches Ereignis hat die deutsche Gesellschaft in der jüngeren Geschichte so stark betroffen und verändert wie der Zweite Weltkrieg. Doch die Auswirkungen des Kriegs selbst dürften, vor allem in der zweiten Kriegshälfte und in der unmittelbaren Nachkriegszeit, größeren Einfluss gehabt haben als die gezielten Maßnahmen der Nationalsozialisten. Meist wurden nur Entwicklungen aufgegriffen und verstärkt sowie ideologisch untermauert. So setzte man die Aufwertung der Arbeiterschaft und des Mittelstands auch im Krieg fort, anfangs sogar unter Inkaufnahme von Mobilisierungsdefiziten (z.B. Aufweichung des Lohn- und Preisstopps, Förderung der Konsumgüterindustrie, gebremste Kriegsbesteuerung). Doch der ungünstige Kriegsverlauf

Gesetz zur Bildung des Deutschen Volkssturms vom 25. September 1944

Der »Volkssturm« sollte gemäß Hitler die regulären Truppen verstärken. Dessen militärische Bedeutung war aber aufgrund der schlechten Ausrüstung und mangelnden Ausbildung gering.

Dem uns bekannten totalen Vernichtungswillen unserer jüdisch-internationalen Feinde setzen wir den totalen Einsatz aller deutschen Menschen entgegen. Zur Verstärkung der aktiven Kräfte unserer Wehrmacht und insbesondere zur Führung eines unerbittlichen Kampfes überall dort, wo der Feind den deutschen Boden betreten will, rufe ich daher alle waffenfähigen deutschen Männer zum Kampfeinsatz auf. Ich befehle:

1. Es ist in den Gauen des Großdeutschen Reiches aus allen waffenfähigen Männern im Alter von 16 bis 60 Jahren der Deutsche Volkssturm zu bilden. Er wird den Heimatboden mit allen Waffen und Mitteln verteidigen, soweit sie dafür geeignet erscheinen.
2. Die Aufstellung und Führung des Deutschen Volkssturms übernehmen in ihren Gauen die Gauleiter. Sie bedienen sich dabei vor allem der fähigsten Organisatoren und Führer der bewährten Einrichtungen der Partei, SA, SS, des NSKK und der HJ [...]
4. Die Angehörigen des Deutschen Volkssturms sind während ihres Einsatzes Soldaten im Sinne des Wehrgesetzes.«

Quelle: Reichsgesetzblatt 1944, Teil I, S. 253 f.

zwang das NS-Regime dazu, schließlich auch der Arbeiterschaft härtere Belastungen aufzuerlegen und weiten Teilen des Mittelstands die Erwerbsgrundlage und Berufstätigkeit zu entziehen. Es war letztlich Hitler, der noch lange an einem primitiv-romantischem Frauenbild festhielt, während andere Funktionsträger darauf drängten, im Interesse der Rüstung die Arbeitspflicht für Frauen rücksichtslos umzusetzen. So blieben in Deutschland die Auswirkungen des Zweiten Weltkriegs auf die Berufstätigkeit und die Gleichberechtigung der Frauen geringer als im Ersten Weltkrieg.

Im Krieg konnte die Partei ihren Einfluss weiter verstärken, ihr Verständnis von Verwaltung im Sinne von »Menschenführung« durchsetzen. Auf der kommunalen Ebene übernahmen Parteigliederungen Aufgaben, die von der durch Einberufungen personell geschwächten Verwaltung nicht mehr geleistet werden konnten. Auf Länder- und Gau- sowie auf Reichsebene absorbierten Rivalitäten und Kompetenzkämpfe erhebliche Energien, obwohl der Krieg eigentlich eine straffe und vereinheitlichte Verwaltung erforderlich machte. Der bereits in der Vorkriegszeit entstandene Wildwuchs von »Sonderbeauftragten« war auch im Krieg kaum zu bremsen.

In eine Schlüsselstellung rückte Martin Bormann, indem er seinen Posten als Sekretär des »Führers« mit der Führung der Partei verbinden konnte. Durch die Kontrolle des Zugangs zum »Führer« bewahrte er den Einfluss der Partei und stärkte seine persönliche Stellung gegenüber den Rivalen in der NS-Führung. Deren Wettstreit um die Gunst Hitlers, um Macht und Einfluss hielt im Krieg unvermindert an.

In der Schlussphase des Kriegs übernahm es die Partei, als treibende Kraft die deutsche Gesellschaft in den Totalen Krieg zu führen. Lange Zeit hatten sich insbesondere die Gauleiter gegen die Mobilisierung aller Kräfte gewehrt. Nun wurden im Zusammenwirken von Goebbels und Bormann die bewährten Strategien zur innerparteilichen Mobilisierung aktiviert. Dazu gehörten Appelle, Aufmärsche, Plakataktionen und Ansprachen, die das Ziel hatten, die Einsatzbereitschaft noch einmal zu erhöhen. So konnten im Sommer 1944 mehr als 1,5 Millionen Menschen für den Stellungsbau und bis zu acht Millionen Männer für den Volkssturm mobilisiert werden. Die Zeit der »Schonung« der Volksgenossen zu Lasten fremder Völker war endgültig vorbei.

»Fremde« konnten während des Kriegs in dieser »Volksgemeinschaft« nur dann akzeptiert werden, wenn es sich um Angehörige befreundeter oder neutraler Staaten handelte. Und dennoch befanden sich nie zuvor und danach so viele Ausländer im Deutschen Reich wie zwischen 1939 und 1945. Quantitativ gesehen ersetzten sie den Teil der männlichen Bevölkerung, der zum Wehrdienst eingezogen worden war. Die »Hereinnahme« von »Gemeinschaftsfremden« war weder grundsätzlich noch in diesem Ausmaß in nationalsozialistischem Sinne. Daher stemmten sich Parteistellen und Sicherheitsdienst lange gegen diese Entwicklung, die allenfalls als kriegsbedingte Ausnahmesituation hingenommen wurde. Gerade das Problem der »Sicherheit«, vorrangig unter polizeilichem, aber auch rassischem Aspekt, erwies sich als Hindernis bei der Ausweitung des kriegsnotwendigen Arbeitseinsatzes ausländischer Kräfte. In diesem Spannungsverhältnis musste zumeist der »Führer« selbst für einen Ausgleich sorgen, mit dem er wohl den ökonomischen Zwängen Rechnung trug, aber zugleich auch die Befugnisse des Sicherheitsapparats erweiterte und den Terror gegen die Fremden verschärfte.

Der »Ausländer-Einsatz« blieb fest in den Händen der Partei. Die Pragmatiker der Wirtschaft konnten Bedarfsgrößen angeben, während Rekrutierung, Verteilung und »Betreuung« hauptsächlich dem neu geschaffenen Apparat von Gauleiter Fritz Sauckel und der »Deutschen Arbeitsfront« oblagen. Als Hitler die Parteilinke mit diesem Auftrag betraute, hoffte er wohl auf eine »gesunde« Abgrenzung innerhalb der Arbeiterschaft – zwischen den deutschen »Volksgenossen«, die als Vorgesetzte und Hilfswachmannschaften zusätzliche Aufstiegschancen erhielten, und den »Fremdarbeitern«, die innerhalb einer eigenen politisch-rassischen Hierarchie zumeist als Zwangsarbeiter vorübergehend im Reich lebten.

Kriegsgefangene spielten eine besondere Rolle. Im Ersten Weltkrieg hatte man Erfahrungen darin gesammelt, sie als ein Millionenheer von billigen Arbeitskräften zu benutzen. Auch im Zweiten Weltkrieg stellten sie neben den zivilen Zwangsarbeitern die größte Gruppe von Ausländern im Deutschen Reich. Rund zehn Millionen feindliche Soldaten wurden gefangengenommen. Davon landete die Hälfte in der Lagerorganisation des OKW. Der Rest verblieb im Operationsgebiet des Heeres, wurde entlassen oder konnte fliehen; 1942 durchschnittlich 10 000 monatlich, mit steigender Tendenz. 1944 wurden pro Monat 30 000 bis 40 000 Geflohene wieder eingefangen, wovon der größte Teil dann in das Wirtschaftsimperium der SS eingegliedert wurde.

Der »Preis« für den Einsatz von Kriegsgefangenen als Zwangsarbeiter (Offiziere unterlagen in Gefangenschaft gemäß Kriegsvölkerrecht keiner Arbeitspflicht, was die Nationalsozialisten bei sowjetischen und italienischen Offizieren nicht respektierten) war nicht gering. So mussten 240 000 Landesschützen, also ältere, nicht frontverwendungsfähige Soldaten, als Wachmannschaften sowie 480 000 Hilfswachmänner eingesetzt werden. Sie beaufsichtigten in etwa 250 Kriegsgefangenenlager im Reich mit zahllosen Arbeitskommandos. Der politisch und polizeilich gewünschte Einsatz großer Kolonnen war meist nicht möglich.

Die Lebens- und Überlebensmöglichkeiten gestalteten die Deutschen ganz unterschiedlich. Westliche Kriegsgefangene erhielten die völkerrechtlich vorgeschriebene Betreuung und wurden – zusätzlich zu den üblichen Rationen – überwiegend durch Hilfslieferungen des Internationalen Roten Kreuzes (IRK) versorgt, womit sie meist besser ernährt waren als der Durchschnitt der deutschen Bevölkerung. Sie genossen den Schutz durch das Kriegsvölkerrecht, was durch mögliche Repressalien der Feindmächte abgesichert war. Bei der unterschiedlichen Behandlung der einzelnen Gruppen spielte die NS-Rassenideologie insgesamt keine große Rolle. Die »minderwertigen« Griechen und Serben wurden entlassen, die »höherwertigen« wie Franzosen, Briten oder Amerikaner nicht.

Die Orientierung am Arbeitskräftebedarf stand erst in der zweiten Kriegshälfte im Vordergrund. Zuvor richtete man sich weitgehend am Kriegsvölkerrecht aus. Die verbrecherischen Befehle im Osten leiteten aber schon 1941 einen Kurswechsel ein. Er führte 1943 sogar zur Ermordung bisher verbündeter italienischer Soldaten, die sich der Entwaffnung widersetzten. Durch den steil ansteigenden Arbeitskräftebedarf setzte sich aber gleichzeitig eine allgemeine Tendenz zur Mäßigung bei der Behandlung von Kriegsgefangenen durch, die schließlich auch sowjetische Soldaten betraf. Dennoch sind

Geschätzte Gesamtzahl ausländischer Arbeiter 1939 bis 1945 und Überlebender 1945			
Rechtsstatus:	Gesamtzahl 1939 bis 1945	Todesfälle 1939 bis 1945	Überlebende Mitte 1945
Zivilarbeiter	8 435 000	490 000	7 945 000
Kriegsgefangene	4 575 000	1 115 000	2 575 000
KZ-Häftlinge	1 550 000	1 075 000	475 000
»Arbeitsjuden«	55 000	25 000	30 000
Gesamt	**13 480 000**	**2 455 000**	**11 025 000**

Quelle: [1.1] Das Deutsche Reich und der Zweite Weltkrieg, Bd 9/2, S. 575.

© MGFA
06655-02

rund 3,3 Millionen von ihnen im deutschen Gewahrsam ums Leben gekommen, davon wahrscheinlich ein Drittel im Arbeitseinsatz.

Bis 1942 konnten in verbündeten und besetzten Gebieten Freiwillige zur Arbeitsleistung in Deutschland gewonnen werden. Im Zuge der Verschlechterung der Kriegslage mussten die Deutschen auch zu Zwangsmaßnahmen greifen. Auf diese Weise stieg die Zahl der ausländischen Zivilarbeiter und Kriegsgefangenen bis Ende 1944 auf mindestens 8,2 Millionen. Dazu kamen rund 700 000 KZ-Häftlinge. Im Vergleich dazu betrug die Gesamtzahl der deutschen Arbeitskräfte Mitte 1944 etwa 23,2 Millionen. Die kriegsbedingte Ausweitung des »Ausländer-Einsatzes« ging mit einer zunehmenden Diskriminierung, Ausbeutung und Unterdrückung einher. Die Unterschiede zwischen KZ-Häftlingen auf der untersten Ebene und »Ostarbeitern« sowie italienischen Militärinternierten waren oft nur graduell. Völlig rechtlos waren auch die Häftlinge in den Arbeitserziehungslagern. Sklavenähnliche Lebens- und Arbeitsbedingungen mit extrem hoher Sterblichkeit betrafen neben den »Arbeitsjuden« vor allem die sowjetischen Kriegsgefangenen und Zwangsarbeiter.

Die Überlebensraten demonstrieren noch einmal das inhumane System, mit dem die deutsche Kriegsgesellschaft knapp 13,5 Millionen Ausländer während des Zweiten Weltkriegs absorbiert hat. Dieses System war als kriegsbedingte Ausnahmeerscheinung insofern ein Erfolg, als es im Sinne des NS-Regimes für eine Hochleistung der Kriegswirtschaft sorgte und zugleich drohende oder vermeintliche politische sowie polizeiliche Gefahren eingedämmt hat. Indem es die deutsche Kriegsgesellschaft zu schützen vorgab, hat es aber die Deutschen an der »Heimatfront« in ähnlicher Weise in die verbrecherische Kriegführung einbezogen wie die Soldaten an den militärischen Fronten.

Vernichtung, Terror und Widerstand

Eine Folge des Kriegs war der Bau immer neuer »Lager«. Die notdürftige Unterbringung von Teilen der Gesellschaft entsprach aber keineswegs
nur der militärischen und ökonomischen Lage, die dazu zwang, für Rekruten, dienstverpflichtete Arbeiter, Fremdarbeiter, Kriegsgefangene und
schließlich für die ausgebombte Bevölkerung Barackenlager und andere
Notunterkünfte einzurichten. Das »Lager« war ein durchaus auch positiv besetzter Begriff, der in der NS-Erziehung und Ideologie einen hohen Stellenwert hatte. Gemeinschaftserlebnis sollte sich in Zeltlagern der
Hitlerjugend, in den Baracken des Reichsarbeitsdienstes (RAD), bei den
Luftwaffenhelfern usw. entwickeln und den Zusammenhalt der »Volksgemeinschaft« während des Kriegs fördern.

Der Begriff »Lager« hatte aber auch eine dunkle Seite, weil er mit
Abgrenzung und Aussonderung verbunden war. Die Deutschen
waren daran seit 1933 gewöhnt, als die Nationalsozialisten nach der
Machtübernahme »Konzentrationslager« eingerichtet hatten. Sie lagen
keineswegs im Verborgenen und waren bekannt als Stätten des Terrors,
den die autonom agierende SS betrieb. Da sich der Terror scheinbar nur
gegen die innenpolitische Opposition und den kriminellen Bodensatz
der Gesellschaft richtete, waren diese Lager akzeptiert und fest in der
deutschen Gesellschaft verankert, auch wenn statt genauerer Kenntnis
meist Gerüchte kursierten. Der Krieg bewirkte in dieser Hinsicht anfangs nur eine stärkere Betonung der Sicherheitsfunktion, indem
nun auch vermehrt »Rassenfeinde« in die Lager eingeliefert wurden.
Massenmord und Vernichtung entwickelten sich zunächst vor allem
in den besetzten Gebieten, hier zumeist unter der Tarnung scheinbarer
Kriegsnotwendigkeiten und militärischer Sachzwänge. Sie begannen im
besetzten Polen 1940 durch die systematische Erfassung der männlichen
jüdischen Arbeitskräfte für den Bau von Befestigungsanlagen und setzten sich 1941 bei der Partisanenbekämpfung in den besetzten sowjetischen Gebieten fort. Mit dem Bau von Vernichtungslagern erreichte die
Entwicklung ihren Höhepunkt.

Der deutschen Bevölkerung war die Deportation der jüdischen
Mitbürger zum angeblichen »Arbeitseinsatz« nach Osten durchaus
zu vermitteln, nicht aber die Massentötung von behinderten und geis-
teskranken Menschen in Deutschland. Hier musste Hitler 1941 einen
Rückzieher machen, so wie auch die verbrecherischen Befehle, die
zur Ermordung der Politkommissare und zum Massensterben der sowjetischen Kriegsgefangenen führten, schrittweise zurückgenom-
men und modifiziert wurden. In diesem Zusammenhang erhielten
die Konzentrationslager der SS seit 1942 eine neue Funktion. In dem
Maße, wie das Reich in die Defensive gedrängt wurde, stieg die Zahl

▶ Abb. 12:
Reichspropagandaminister
Joseph Goebbels begrüßt in
Lauban (Niederschlesien) den
mit dem Eisernen Kreuz II aus-
gezeichneten 16-jährigen Willi
Hübner.
BArch/Bild 183-J31305

◀ Abb. 13:
Gauleiter Fritz Sauckel (links),
Generalbevollmächtigter für
den Arbeitseinsatz und als sol-
cher verantwortlich für die
Deportation und Organisation
von rund fünf Millionen
ausländischen (Zwangs-)
Arbeitskräften für das Deutsche
Reich, im Gespräch mit dem
Chef der Arbeitsbataillone der
Organisation Todt, Juni 1943.
bpk

▶ Abb. 14:
Führerhauptquartier »Wolfsschanze« in
Ostpreußen, 15. Juli 1942, von links: Stauffenberg,
Fromm, Hitler, Keitel.
akg-images

der Außenlager, um den wachsenden Bedarf an Arbeitskräften decken zu können. Es war das Ergebnis eines dynamischen Prozesses und entsprach keineswegs den ursprünglichen Intentionen Himmlers.

So war Deutschland während des Kriegs von einem Netz unzähliger Außenlager und Arbeitskommandos überzogen, innerhalb dessen ständig Hunderttausende von Zwangsarbeitern über die Straßen zu den Arbeitsstätten getrieben wurden. Spätestens hier konnten die Deutschen wahrnehmen, in welch elendem Zustand sich die KZ-Häftlinge befanden, und sich fragen, wohin die arbeitsunfähigen und kranken Häftlinge verschwanden. »Vernichtung durch Arbeit« war ein Konzept Himmlers, an dessen Ende diese Opfer zumeist in den Stammlagern und deren Krematorien landeten. Diesen Leidensweg gingen auch jene, die in den Lagern selbst aus politischen, sozialen oder rassischen Gründen »selektiert« und ermordet wurden. Zu ihnen gehörten außerdem zahlreiche andere Mordopfer aus Gefängnissen, Heilanstalten und Erziehungslagern sowie jene Neugeborenen von Fremdarbeiterinnen, die in speziellen Kinderheimen dem Tod durch Unterversorgung und Verwahrlosung preisgegeben wurden. Im Kampf gegen die vermeintlichen »Rasse- und Staatsfeinde« war die SS im Dritten Reich unübertroffen.

Sie konnte sich dabei auf den Polizeiapparat und den Sicherheitsdienst stützen, die schon vor dem Krieg zu Himmlers Machtbereich gehört hatten. Die formelle Übernahme des Reichsministeriums des Innern 1943 erweiterte lediglich die administrativen Möglichkeiten. Inwieweit der Terror von Polizei und Justiz das Verhalten der Deutschen beeinflusst hat, ist schwer zu ermessen. Der Krieg hat jedenfalls zu einer Verschärfung der Repression und dazu geführt, dass sich die Lager auch mit deutschen Häftlingen füllten. Restbestände des Rechtsstaates und richterlicher Unabhängigkeit wurden bei Kriegsbeginn weiter eingeschränkt und nach 1942 nahezu beseitigt. Der neue »Volksgerichtshof« bildete nur die Spitze einer Sondergerichtsbarkeit, die Verstöße gegen verschärfte oder neugeschaffene Straftatbestände unnachsichtig ahndete. Die Zahl der Todesurteile stieg während des Zweiten Weltkriegs in der Wehrmacht wie an der »Heimatfront« in Größenordnungen, die im Ersten Weltkrieg völlig unbekannt gewesen waren und lediglich vom Terror des Stalin-Regimes übertroffen wurden.

Die Instrumente der inneren Disziplinierung der »Volksgemeinschaft« waren vielfältig. Sie reichten von Ermahnungen über die Einweisung ins KZ bis zum Henkersbeil. Aber die kriegsbedingte Reduzierung des Personalbestands im Terrorapparat, ein Ergebnis der Ausweitung seiner Zuständigkeit auf die besetzten Gebiete, setzte einer effektiven Umsetzung der verschärften Kontrolle enge Grenzen. Hinzu kam die Überwachung von mehr als 13 Millionen Fremden im Reich. Die Lockerung der sozialen Bindungen im Krieg und die gesteigerte

Mobilität der Gesellschaft erschwerten die Arbeit des Sicherheitsapparats ebenso wie die Verschlechterung seiner Arbeitsbedingungen durch die Bombenangriffe ab 1942.

Die massenhafte Flucht von Zwangsarbeitern und Kriegsgefangenen ließ sich am Ende kaum noch eindämmen, obwohl man sich nicht scheute, zur Abschreckung furchtbare Exempel zu statuieren. Der Alptraum eines Aufstands blieb dem NS-Regime erspart, weil sich die Alliierten scheuten, durch eine massive Förderung des Widerstands womöglich ein Blutbad zu provozieren. Dennoch bildete sich in den letzten Kriegswochen in manchen Großstädten ein Untergrund von entflohenen Kriegsgefangenen und Fremdarbeitern. Selbst »Volksgenossen« entzogen sich zunehmend der Kontrolle. Besonders argwöhnisch wurden »Disziplinlosigkeiten« unter Jugendlichen beobachtet und mit allen Mitteln bekämpft. Mit der Auflösung der Wehrmacht kam die Jagd auf Deserteure hinzu.

Die Nationalsozialisten waren sich bewusst, dass die Westmächte auf einen inneren Umsturz in Deutschland wie 1918 hofften. Da die unerwarteten militärischen Erfolge in der ersten Kriegshälfte die Zustimmung zum Regime in allen Teilen der Bevölkerung sogar noch steigerte, hätten politische Widerstandsbewegungen aber keinen Widerhall oder gar die Unterstützung zu einem Umsturz finden können. So schwach wie zu Beginn des Zweiten Weltkriegs war der deutsche Widerstand zu keiner anderen Zeit.

Die traditionellen Gegner des Nationalsozialismus wie Sozialdemokraten und Kommunisten bedeuteten keine ernstzunehmende Gefahr für das Regime. Sie konnten sich allenfalls unter dem erhöhten Verfolgungsdruck bemühen, Kontakte aufrechtzuerhalten, was durch die Einberufung ihrer Anhänger zum Wehrdienst zusätzlich erschwert wurde. Die Gruppe um den Luftwaffenoffizier Harro Schulze-Boysen (»Rote Kapelle«) leistete innerhalb des kommunistischen Widerstands zwar die erfolgreichste Arbeit und thematisierte in einzelnen Flugblättern die deutschen Verbrechen, aber ihr Widerhall in der Bevölkerung blieb gering. Ihren größten Nutzen für Moskau erbrachte sie durch ihre Spionagetätigkeit in Berlin, bis sie Ende August 1942 aufflog. Da es – anders als 1918 – keine handlungsfähige Basis für einen Volksaufstand in Deutschland gegeben hat, kam jenem Widerstand besondere Bedeutung zu, der sich innerhalb der Führungselite und in jenen Bevölkerungsschichten entwickelte, die sich aufgrund der Teilidentität von Zielen den Nationalsozialisten zunächst durchaus geöffnet hatten.

In bürgerlichen und konservativen Kreisen hatte es vereinzelt schon vor dem Krieg Kritik am Regime gegeben. Manche reaktionären Politiker erkannten durchaus den sozialrevolutionären Drang innerhalb der NSDAP und setzten daher auf den Umsturz. Andere zivile

Gruppierungen wie der »Kreisauer Kreis«, der späteren Verschwörung vom 20. Juli 1944 am nächsten stehend, lehnten einen Umsturz eher ab, weil sie eine neue Dolchstoßlegende vermeiden wollten. Die Nazis sollten sich aus ihrer Sicht durch den Krieg selbst gründlich ruinieren, weshalb es darauf ankam, für das Deutschland nach der Niederlage Planungen anzustellen. Unter den Bedingungen der Kriegsgesellschaft konnte sich jedenfalls keine einheitliche Widerstandsbewegung bilden. Doch der drohende Krieg, seine folgenden Exzesse sowie die sich abzeichnende Niederlage rückten zwangsläufig das Militär in den Mittelpunkt, denn allein ein Widerstand innerhalb der militärischen Führungselite konnte Machtmittel in die Hände bekommen, die geeignet waren, das NS-Regime zu stürzen.

Nur eine kleine Gruppe mit starker sozialer und politischer Kohäsion hatte vielleicht eine Chance, der Aufdeckung durch die Gestapo zu entgehen und durch lose, individuelle Kontakte Gleichgesinnte in Schlüsselpositionen zur Mitwirkung zu gewinnen. Neben Generalstabsoffizieren gehörten zwangsläufig Diplomaten und Geheimdienstler zu den bevorzugten Partnern. Man musste Strukturen und Männer des Regimes für sich nutzbar machen, was in der späteren politischen und historischen Bewertung oft missverstanden worden ist, zumal sich die Rekonstruktion dieser konspirativen Tätigkeit, von den Berichten weniger Überlebender abgesehen, im Wesentlichen auf Polizeiakten und andere systemkonforme Quellen abstützt.

Die ersten Ansätze zu einem militärischen Staatsstreich 1938/39 waren hauptsächlich von fachlichen Motiven geprägt gewesen. Den drohenden Krieg zu verhindern, das verband sich im kleinen Kreis von Generalen mit politischen, religiösen und moralischen Argumenten. Zudem wollte man durch die Verhaftung Hitlers das NS-Regime zum Einsturz bringen. Wie auch später im Krieg wollte der nationalkonservativ geprägte Widerstand, bei allen unterschiedlichen Nuancen einzelner Gruppen und Personen, durch eine vorübergehende Militärdiktatur keineswegs einer Rückkehr der Demokratie den Weg bahnen, schon gar nicht nach dem Vorbild der Weimarer Republik. Die geplante »Revolution von oben« zielte auf die Beseitigung von »Fehlentwicklungen« durch den Nationalsozialismus, aber ebenso auf die Wiederherstellung des Rechtsstaates und einer parlamentarischen Volksvertretung, so schillernd manche Vorstellungen hierüber auch gewesen sein mögen.

Der Generalswiderstand war nach dem Münchener Abkommen still in sich zusammengebrochen, belebte sich aber noch einmal im Herbst 1939, als Hitler nach dem Polenfeldzug den Angriff auf Frankreich befahl. Erneut gab die militärfachliche Kritik den Ausschlag, um innerhalb der Heeresführung die Bereitschaft zu einem Staatsstreich zu fördern. Die Empörung über die in Polen von der SS verübten Gräueltaten hielt dagegen nicht lange vor. Viel gewichtiger war auch in diesem Zusammenhang, die Autonomie der Militärführung gegenüber der politischen Leitung wiederzugewinnen. Das allein schon hätte natürlich einen Systemwandel herbeiführen können. Über das Ausmaß der einzusetzenden Gewalt – bis hin zum Tyrannenmord – bestand ebensowenig Einigkeit wie über die Gültigkeit des Eides, über die wohl mancher besonders deshalb gern diskutierte, weil die Frage, bei aller Sympathie für die Verschwörer, bequeme Rückzugsmöglichkeiten eröffnete. Selbstverständlich darf man mit Rücksicht auf die Bedeutung für das soldatische Selbstverständnis die Frage des Eides auch nicht unterschätzen, und man sollte nicht übersehen, was es für Offiziere bedeutete, im Krieg einen militärischen Staatsstreich zu planen.

Das Zögern der Generale begründete sich unter anderem mit der Einschätzung, dass man im jüngeren Offizierkorps sowie bei den Mannschaften keine Unterstützung finden werde. Nach einem möglichen Putsch musste die Truppe aber »unter allen Umständen intakt und schlagkräftig erhalten bleiben, damit nach Beseitigung des nationalsozialistischen Regimes kein Vakuum entstand und erträgliche Friedensbedingungen durchgesetzt werden konnten«, so Generalrichter Karl Sack. Die Heeresführung ließ 1939/40 die Gelegenheit verstreichen, den Zweifel an Hitlers Angriffsbefehl zu einem Putsch zu nutzen. Die außenpolitischen Vorstellungen, die, gedeckt durch die militärische Abwehr des Admirals Wilhelm Canaris, mit Hilfe von Emissären den Westmächten übermittelt wurden, waren für den Gegner ohnehin nicht akzeptabel. Das »Großdeutsche Reich« mit seinen militärischen Gewinnen sollte durchaus erhalten bleiben – Illusionen, die auch noch vor dem Attentat am 20. Juli 1944 weithin bestanden.

Nach dem glänzenden Sieg über Frankreich löste sich die Generalsopposition weitgehend auf. Der militärische Widerstand organisierte sich erst nach dem Scheitern des »Unternehmens Barbarossa« Ende 1941 und wurde nun hauptsächlich von Obristen getragen. Auch die Gruppe um Stauffenberg und Henning von Tresckow blieb notgedrungen eine kleine Minderheit im Offizierkorps. Durch die Kenntnis der nationalsozialistischen Massenverbrechen im Osten war ihre Haltung radikaler und entschlossener sowie moralischer geworden. Da Hitler die militärische Kriegführung immer stärker selbst in taktisch-operativen Einzelheiten bestimmte und das Versagen der Generalität beklagte, stießen die Verschwörer mit fachlichen Argumenten eher auf offene Ohren, wenn sie Mitwisser und aktive Unterstützer zu gewinnen versuchten.

Rückschläge blieben nicht aus, weil einige Pläne für eine Verhaftung oder Tötung Hitlers, die im Stab der Heeresgruppe Mitte im Umfeld von Tresckow entstanden, misslangen oder nicht ausgeführt werden konnten. Stauffenberg entwickelte sich zum wichtigsten Motor und

Organisator des Staatsstreichs. Er setzte auf den »Walküre«-Plan, den Hitler für den Fall innerer Unruhen entwickeln ließ. Wenn das geplante Attentat auf Hitler gelingen würde, konnte mit dem Stichwort »Walküre« ganz unverdächtig das Heimatheer mobilisiert werden, ohne dass die Beteiligten in den Wehrkreiskommandos zunächst ahnten, dass sie für einen Staatsstreich instrumentalisiert wurden. Für die neue Regierung waren auch Zivilisten vorgesehen, aber es fehlte hier ebenso an bekannten und prominenten Namen wie für eine neue Wehrmachtführung. Die Verschwörer vertrauten darauf, dass nach einem erfolgreichen Attentat und der Machtübernahme durch die Wehrmacht angesehene Männer wie etwa Erwin Rommel andere schon »mitziehen« würden.

Aber Stauffenberg geriet ab dem Frühjahr 1944 unter Zeitdruck. Die Vorbereitungen mussten ständig modifiziert werden, und die Gestapo arbeitete sich immer näher heran. Mit der Landung der Alliierten in der Normandie und der sowjetischen Großoffensive im Juni drohte zudem die militärische Lage außer Kontrolle zu geraten. Von denen, die noch Zugang zu Hitler hatten, war keiner zum Selbstopfer bereit. Stauffenberg selbst musste die Ausführung des Attentats übernehmen, war aber durch die Ernennung zum Chef des Stabes beim Befehlshaber des Ersatzheeres zugleich unentbehrlich geworden, sodass er den »Walküre«-Plan in Berlin nicht umzusetzen vermochte. Die Risiken für den Erfolg des Unternehmens stiegen damit beträchtlich. Zwei Versuche am 6. und 15. Juli konnten nicht realisiert werden. Schließlich kam es am 20. Juli 1944 zur Tat.

Das Ergebnis ist bekannt. Die von Stauffenberg plazierte Bombe im Führerhauptquartier »Wolfsschanze« in Rastenburg reichte in ihrer Wirkung nicht aus, Hitler zu töten. Der Diktator überlebte schwerverletzt. Stauffenberg, dem es rechtzeitig vor der Detonation gelang, das Flugzeug nach Berlin zu erreichen, musste nach seiner Ankunft am späten Nachmittag feststellen, dass die Mitverschwörer in der Bendlerstraße die vorbereiteten Maßnahmen nur zögerlich ausgelöst hatten. Nur in Paris hatte der Umsturz funktioniert.

Die Gegenbewegung ging von Offizieren im Bendlerblock selbst aus, fand in Goebbels einen energischen Mitstreiter und im umgeleiteten Wachbataillon ein exekutives Instrument. Stauffenberg und drei seiner Mitverschwörer wurden auf dem Hof erschossen. Generaloberst Beck zwang man zum Selbstmord, wie später auch Rommel, obwohl sich seine Rolle im Widerstand nicht klären ließ. Mit einer beispiellosen Verhaftungswelle, mit Schauprozessen und stillen Mordaktionen sorgte das NS-Regime in den letzten Kriegsmonaten dafür, dass die »Gegenelite« im Lande nach Kräften ausgerottet wurde. Die Gegenbewegung der Linientreuen wurde genutzt, um die Entmachtung des Heeres zu vollenden und durch Mittel wie die Einführung der

Fernschreiben der Widerstandsgruppe um Claus Graf Schenk von Stauffenberg an die Inhaber der vollziehenden Gewalt am Tag des Attentats auf Hitler

Am Donnerstag, dem 20. Juli 1944, flog Stauffenberg, Stabschef beim Befehlshaber des Ersatzheeres, zu einer Lagebesprechung ins ostpreußische Führerhauptquartier »Wolfsschanze«. Dort zündete er eine Sprengstoffladung. Zurück in Berlin, wollte er, fest im Glauben an ein erfolgreiches Attentat auf Hitler, den Staatsstreich vollenden. Als Grund für die geplante Machtübernahme sollte die Ermordung Hitlers durch eine fiktiven Gruppe von Parteifunktionären herhalten. Der Staatsstreich misslang, Stauffenberg wurde noch in derselben Nacht erschossen. Gezeichnet ist das Fernschreiben von Generalfeldmarschall Erwin von Witzleben, der als neuer Oberbefehlshaber der Wehrmacht vorgesehen war. Witzleben wurde nach einem Schauprozess am 8. August 1944 zum Tode verurteilte.

Der Führer Adolf Hitler ist tot!

I. Eine gewissenlose Clique frontfremder Parteiführer hat es unter Ausnutzung dieser Lage versucht, der schwerringenden Front in den Rücken zu fallen und die Macht zu eigennützigen Zwecken an sich zu reißen.

II. In dieser Stunde höchster Gefahr hat die Reichsregierung zur Aufrechterhaltung von Recht und Ordnung den militärischen Ausnahmezustand verhängt und mir zugleich mit dem Oberbefehl über die Wehrmacht die vollziehende Gewalt übertragen.

III. Hierzu befehle ich:

1. Ich übertrage die vollziehende Gewalt – mit dem Recht der Delegation auf die territorialen Befehlshaber – in dem Heimatkriegsgebiet auf den Befehlshaber des Ersatzheeres unter gleichzeitiger Ernennung zum Oberbefehlshaber im Heimatkriegsgebiet [...]

3. Die gesamte Waffen-SS ist mit sofortiger Wirkung in das Heer eingegliedert.

4. Die Inhaber der vollziehenden Gewalt sind für Aufrechterhaltung der Ordnung und öffentlichen Sicherheit verantwortlich. Sie haben insbesondere zu sorgen für:

   a) die Sicherung der Nachrichtenanlagen
   b) die Ausschaltung des SD.

   Jeder Widerstand gegen die militärische Vollzugsgewalt ist rücksichtslos zu brechen.

5. In dieser Stunde höchster Gefahr für das Vaterland ist Geschlossenheit der Wehrmacht und Aufrechterhaltung voller Disziplin oberstes Gebot.

Ich mache es daher allen Befehlshabern des Heeres, der Kriegsmarine und der Luftwaffe zur Pflicht, die Inhaber der vollziehenden Gewalt bei Durchführung ihrer schwierigen Aufgabe mit allen zu Gebote stehenden Mitteln zu unterstützen und die Befolgung ihrer Weisungen durch die untergeordneten Dienststellen sicherzustellen. Der deutsche Soldat steht vor einer geschichtlichen Aufgabe. Von seiner Tatkraft und Haltung wird es abhängen, ob Deutschland gerettet wird.

Quelle: »Spiegelbild einer Verschwörung«. Die Opposition gegen Hitler und der Staatsstreich vom 20. Juli 1944 in der SD-Berichterstattung. Geheime Dokumente aus dem ehemaligen Reichssicherheitshauptamt. Hrsg. von Hans-Adolf Jacobsen, Bd 1, Stuttgart 1984, S. 24 f.

»Sippenhaft« die Repression erheblich auszuweiten. Nur vereinzelt kam es in den letzten Kriegstagen noch einmal zu vergeblichen
Widerstandsaktionen wie etwa in München Ende April 1945.

Über das Scheitern des Widerstands ist immer wieder kontrovers diskutiert worden. Jeder Hinweis auf individuelles Versagen oder fragwür-
dige Haltungen greift zu kurz. Die Wehrmacht stand nun einmal sogar
im Sommer 1944 noch weitgehend hinter dem »Führer« und nicht hinter den Verschwörern. Bei aller Kriegsmüdigkeit waren der Vormarsch
der Roten Armee und die Forderung nach bedingungsloser Kapitulation
durch die Alliierten durchaus geeignet, den Kampfeswillen zu steigern. Das Bewusstsein der deutschen Verbrechen mochte bei manchen
ebenfalls mitschwingen. Damit war die Wehrmacht ein Spiegelbild der
Gesellschaft, in der das Attentat weithin abgelehnt wurde.

Selbst die westlichen Alliierten hatten sich gegenüber allen
Kontaktversuchen durch die Verschwörer zurückhaltend bis ableh-
nend gezeigt. Deshalb sind auch Mutmaßungen über den denkbaren
Kriegsverlauf nach einem erfolgreichen Umsturz obsolet. Die Alliierten
waren mehr an einem schnellen Zusammenbruch Deutschlands interessiert als an der Möglichkeit, mit einer Anti-Hitler-Regierung in
Deutschland über ein Ende des Kriegs zu verhandeln. Am Ende hatte
wohl Tresckow recht, wenn er meinte: »Das Attentat auf Hitler muss
erfolgen, coûte que coûte. Sollte es nicht gelingen, so muss trotzdem der Staatsstreich versucht werden. Denn es kommt nicht mehr
auf den praktischen Zweck an, sondern darauf, dass die deutsche
Widerstandsbewegung vor der Welt und vor der Geschichte unter
Einsatz des Lebens den entscheidenden Wurf gewagt hat. Alles andere
ist daneben gleichgültig« (6.6 Schlabrendorff, S. 109).

Die Hoffnung, damit ein moralisches Zeichen zu setzen, ist erst
sehr spät in Erfüllung gegangen. In der Nachkriegszeit hatten die
Überlebenden des Widerstands lange auf ihre Anerkennung zu warten, und zwar ganz gleich, ob sie aus dem zivilen Untergrund stammten,
aus den Gefängnissen und Konzentrationslagern gerettet wurden oder
dem militärischen Milieu verbunden waren. Das Attentat vom 20. Juli
1944 wurde zum Symbol für den »Aufstand des Gewissens« eines anderen Deutschlands, zu dem auch jene nationalkonservativen Kreise des
Widerstands gehörten, die während des Zweiten Weltkriegs mehrfach
daran scheiterten, ihre Chance zu einem Umsturz zu nutzen, um den
Weg in den Krieg zu verhindern, das verbrecherische NS-Regime aus eigener Kraft zu beseitigen und den Krieg früher zu beenden.

Der »Krieg der Fabriken«

Der Erste Weltkrieg hatte gezeigt, dass es im »Krieg der Fabriken« in besonderer Weise darauf ankam, die industriellen, technischen und wissenschaftlichen Fähigkeiten einer Nation zu mobilisieren. Sie konnten in begrenztem Maße personelle oder materielle Unterlegenheit ausgleichen und das Glück der Feldherren wenden helfen. Im Großen und Ganzen bestimmten im Zweiten Weltkrieg jene Waffen das Bild, die bereits im Ersten Weltkrieg vorhanden waren. Doch die Materialschlacht wurde nun hauptsächlich durch den Motor bestimmt. Panzer und Flugzeuge hatten zwischen 1914 und 1918 die angreifende Infanterie lediglich unterstützt, jetzt kämpfte die Masse der Soldaten in beweglichen Fronten dort, wo ihr Panzerverbände und Flugzeuggeschwader den Weg bahnten. Die Motorisierung löste die Kriegführung von den Eisenbahnlinien und sorgte für eine enorme Beschleunigung der militärischen Entscheidungsprozesse.

In Deutschland hatten die Verantwortlichen darauf vertraut, dass die überlegene Industriemacht des Kontinents den Rüstungswettlauf sowohl quantitativ als auch qualitativ durchzuhalten imstande sei. Andere europäische Armeen traten in den Zweiten Weltkrieg mit einer Masse veralteten Geräts ein, während die Wehrmacht über den Vorteil verfügte, neue Waffen einsetzen zu können, die in der kurzen Aufrüstungsphase produziert worden waren. Aber gerade beim Panzer- und Flugzeugbau hatte man sich entschlossen, die Ende der Dreißigerjahre einsatzfähigen Modelle in größeren Zahlen zu produzieren, die bis 1940/41 zwar die Anforderungen erfüllten, dann aber durch neuere technische Entwicklungen und Erfahrungen überholt wurden.

Die deutsche Kriegswirtschaft

In vier Jahren solle die Wirtschaft kriegsbereit sein – diese Forderung hatte Hitler in seiner geheimen Denkschrift zum Vierjahresplan 1936 erhoben. Als er den Zweiten Weltkrieg schon drei Jahre später begann, zeigte er sich zuversichtlich, dass Deutschland – anders als 1914 – mit einer wohl vorbereiteten Wirtschaft den Kampf um die Weltherrschaft aufnehmen konnte. Im europäischen Maßstab betrachtet hatte das Reich als eine moderne Industriemacht eine weit überlegene Position erreicht. Im globalen Rahmen lagen aber die USA an der Spitze, deren Eingreifen bereits den Ersten Weltkrieg entschieden hatte. Auch die anderen Großmächte wie das Britische Empire und die Sowjetunion übertrafen in manchen Bereichen die deutsche Produktionskraft. Dafür hatte Deutschland einen entscheidenden Vorsprung bei der Aufrüstung und der Vorbereitung der wirtschaftlichen Mobilmachung vorzuweisen.

Im Rückblick lässt sich natürlich leicht errechnen, dass das Reich hinter den Ressourcen der späteren Anti-Hitler-Koalition von Anfang an weit zurückstand. Insoweit hatte Hitler nie eine reale Chance, den »Krieg der Fabriken« zu gewinnen. Doch in den ersten zwei Kriegsjahren existierte diese Koalition noch gar nicht. Sie fand sich erst durch Hitlers fehlgeschlagenen Blitzkrieg gegen die UdSSR zusammen. Bis Ende 1941 vermochte er sein Potenzial beständig zu erweitern, zuerst mit Unterstützung Stalins, dann durch den Angriff auf ihn. Nach Hitlers fester Überzeugung würde die deutsche »Großraumwirtschaft« erst durch die Eroberung der russischen Ressourcen den Durchbruch zur Weltmacht erreichen.

In der Phase der Blitzfeldzüge nutzte Hitler den Rüstungsvorsprung. Aber es gelang ihm nicht, diesen weiter auszubauen oder zumindest zu halten. Auch die inneren Spannungen und Engpässe in der deutschen Kriegswirtschaft konnten nicht gelöst werden, trotz der Beute, die der Raubzug durch Europa einbrachte. Im Gegenteil, schon vor der Kriegswende im Dezember 1941 befand sich Deutschland in einer schweren wirtschaftlichen Krise. Ihre ersten Anzeichen waren in der Erwartung eines raschen Sieges im Osten weitgehend verdrängt worden. Wesentliche Ursachen für die Krise lagen in der zögerlichen Umstellung der Wirtschaft auf die Kriegsbedürfnisse sowie in dem festgefahrenen Streit um die Führung der Kriegswirtschaft.

Immer wieder gab Hitler der Neigung nach, den mühsam gedrosselten zivilen Verbrauch freizugeben und die Bevölkerung an den Früchten der Siege teilhaben zu lassen. Große Teile der Wirtschaft hielten ihre zivile Fertigung aufrecht, um nach dem erwarteten baldigen Kriegsende wieder Kunden und Märkte bedienen zu können. Da die Gauleiter nur für die positive Stimmung der Bevölkerung in ihren Regionen zuständig waren, verhinderten sie nach Kräften wirtschaftliche Zwangsmaßnahmen und Veränderungen. Wiederholte Bemühungen der kriegswirtschaftlichen Lenkungsorgane, die Umstellung auf die Kriegsbedürfnisse zu forcieren, blieben im Dickicht einer unübersichtlichen Bürokratie, im Wirrwarr der Kompetenzen und politischer Direktiven stecken.

Das System der militärischen Kommandowirtschaft bildete bis Ende 1941 ein wichtiges Hindernis für die Erhaltung des Rüstungsvorsprungs. Seit 1924 hatte sich eine kleine Gruppe von Offizieren darauf vorbereitet, die Rüstungsproduktion zu steuern und im Kriegsfall das Kommando über die Kriegswirtschaft zu übernehmen, um so den Vorrang militärischer Bedürfnisse sicherzustellen. Aus den Erfahrungen des Ersten Weltkriegs war die Forderung nach einer noch stärkeren

Militarisierung der Wirtschaft abgeleitet worden. Neben den mächtigen Waffenämtern der Wehrmachtteile hatte sich am Vorabend des Kriegs im OKW das Wehrwirtschafts- und Rüstungsamt unter der Führung von General Georg Thomas etabliert. Das Amt verstand sich als wirtschaftlicher Generalstab und dirigierte über seine Außenstellen die Rüstungsbetriebe.

Mit seinen Denkschriften und Berechnungen versuchte Thomas, der zeitweise zum militärischen Widerstand gehörte, Einfluss auf die Kriegführung zu nehmen. Hitler ließ sich von den teilweise pessimistischen Lagebeurteilungen nicht beeinflussen. Sie bestärkten ihn vielmehr in der Absicht, eine schnelle Entscheidung des Kriegs zu erreichen und das, was er für die Rüstung brauchte und im eigenen Lande nicht oder nur unter Mühen mobilisieren konnte, durch Eroberung sicherzustellen.

Von Rationalisierung war in der Phase der Blitzkriege nicht ernsthaft die Rede. Solange der Machtkampf um die Führung der Kriegswirtschaft nicht entschieden war, nutzten die Betriebe die Chance, stille Reserven zu schaffen und sich zivile Absatzmärkte zu erhalten. Das Bemühen von General Thomas um eine militärische Kontrolle der Kriegswirtschaft fand schon innerhalb der Wehrmacht keinen starken Rückhalt. Hitler selbst war nicht bereit, seinen Militärs größere Kompetenzen zu überlassen, weil er davon überzeugt war, dass Offiziere den »Schlichen« von Unternehmern nicht gewachsen seien. So konnte Reichswirtschaftsminister Walther Funk die Aufsicht über die zivile Wirtschaft und die Kriegsfinanzierung behalten. Auch ein wirksamer Druck auf die Partei, die Friedensbauten zugunsten der Rüstung einzustellen, wurde nicht ausgeübt.

Der »zweite« Mann im NS-Regime, Hermann Göring, verstand sich als »Wirtschaftsdiktator« und verfügte mit den Autarkieprojekten des »Vierjahresplans, mit der rasant wachsenden Luftrüstung sowie mit seinen halbstaatlichen »Reichswerken Hermann Göring« über ein Wirtschaftsimperium. Durch die Überlastung mit seinen militärischen Aufgaben war der korrupte Vertraute Hitlers nicht in der Lage, seine Wirtschaftskompetenzen wirkungsvoll und beständig wahrzunehmen.

So fehlte es bis 1942 an einer arbeitsfähigen zentralen Planung und Steuerung der deutschen Kriegswirtschaft. Daraus haben nicht zuletzt die Unternehmer Nutzen gezogen, deren Einfluss auf die Politik oft überschätzt worden ist. Ihnen ist es wohl gelungen, von den Expansionschancen, die sich während des Kriegs boten, zu profitieren, aber nach der Wende des Kriegs sind sie auf eine stille Distanz zum Regime gegangen und haben die eigenen betrieblichen Interessen oft auch gegen die politischen Direktiven zu bewahren verstanden.

Die sogenannte Munitionskrise führte im März 1940 überraschend zur Ernennung von Fritz Todt zum Reichsminister für Bewaffnung und Munition. Der Chef des Nationalsozialistischen Bundes Deutscher Technik (NSBDT) hatte mit großem Erfolg die spektakulären Befestigungslinien des Reiches gebaut. Seine »Organisation Todt« dirigierte Hunderttausende von Bauarbeitern, die nun teilweise in die Rüstung überführt werden konnten und im Baubereich durch Zwangsarbeiter ersetzt wurden. Todt gelang es in kurzer Zeit, den militärischen Führungsanspruch im Bereich Panzerbau und Munitionsherstellung zurückzudrängen und die Industriellen stärker in die Verantwortung einzubeziehen. Er zielte darauf ab, Ordnung in die Auftragsplanung zu bringen und mit Hilfe seiner Ingenieure Leistungsreserven in den Rüstungsbetrieben aufzuspüren. Todt erkannte auch, dass mit dem rigiden Preissystem der Wehrmacht kein ausreichender finanzieller Anreiz zur rationellen Massenfertigung für die Unternehmer geboten wurde.

Als Minister errang er begrenzte Erfolge, weil er nur in einem engen Sektor der Heeresrüstung tätig sein konnte und Görings Imperium unangetastet ließ. Der überraschende Erfolg der Westoffensive nahm seinen Bemühungen den Schwung, weil Hitler einerseits die zivile Versorgung wieder ankurbeln wollte und sich andererseits die Wehrmacht auf ein neues Rüstungsprogramm verständigte. Durch Umverteilungen und Dringlichkeiten sollten Steigerungen bei Rüstungsengpässen erreicht werden, ohne den zivilen Bereich stärker bedrängen zu müssen. Das Hauptthema dort waren hektische Friedensplanungen: Unternehmen und Wirtschaftsverbände bereiteten sich auf eine »Großraumwirtschaft« unter deutscher Führung vor, die vom Nordkap bis nach Afrika, vom Atlantik bis zum Ural reichen sollte.

Politische Signale, die zu einer weitergehenden Umstellung auf die Kriegsbedürfnisse ermutigten, fehlten also. Die Wehrmacht arbeitete selbst schon an Plänen zur Demobilmachung. Aufträge, die sie nicht mehr im Reich unterbringen konnte, wurden ins Ausland verlagert. Fast 400 000 Soldaten schickte man als »Rüstungsurlauber« in die Betriebe; sie sollten neue Waffen für den Überfall auf die Sowjetunion schaffen. Das schien notwendig zu sein, weil die administrativen Maßnahmen zur Umsetzung ziviler Arbeitskräfte in die Rüstungsproduktion nicht so recht vorankamen. Die Zahl der als »unabkömmlich« eingestuften Arbeiter stieg von 1,7 Millionen bei Kriegsbeginn auf 5,6 Millionen im September 1941! Das größte Hindernis zur Entspannung des Arbeitsmarktes blieb Hitlers Abneigung gegen die Arbeitspflicht für Frauen.

Die Illusion eines kurzen Blitzkrieges im Osten schürte die Erwartung, dass die leidigen Verteilungskämpfe und Einschränkungen in der Kriegswirtschaft bald beendet sein würden. In völliger Fehleinschätzung der Kräfteverhältnisse war die Produktion schon vor Angriffsbeginn

Die deutsche Panzerproduktion 1940 bis 1944

Jahr	leichte Panzer		mittelschwere und schwere Panzer		Gepanzerte Fahrzeuge insgesamt		Gepanzerte Fahrzeuge insgesamt (Gefechtsgewicht)	
	Stück	%*	Stück	%*	Stück	%*	t	%*
1940	795	100	1 359	100	2 154	100	37 235	100
1941	2 263	285	2 875	212	5 138	239	83 188	223
1942	3 614	455	5 673	417	9 278	431	140 454	377
1943	7 927	995	11 897	875	19 824	920	369 416	992
1944	10 012	1 264	17 328	1 275	27 340	1 269	622 322	1 671

* 1940 = 100%

Quelle: [7.2] Eichholtz, Bd 2, S. 336.

© MGFA
06802-02

auf den Vorrang von Marine- und Luftrüstung umgestellt worden. Für die Zeit nach »Barbarossa« verfolgten alle Wehrmachtteile gigantische Rüstungspläne, während in der Realität die Rüstungsproduktion stagnierte. In Großbritannien hatte man im Gegensatz dazu ein Ausmaß an Mobilisierung erreicht, von dem Deutschland noch weit entfernt war. Auch in den USA erreichte die Rüstungsmaschinerie hohe Steigerungsraten.

Dieser eklatante Widerspruch in der deutschen Kriegswirtschaft ging mit internen Spannungen und Versorgungsengpässen einher. Viele zivile Betriebe hatten ihre Vorräte verbraucht und mussten ihre Produktion einschränken. Die schleichende Inflation, durch den Warenmangel verschärft, ließ sich nur schwer verbergen. Hitler wies alle Vorschläge zu einer höheren Besteuerung der eigenen Bevölkerung zurück. Die eroberten Ostgebiete sollten die Kriegskosten amortisieren. Der erhoffte Strom von Rohstoffen und Nahrungsmitteln aus dem Osten erwies sich aber nur als Rinnsal, und von der Rückkehr der Soldaten an die Werkbänke konnte im Herbst 1941 keine Rede mehr sein. Dafür zeichnete sich der Kriegseintritt der USA ab, mit dem das Kräfteringen unabsehbare Ausmaße annehmen würde. Die Rüstungsplanung der Wehrmacht war völlig aus den Fugen geraten und behinderte die Betriebe, deren Ausstoß kaum noch ausreichte, um die steigenden Verluste auszugleichen.

Eine radikale Umstellung der deutschen Rüstungspolitik war nicht mehr zu umgehen. Dazu bedurfte es der Herausbildung eines neuen Machtzentrums. Todt hatte bereits die Weichen gestellt. Sein überraschender Tod brachte am 8. Februar 1942 den jungen Albert Speer auf eine kometenhafte Bahn. Hitler ernannte den ihm persönlich nahestehenden Architekten zum neuen Rüstungsminister und verlieh ihm jede gewünschte Rückendeckung. Speers Name verbindet sich mit einem »Rüstungswunder«, das Hitler die Fortsetzung des Kriegs für mehr als drei Jahre ermöglichte.

Die deutsche Flugzeugproduktion 1939 bis 1945

Jahr	Bomben- flugzeuge		Jagd- flugzeuge		Schlacht- flugzeuge		Aufklärungs- flugzeuge		Strahl flugzeuge		Flugzeug- produktion insgesamt	
	Stück	%*	Stück	%*	Stück	%*	Stück	%*	Stück	%**	Stück	%*
1939	737	100	605	100	134	100	163	100	-	0	1 639	100
1940	2 852	387	2 746	454	603	450	971	595	-	0	7 172	438
1941	3 373	458	3 744	619	507	378	1 079	662	-	0	8 703	531
1942	4 337	588	5 515	911	1 249	932	1 067	655	-	0	12 168	742
1943	4 649	631	10 898	1 264	3 266	2 437	1 117	685	-	0	19 930	1 216
1944	2 287	310	25 285	1 801	5 496	4 101	1 686	1 034	1 041	100	35 795	2 184
1945	-	0	4 936	816	1 104	824	216	133	947	91	7 203	439
Gesamt	18 235		53 729		12 359		6 299		1 988		92 610	

Quelle: dtv-Atlas, Bd 2, München 1980, S. 200.   * 1939 = 100%   ** 1944 = 100%

© MGFA
06801-03

Die immer wieder diskutierte Frage nach der Wirksamkeit von Persönlichkeiten in der Geschichte, nach Handlungsspielräumen und Sachzwängen verweist bei Speers Aufstieg zum zweitmächtigsten Mann und möglichen Nachfolger Hitlers auf das persönliche Verhältnis zum Diktator. Doch um dieses erhalten und für seinen Machtkampf nutzen zu können, musste sich Speer am Rüstungsausstoß messen lassen. Diese Statistik bestimmte sein Schicksal. Er setzte, um die Stagnation der Produktion zu überwinden, auf das System unternehmerischer Selbstverwaltung, das sein Vorgänger in Teilen der Rüstungsindustrie eingeführt hatte. Mit Hilfe der Ingenieure und Unternehmer erreichte Speer eine überraschende Steigerung der Produktivität, von der sich niemand zuvor eine Vorstellung zu machen vermocht hatte.

Voraussetzungen für dieses »Rüstungswunder« waren eine verbesserte Planung und Steuerung, die Konzentration auf die Rüstung, eine Lockerung der Preispolitik und die Rationalisierung. Die durchgreifende Rationalisierung schuf freilich auch in der Privatwirtschaft Widerstände und Verluste. Voraussetzung für den Konsens mit den Unternehmern war die Zurückdrängung der militärischen Kommandowirtschaft und des staatlich-bürokratischen Dirigismus in der Produktionssphäre. Die Privatwirtschaft erreichte damit ein hohes Maß an Autonomie gegenüber dem »Primat der Politik«.

Solange Hitler aus den vorgelegten und von Speer geschickt präsentierten Zahlen Zuversicht schöpfen konnte, gewährte er seinem Rüstungsminister freie Hand. Die Wehrmacht setzte bald ganz auf Speer, der 1943 auch die Marinerüstung und 1944 die Luftrüstung übernahm. Eine gefährliche Konkurrenz erwuchs ihm vor allem im Wirtschaftsimperium der SS, das Heinrich Himmler auf die Arbeitskraft seiner Häftlingsarmeen zu bauen versuchte. Doch die meisten dieser Sklaven waren im Bausektor eingesetzt, wo sie unter primitivsten

Bedingungen Schwerarbeit leisten mussten und einer »Vernichtung durch Arbeit« ausgesetzt waren. Speer verstand es, sich dieser Ressourcen je nach Bedarf zu bedienen. Auch wenn Teile der Industrie damit in den Sog einer verbrecherischen Vernichtungspolitik gerieten, so steht doch außer Zweifel, dass sie kein Interesse daran hatten, sich den SS-Wirtschaftsbürokraten zu unterwerfen. Indem Speer den Unternehmern politische Rückendeckung gegenüber Partei und SS verschaffte, sicherte er sich ihre Loyalität bis in die letzten Kriegstage.

Der »Ernährungskrieg«

Nach ihrem Selbstverständnis führten die Nationalsozialisten auch einen »Ernährungskrieg«. Die Erfahrungen des Ersten Weltkriegs hatten gezeigt, dass Deutschland nicht imstande war, seine Industriearbeiterschaft unter Blockadebedingungen ausreichend zu ernähren. Um eine Wiederholung der innenpolitisch verheerenden Folgen des Hungers zu verhindern, sollte die deutsche Landwirtschaft möglichst autark und durch Zufuhren aus dem Ausland ergänzt werden. Doch trotz der »Ernteschlachten« hatte sich die Agrarproduktion seit Beginn des Zweiten Weltkriegs rückläufig entwickelt. Es fehlte an Düngemitteln, Landmaschinen und Arbeitskräften. Seit dem Herbst 1941 konnte die deutsche Landwirtschaft die eigene Bevölkerung nicht mehr ernähren. Hunger breitete sich in Europa aus, weil die NS-Führung entschlossen war, die eigene Bevölkerung zu Lasten der besetzten Länder zu ernähren und so weitere Rationskürzungen möglichst zu vermeiden.

Sie setzte dabei auf eine rassenideologisch geprägte Ernährungspyramide, an deren unterem Ende die zur Vernichtung vorgesehenen Bevölkerungsgruppen und Nationen rangierten: Juden, KZ-Häftlinge, sowjetische Kriegsgefangene und andere »rassisch« oder politisch missliebige Menschen. Nur soweit es im Sinne der von Speer organisierten Rüstungsproduktion lag, angelernte Arbeitssklaven oder Facharbeiter arbeitsfähig zu erhalten, erhielten sie ein Minimum an Rationen, teilweise experimentierte man sogar mit minderwertigsten Nahrungsmitteln. Die zunächst von Walther Darré, dann von Herbert Backe gelenkte Agrar- und Ernährungspolitik musste sich zwar dem Primat der Rüstung unterwerfen, kompensierte aber den Entzug von Ressourcen durch eine ideologisch geprägte Ausbeutungspolitik gegenüber fremden Ländern. Damit trug sie erheblich zum Widerstand im besetzten Europa bei, was die Ergebnisse der Rüstung dann wieder schmälerte. Trotz aller Einschränkungen erlebten die meisten »Volksgenossen« den Hunger erst gegen Kriegsende.

Rüstung, Technik und Wissenschaft

Die deutsche Rüstungspolitik stand unter dem Druck, sich zwischen der Serienproduktion erprobter Waffenmodelle, die dann ständig nachgebessert werden mussten, und der rechtzeitigen Einführung neuer Typen zu entscheiden. Jede Umstellung und Änderung führte zu Verzögerungen in der industriellen Fertigung, weil die Rüstungsbasis – anders als in den USA – zu schmal war, um den Auslauf älterer Modelle parallel zum Anlaufen neuer leisten zu können. Bis 1942/43 blieb Hitler davon überzeugt, dass die deutsche Waffentechnik dem Gegner qualitativ überlegen sei und eine zahlenmäßige Unterlegenheit daher hingenommen werden könne. Er vertraute auf die vermeintliche Überlegenheit und Präzision einer »handwerksmäßigen« Herstellung von Waffen und Gerät. Erst spät konnte Rüstungsminister Albert Speer ihn von den Vorteilen einer Fließbandproduktion nach amerikanischem Vorbild überzeugen, die mit gleicher Präzision hochwertige Geräte bei geringerem Aufwand lieferte. Engpässe bei wichtigen Rohstoffen zwangen zu Ersatzlösungen, die oft primitiv und wenig leistungsfähig waren. Die aufwendige Erzeugung von künstlichem Gummi (Buna) und die Kohlehydrierung wiederum, technische Spitzenleistungen der Dreißigerjahre, vermochten niemals den Bedarf an Reifen und Benzin zu decken. Das Dritte Reich sah sich durchaus als moderne Industrienation, in der Technik und Wissenschaft in höchster Blüte standen, lehnte aus ideologischer Engstirnigkeit aber einzelne Bereiche wie die Atomphysik als angeblich »jüdisch« ab.

Selbst die Entwicklung von »Wunderwaffen«, deren größte Wirkung in der Schlussphase des Kriegs darin bestand, dass sie dem Regime ein letztes Mittel der Propaganda gegen die wachsende Kriegsmüdigkeit der eigenen Bevölkerung bot, verrät Hitlers Zwiespältigkeit. Von den modernen Massenvernichtungswaffen, die in beiden Weltkriegen entwickelt wurden und die Geschichte des 20. Jahrhunderts prägen sollten, hatten allenfalls die ihm bekannten Chemiewaffen seine volle Unterstützung. Aber er verstand sich nicht darauf, mit ihnen eine strategische Option zu verbinden. Obwohl er mit den modernen Nervengasen über eine tödliche Geheimwaffe verfügte, konnte er sich den Einsatz nur im Zuge einer Vergeltungsmaßnahme gegen feindlichen Ersteinsatz vorstellen. Alle Vorschläge zum Einsatz von Giftgas lehnte er letztlich ebenso ab wie die Entwicklung moderner Biowaffen, auf die einige Militärs und Spezialisten setzten.

Der größte und aufwendigste technologische Sprung im Zweiten Weltkrieg wurde mit der Entwicklung der Atombombe erreicht. Die Geschichte auf deutscher Seite ist geradezu paradigmatisch für die Schwäche des »Führerstaates«, der sich selbst auf dem für sein Überleben entscheidenden Gebiet der Waffentechnik erstaunliche Rivalitäten und

Kompetenzkämpfe leistete. Letzlich entschieden starke Persönlichkeiten und überzeugend vorgetragene Konzepte darüber, ob und wie der »Führer« eingriff und mit dem Gewicht seiner Autorität den Erfolg erzwang.

1939 entstand eine Arbeitsgemeinschaft von Wissenschaftlern, die unter militärischer Aufsicht zunächst sehr erfolgversprechend am Projekt einer deutschen Atombombe arbeitete. Bis 1941 lag Deutschland im Wettlauf mit den Angelsachsen vorn, obwohl nur geringe Mittel für die Grundlagenforschung investiert worden waren. Die USA und Großbritannien, die bereits 1939 von emigrierten Physikern, zu denen auch Albert Einstein gehörte, vor einer deutschen Superbombe gewarnt worden waren, entschlossen sich Ende 1941, die eigene Entwicklung mit aller Macht zu fördern. Die Wehrmacht beherrschte schließlich den europäischen Kontinent und würde vielleicht auch bald die USA angreifen können.

Werner Heisenberg als namhaftester deutscher Physiker sah bereits eine »freie Straße zur Atombombe« vor sich. Im Dezember 1941 betrachtete das Heereswaffenamt sein diesbezügliches Vorhaben als abgeschlossen. Die Verantwortung für den mit enormen Kosten verbundenen Übergang vom Labor zur großindustriellen Entwicklung wollte man selbst nicht übernehmen, zumal man glaubte, dass Atomtechnik nicht mehr in diesem Kriege zum Einsatz käme. Hitler musste sich auf die Einschätzung seiner Experten verlassen, die keine Prognose für den Abschluss einer möglichen Waffenentwicklung wagten. Der Diktator konnte sich wie viele andere die Wirkung einer solchen neuartigen Waffe nicht vorstellen und war davon überzeugt, dass die Feindmächte weit hinter den deutschen Bemühungen zurückliegen würden. Mit dem Manhattan-Projekt leisteten sich die USA zur gleichen Zeit das größte und aufwendigste Rüstungsvorhaben des Zweiten Weltkriegs, das schließlich im August 1945 zum Abwurf der ersten Atombombe führte und ein neues technisch-industrielles Zeitalter einleitete. Die deutschen Atomwissenschaftler zeigten sich in der Gefangenschaft überrascht von diesem Sieg der Alliierten im technisch-wissenschaftlichen Wettlauf während des Kriegs. Im Nachkriegsdeutschland strickten sie an der Legende, sie hätten den Bau einer deutschen Atombombe aus innerem Widerstand verzögert (8.13 Walker).

Eine wirkliche Beschleunigung langfristiger Entwicklungen in technischer Hinsicht ist den Deutschen im Zweiten Weltkrieg jedenfalls nicht gelungen. Es gab keine technologische Revolution. Strahlflugzeuge und Raketen, an die stets zuerst gedacht wird, waren bereits vor dem Krieg entwickelt worden und konnten erst im letzten Kriegsjahr – technisch längst noch nicht ausgereift – in geringer Stückzahl zum Einsatz gebracht werden. Auch die anderen Industrienationen arbeiteten an ähnlichen Vorhaben. Jeder hatte einen Vorsprung auf irgendeinem Gebiet, der durch die jeweilige Gegenseite anderweitig ausgeglichen wurde oder – weil falsch beurteilt oder aus anderen Gründen – wieder verloren ging.

Eine wichtige Rolle spielten im Zweiten Weltkrieg die neuen Radargeräte. Die deutschen Fortschritte waren vor Kriegsbeginn am deutlichsten, doch die Briten entschlossen sich aus Angst vor deutschen Luftangriffen zur praktischen Installation eines Radarsystems. Der erfolgreiche Einsatz bei der Luftschlacht um England gab einen gewaltigen Antrieb, die Technik weiterzuentwickeln, sodass schließlich immer bessere Geräte auch zur Lokalisierung von U-Booten und zur Zielfindung für alliierte Bomberverbände gebaut werden konnten. Trotz aller Anstrengungen gelang es der deutschen Seite nicht, den verlorenen Vorsprung wieder wettzumachen und für die eigene Kriegführung einen größeren Nutzen zu ziehen.

Die forcierte Modernisierung in einzelnen Bereichen, etwa dem Panzerbau, führte jedenfalls nicht dazu, dass die jeweiligen Modelle in ausreichender Stückzahl dann in die Schlacht geworfen werden konnten, an dem ihre Überlegenheit den Ausschlag hätte geben können. Nicht wenige Projekte erwiesen sich als technologische Sackgasse, als Fehlentwicklungen.

Mit den spektakulären V-Waffen sollte eigentlich die alliierte Landung verhindert werden. Doch im Frühjahr 1944, als der Zeitpunkt für den Einsatz gekommen war, standen die Geräte nicht in der gewünschten Zahl zur Verfügung. Wollte man nach ursprünglichen Planungen von Oberst Walter Dornberger, dem Verantwortlichen für das A-4-Projekt des Heeres, 150 000 Fernraketen pro Jahr bauen, reduzierte man 1942 die Zahl auf 5000. Als Standort war Peenemünde vorgesehen. Es fehlte dafür aber sowohl die industrielle als auch die militärische Einsatzbasis. Die über die Fortschritte gut informierten Briten zerstörten Peenemünde am 17. August 1943. Mit Hilfe der SS wurde eine unterirdische Produktionsanlage in Nordhausen geschaffen (»Mittelbau«). Unter mörderischen Arbeitsbedingungen baute man bis März 1945 insgesamt 5797 A-4-Raketen. Nur knapp die Hälfte konnte ab Juli 1944 auch verschossen werden. Sie trafen Belgien, Frankreich und vor allem Südengland. Dort verursachten sie knapp 10 000 Tote und Schwerverletzte.

Das aufwändigste deutsche Rüstungsprojekt während des Zweiten Weltkriegs blieb ohne Auswirkungen auf den Kriegsverlauf. Die Alliierten, die in der Raketenentwicklung zurückhingen, zerstörten mit ihren konventionellen Bombern die deutschen Produktionsanlagen und bremsten den Nutzen, den Hitler aus dem Rüstungsvorsprung beim Raketenbau erzielen konnte. An diesem Beispiel zeigt sich, dass es völlig gleich war, auf welchem Gebiet deutsche Wissenschaft und Industrie einen Vorsprung zu erzielen vermochten. Ohne »Dach« konnte die deut-

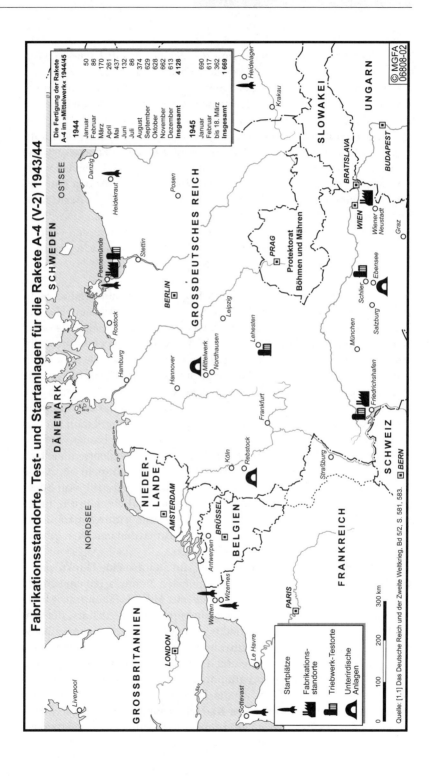

Fabrikationsstandorte, Test- und Startanlagen für die Rakete A-4 (V-2) 1943/44

Die Fertigung der Rakete A-4 im »Mittelwerk« 1944/45

1944	
Januar	50
Februar	86
März	170
April	261
Mai	437
Juni	132
Juli	86
August	374
September	629
Oktober	628
November	662
Dezember	613
Insgesamt	**4 128**

1945	
Januar	690
Februar	617
bis 18. März	362
Insgesamt	**1 669**

Startplätze
Fabrikations-standorte
Triebwerk-Testorte
Unterirdische Anlagen

0 100 200 300 km

Quelle: [1.1] Das Deutsche Reich und der Zweite Weltkrieg, Bd 5/2, S. 581, 583.

© MGFA 06808-02

sche Rüstungsschmiede nicht erfolgreich sein und mit Kriegsgegnern konkurrieren, die nicht nur über den Vorteil der größeren Zahl und Kapazitäten verfügten, sondern auch noch über Produktionsräume, die für deutsche Waffen nicht erreichbar waren. So gesehen wurde der Zweite Weltkrieg letztlich in der Luft entschieden.

Mit den einmarschierenden alliierten Truppen kam eine große Zahl von Experten ins besetzte Deutschland (Unternehmen »Paperclip«). Die erbeuteten Patente und Entwicklungen waren zum Teil ebenso wertvoll wie die deutschen Spezialisten, die insbesondere für den Bau von Strahlflugzeugen und Raketen in den USA ebenso wie in der UdSSR »Entwicklungshilfe« leisteten.

Die Mobilisierung für den Totalen Krieg

Speer, der als Heeresrüstungsminister begonnen hatte und erst im Sommer 1944 die Verantwortung für die gesamte Kriegswirtschaft in Händen hielt, hatte es versäumt, auch den Arbeitskräftesektor rechtzeitig unter seine Kontrolle zu bringen. Als Ausgleich für die unternehmerfreundliche Politik von Speer hatte Hitler die Verantwortung für die Arbeiter in die Hände der Partei gelegt. Anders als im Ersten Weltkrieg blieben die Arbeiter dem politischen System weitgehend verbunden.

Erst nach der Niederlage von Stalingrad entwickelte das NS-Regime eine begrenzte Entschlossenheit, die eigene Bevölkerung stärker für den totalen Krieg zu mobilisieren. Eine Arbeitspflicht für Frauen und die Umsetzung von Arbeitskräften in die Rüstung wurden dennoch vielfach behindert und unterlaufen. Auch die Stilllegung von mehr als 20 000 Handwerks- und Versorgungsbetrieben brachte nicht die von Speer geforderten Zahlen, provozierte aber eine erhebliche Unruhe unter der Bevölkerung. So musste die verstärkte Einberufung männlicher Arbeitskräfte zur Wehrmacht hauptsächlich durch den massiven Einsatz von »Fremdarbeitern« ausgeglichen werden.

Speers Versuch, im Herbst 1943 die Gauleiter an seine Direktiven zu binden und damit die hemmenden regionalen Kräfte gegen eine erhöhte Mobilisierung zu überwinden, scheiterte. Hitlers »Kronprinz« hatte seine Kräfte überschätzt und erlebte einen politischen Absturz, der ihm im Frühjahr 1944 fast das Amt und womöglich das Leben gekostet hätte. Die Unternehmer fürchteten für die bevorstehende Schlussphase des Kriegs eine radikale Alternative und drängten den erkrankten Speer zum Bleiben. Mit einem »Siegesprogramm« der Rüstung konnte dieser dann im April 1944 den »Führer« wieder für sich gewinnen. Sein schärfster Konkurrent und enger Mitarbeiter Karl Otto Saur musste ein Jahr warten, bis Hitler ihn in seinem Testament zum neuen Rüstungsminister ernannte.

▲ Abb. 15:
Reichsminister für Rüstung und Kriegsproduktion
Albert Speer (vorn) und Generalfeldmarschall
Erhard Milch in einem Rüstungswerk, Mai 1944.
BArch/183-1997-0923-500/Hubmann

▲ Abb. 16:
Herstellung von Panzern des Typs VI (»Tiger I«)
in einer Panzerfabrik, im Bild die Montage der
Wannen, 1944.
BArch/101I-635-3965-33/Hebenstreit

Die Verschärfung der Kriegslage zwang Speer dazu, die gesamte Kriegswirtschaft in den Dienst der Rüstung zu stellen und auch die letzten Reserven aus der Rüstung selbst zu mobilisieren. Unter dem Einfluss des Bombenkriegs verringerten sich dennoch die Zuwachsraten der Rüstungsproduktion, wobei sich auch der zunehmende Verlust auswärtiger Versorgungsbasen auszuwirken begann. Im Juli 1944 erreichte die Produktion von Kriegsmaterial – von Speer zahlenmäßig manipuliert – ihren absoluten Höhepunkt während des Zweiten Weltkriegs. Er lag jetzt dreimal so hoch wie zur Zeit der Blitzkriege. Es war ein Leistungsgipfel durch Rationalisierung und Konzentration der Rüstung, ein letztes »Aufbäumen«, das keineswegs fortgesetzt werden konnte und auch nicht ausreichte, die zu diesem Zeitpunkt dramatischen Verluste auszugleichen.

Die erfolgreichen Angriffe der Alliierten gegen Schlüsselstellen der Kriegswirtschaft führten zu einem Wettlauf zwischen Reparatur und Zerstörung, der die Kräfte Speers überforderte. Vor allem der Mangel an Arbeitskräften schränkte die Produktionsmöglichkeiten ein. Auch jetzt waren moderne Fließbandproduktion und ein Mehrschichtsystem auf wenige Betriebe beschränkt.

Propagandaminister Joseph Goebbels stürzte sich als neuernannter »Reichsbevollmächtigter für den totalen Kriegseinsatz« mit Unterstützung der Partei in den Konflikt mit Speer und der Industrie.

In dem Streit um die »Menschenverteilung« zwischen Produktion, Schanzeinsatz und »Volkssturm«, zwischen Waffen oder Soldaten, hatte Speer Mühe, sein Imperium zusammenzuhalten. Hinter den Kulissen arbeiteten Wirtschaftsexperten bereits an Planungen für die Zeit »danach«, bereiteten sich die Unternehmen auf das Überleben vor und lösten sich still vom NS-Regime.

Gezielte Luftangriffe gegen das deutsche Transportsystem im Herbst 1944 beschleunigten den wirtschaftlichen Zusammenbruch. Die Alliierten hatten erkannt, dass Transport und Verteilung von Kohle, dem Schlüsselrohstoff der deutschen Kriegswirtschaft, die Achillesferse in dem komplizierten System Speers darstellten. Ein letztes »Notprogramm« sollte für Volkssturm und Wehrmacht zumindest eine primitive Bewaffnung und Ausrüstung ermöglichen. In unterirdischen Anlagen, bei deren Bau Hunderttausende von Zwangsarbeitern ihr Leben verloren, sollten »Wunderwaffen« gebaut werden, um dem Krieg doch noch eine Wende zu geben. Militärisch blieben diese Anstrengungen bedeutungslos.

Das NS-Regime hatte endgültig abgewirtschaftet. Das Volksvermögen war praktisch verschleudert worden, der materielle Schaden enorm, das menschliche Leid unermesslich. Bei allem, was auf die deutsche Wirtschaft durch Besatzung, Demontage und Reparationen noch zukam, waren ihre Aussichten auf eine baldige Erholung zumindest im westlichen Teil nicht unerheblich. Der Rüstungsboom hatte in den Kriegsjahren einen beträchtlichen Modernisierungs- und Konzentrationsschub bewirkt. Zukunftsorientierte Branchen wie Elektrotechnik und Chemie hatten sich enorm entwickelt. Die traditionelle Wirtschaftslandschaft war durchgreifend verändert worden, zum Vorteil ganzer Regionen und Branchen. Das Facharbeiterpotenzial war erheblich gestiegen, rationelle Fertigungsmethoden hatten sich in breitem Umfang durchgesetzt.

Der Schaden, den der Bombenkrieg anrichtete, wurde durch die Erweiterung der Produktionsanlagen während des Kriegs wettgemacht. Es ist der deutschen Wirtschaft gelungen, ihren Produktionsapparat in einem Meer von Verwüstungen auf der Höhe des Friedensniveaus zu halten und nach der Niederlage in erstaunlich kurzer Zeit ein langanhaltendes »Wirtschaftswunder« zu inszenieren, das – anders als in den Dreißigerjahren – nicht von der Rüstung getragen wurde. Den Preis für diese gelungene Operation hatten nicht zuletzt Millionen von Zwangsarbeitern zu zahlen, die während des Kriegs mit ihrer Gesundheit und ihrem Leben die Grundlage für diesen Wiederaufstieg zu schaffen hatten.

Totaler Krieg und Vernichtungskrieg

Das veränderte Kriegsbild

Nach landläufiger Auffassung ist der Erste Weltkrieg die erste Ausprägung des Totalen Kriegs, der Zweite Weltkrieg hingegen sein Höhepunkt gewesen. Der Begriff meint eine Totalisierung der Kriegsanstrengungen, eine Mobilisierung der ganzen Gesellschaft für den Krieg bis hin zu ihrer Erschöpfung, die Entgrenzung politischer Kriegsziele, die bis zur Vernichtung ganzer Staaten und Völker führen können, die Ideologisierung und Enthumanisierung der Kriegführung sowie den Einsatz moderner Technik und Wissenschaft für militärische Zwecke.

Die Totalisierung des Kriegs 1914–1918 stieß aber auch an Grenzen und respektierte in gewissem Maße hergebrachte Konventionen und Rücksichten. Durch die Überforderung der Völker wurden bei einigen Großmächten die sozialen und politischen Strukturen so zerrüttet, dass sie in Revolutionen zerbrachen und dem Krieg erlagen. Traumatisiert von der industrialisierten Kriegführung mit Massenschlachten moderner Millionenarmeen, suchten nach 1918 die einen nach neuen völkerrechtlichen Einhegungen des Kriegs, die anderen nach Mitteln und Strategien, um die Eskalation eines künftigen Kriegs zu verhindern. In Deutschland waren viele Experten davon überzeugt, dass sich jeder künftige Krieg zumindest für Deutschland zwangsläufig zum Totalen Krieg entwickeln werde, zu einem »Daseinskampf« der Völker, auf den man sich intensiv vorbereiten musste. Hitler und sein Regime zogen daraus einen großen Teil ihrer politischen Ideologie.

Der Zweite Weltkrieg begann keineswegs als Totaler Krieg, obwohl alle Welt damit gerechnet hatte. Erst unter dem Druck von Niederlagen und ernsten Bedrohungen fanden die modernen Industriegesellschaften zu der Kraft, die eigenen Strukturen stärker auf die Kriegsbedürfnisse auszurichten, die Zivilgesellschaft in einem für notwendig gehaltenen Maße zu militarisieren und die Opferbereitschaft zu organisieren. Entgegen früheren Annahmen zeigten sich die Demokratien den totalitären Diktaturen in dieser Hinsicht keineswegs unterlegen. Sie waren darüber hinaus besser imstande, die auf den Krieg ausgerichteten Energien zu kanalisieren und nach dem Ende der Kampfhandlungen rasch wieder in zivile Bahnen zu lenken. Das war der Fähigkeit zu danken, auf den »Druck von unten« positiv zu reagieren, auf das Partizipationsverlangen der »Massen« einzugehen sowie die Nachkriegserwartungen von Soldaten und Bürgern aufzunehmen. Für Stalin und Hitler hingegen diente der Krieg als Mittel zur Stärkung ihrer Diktatur und zur

Umwandlung der Gesellschaft, zur Schöpfung und Auslese eines »neuen« Menschen.

Der moderne Bewegungskrieg sollte die blutigen Massenschlachten des Stellungskriegs 1914–1918 verhindern. Grundlage dafür war eine umfassende Motorisierung, die militärische Entscheidungsprozesse enorm beschleunigte und neue räumliche Dimensionen öffnete. Operationen konnten nun in einem Zuge bis zu 300 km weit geführt werden. Die modernen Kommunikationsmittel spielten eine wichtige Rolle, um die für eine industrielle Kriegführung notwendigen Informationsmengen zu beschaffen und die Führungsprozesse zu optimieren. Dadurch wurde es möglich, die durch industrielle Massenproduktion geschaffenen Mengen an Kriegsmaterial sowie die durch Mobilisierung der Gesellschaft rekrutierten Massenarmeen an Brennpunkten des Kriegs zu konzentrieren. Daraus entstanden große Schlachten, die das Bild des Zweiten Weltkriegs stärker geprägt haben als der schlichte Kriegsalltag. Für die meisten Soldaten der Wehrmacht bestand aber der Krieg – wie auch in früheren Zeiten – größtenteils aus Langeweile und schwerer Arbeit.

Erst ab Januar 1942 entwickelte sich an einzelnen Abschnitten der Ostfront wieder ein jahrelanger Stellungskrieg, der aber nicht wie in Verdun in blutigen Frontalangriffen bestand. Langwierige, heftige Infanteriekämpfe bildeten örtliche Ausnahmen (Lappland, Kurland, Monte Cassino, Hürtgenwald). Auch der Kampf um Festungen und Stützpunkte blieb militärisch ohne größere Bedeutung. Er band etwa am Atlantikwall erhebliche deutsche Kräfte, die für die Entscheidungsschlacht fehlten. Insoweit zeugten die enormen Aufwendungen Hitlers für den Bau von Bunkern und Befestigungslinien von einem »alten Denken«. Auch verlustreiche Kämpfe um Großstädte hatten mehr Symbolkraft als militärische Bedeutung. Stalingrad wurde von den Deutschen fast vollständig erobert und der Angreifer dann selbst eingekesselt und vernichtet. Ähnlich schwere Kämpfe entwickelten sich in der Schlacht um Budapest, dem »Stalingrad an der Donau«, dann auch in Breslau und Berlin. Hauptkennzeichen des entscheidenden militärischen Geschehens waren die systematisch vorbereitete Durchbruchsschlacht mit massiver Luftunterstützung und überlegener Kräftekonzentration des Angreifers, der Vorstoß von Panzerkeilen und der Einsatz motorisierter Infanterie in der Tiefe des Raums, das Begegnungsgefecht in der freien Operation sowie die Einkesselung und Vernichtung gegnerischer Truppen.

Für die Wehrmacht waren Moskau, Stalingrad und Kursk Menetekel für die eigenen Leistungsgrenzen, blutige Gemetzel, die sich aber in den Formen der herkömmlichen Kriegführung vollzogen. Kennzeichnend für den Zweiten Weltkrieg war die Entschlossenheit aller großen Armeen, trotz solcher Niederlagen, die alle zu gewissen Zeiten zu verwinden hatten, neue Kräfte zu mobilisieren und den Kampf unter allen Umständen fortzusetzen. Mit der Dauer des Kriegs und dem Anstieg der Verluste wuchs vielerorts auch die Erbitterung der Gegner, kam es zu Kriegsverbrechen und Übergriffen auf die Zivilbevölkerung. Die starke Ideologisierung des Krieges und die Hasspropaganda spielten gleichfalls eine Rolle.

Die Verbindung von Kriegführung und Holocaust bildet eine Ausnahme. Der Völkermord an den europäischen Juden ist von Hitler stets im Zusammenhang mit seinen Kriegsplänen gesehen worden, als Voraussetzung für die »innere Sicherheit« seines Reiches und als sein wichtigstes Kriegsziel. An ihm hielt Hitler mit größter Entschlossenheit selbst nach der Kriegswende fest. Was als systematische Diskriminierung, Entrechtung und Vertreibung begonnen hatte, entwickelte sich zum systematischen und industriell betriebenen Völkermord, der sich größtenteils im Schatten der militärischen Ereignisse vollzog.

Das starke Missverhältnis zwischen militärischen und zivilen Verlusten im Zweiten Weltkrieg wird oft als typischer Ausdruck des Totalen Kriegs angesehen. Kamen in früheren Kriegen Zivilisten vor allem durch Begleiterscheinungen der Kämpfe wie Hunger und Seuchen ums Leben, starben sie im Zweiten Weltkrieg hauptsächlich durch direkte Gewalteinwirkungen. Die moderne industrialisierte Kriegführung artete ab 1943 in einen Masseneinsatz von Mensch und Material aus, der sich nur schwer begrenzen und ausschließlich auf militärische Ziele konzentrieren ließ. War im Ersten Weltkrieg der Kampf auf die schmale Feuerzone der Stellungsfronten begrenzt, führten der Bewegungs- und Luftkrieg im Zweiten Weltkrieg dazu, dass die Front überall war, das ein Überleben in den Großstädten des Hinterlandes oft aussichtsloser schien als in den Stellungen an der Front. Durch die enorme Steigerung der Feuerkraft konnte der Aufwand zur Tötung oder Verwundung eines Gegners um ein Vielfaches erhöht werden, was die Gefahren für Zivilpersonen im Kampfgebiet drastisch vergrößerte. Ihre Überlegenheit gestattete es den Alliierten, einen materialintensiven Krieg gegen einen Feind zu führen, der seine materielle Unterlegenheit schließlich durch eine personalintensive Kriegführung zu kompensieren versuchte. Zum Schluss traten Hunderttausende von schlecht bewaffneten Hitlerjungen und Rentnern im »Volkssturm« gegen die Feuerwalze alliierter Armeen an.

Zusammenfassend kann man feststellen, dass die Spirale der Totalisierung, die sich ab 1943 beschleunigte, den »absoluten Krieg« im Clausewitzschen Sinne nicht erreichte. Der Zweite Weltkrieg war der Höhepunkt des konventionellen Kriegs mit Massenarmeen des Industriezeitalters und überschritt nicht die Schwelle zum unkonventionellen Krieg mit modernen Massenvernichtungswaffen, der dem Krieg ein völlig anderes Gesicht verliehen hätte. Der einmalige Einsatz der neuentwickelten Atombombe am Ende des Völkerringens hatte keinen Einfluss auf seinen Verlauf. Er war der logische Endpunkt der Geschichte des Totalen Kriegs und zugleich der Beginn eines neuen Kriegs, der nur noch als Abschreckungs- und Drohszenario funktionierte.

Vernichtungskrieg und Kriegsverbrechen

Der Begriff »Vernichtungskrieg« ist in jüngster Zeit zum Synonym für die deutsche Kriegführung geworden. Berechtigt ist er zumindest für den Überfall auf die UdSSR, weil die völlige Vernichtung des Gegners angestrebt wurde, die Auslöschung seiner Armeen, der staatlichen und wirtschaftlichen Strukturen sowie der kulturellen Traditionen und Teilen der Bevölkerung. Vor allem die von Hitler durchgesetzte Suspendierung des Kriegsvölkerrechts führte zu einer weitgehenden Enthemmung der Gewalt. Nach dem Vorbild des Ersten Weltkriegs hätten die Einsetzung einer kollaborationswilligen Gegenregierung in Moskau und die Förderung der Unabhängigkeitsbestrebungen einzelner Nationalitäten ein geeigneter Weg sein können, um die angestrebte Vorherrschaft im Osten mit geringen Kräften zu gewährleisten. Doch weil Hitler – wie sein Generalstab – überzeugt davon war, dass der Kampf gegen die Rote Armee ein »Sandkastenspiel« sein würde, glaubte er, sein Ziel »Lebensraum im Osten« sofort umsetzen zu können, mit größter Rücksichtslosigkeit und Brutalität gegenüber der Bevölkerung.

Die vom OKH im Januar 1941 ausgearbeiteten Vorschläge zur Besatzungspolitik enthielten zwar traditionelle Elemente, spiegelten zugleich aber auch vermeintliche Kriegsnotwendigkeiten, die eine Bereitschaft andeuteten, das Kriegsvölkerrecht nicht allzu engherzig auszulegen. Der Generalquartiermeister des Heeres, Generalmajor Eduard Wagner, war zuständig für den Nachschub, die Sicherung des Hinterlandes und die Militärverwaltung. Nach den beträchtlichen Konflikten in Polen und Frankreich legte er von sich aus keinen großen Wert auf die Zuständigkeit für Fragen der polizeilichen Sicherung und der Militärverwaltung. Als im Februar/März dem Diktator mehrere Entwürfe zu den »Sondergebieten« der »Weisung 21« zum Überfall auf die Sowjetunion vorgelegt wurden, befasste er sich nun erstmals intensiv mit diesen Fragen. Hitler beauftragte zunächst Göring, eine neue Wirtschaftsorganisation aufzustellen. OKW und Vierjahresplanbehörde sollten unter der Regie des »Reichsmarschalls« und durch »Einschaltung« der Industrie eine einheitliche Wirtschaftsverwaltung errichten. Während des Kriegs würden die Militärs den »Wirtschaftsstab Ost« leiten. Ihre Aufgabe sollte die rücksichtslose Ausbeutung des Landes zunächst zur »Nährung« der Operationen und zur Versorgung der Heimat

sein. Um weitere Einschränkungen für die deutsche Bevölkerung zu verhindern, mussten möglichst rasch Nahrungsmittel aus dem Osten her-
angefahren werden.

Hitler ließ bei seinen späteren Festlegungen keinen Zweifel daran,
dass für ihn der Osten nur ein koloniales Ausbeutungsgebiet war, wo
man auf die einheimische Bevölkerung nicht die geringste Rücksicht zu
nehmen brauchte. Wohl auch deshalb ließ Göring bereits am 26. Februar
1941 im Gespräch mit General Thomas durchblicken, dass es darauf an-
komme, die Führungselite des Landes und die politischen Kommissare
zu liquidieren. Die Umsetzung dieser vagen Direktiven der politischen Führung bereitete den Fachmilitärs keinerlei Schwierigkeiten.
Deshalb kann der Tenor der berüchtigten Staatssekretärsbesprechung
am 2. Mai 1941 nicht überraschen. Das Ergebnis der Aussprache mit
den Wirtschaftsgeneralen legte die scheinbar zwingende Erkenntnis
fest, dass der Krieg nur weitergeführt werden konnte, wenn die gesamte Wehrmacht im nächsten Kriegsjahr aus Russland ernährt werde. Weil
nach Expertisen feststand, dass man im Land kaum größere Vorräte vor-
finden würde, kam man zu dem Schluss, dass »zweifellos zig Millionen
Menschen verhungern, wenn von uns das für uns Notwendige aus dem
Lande herausgeholt wird« (**9.20** »Unternehmen Barbarossa«, S. 377).

Stärkster Motor für eine radikale Hungerpolitik war Herbert Backe,
der als Staatssekretär des Reichsernährungsministeriums dieses Ressort
auch im »Wirtschaftsführungsstab Ost« vertrat. Als Fachmann und
alter Parteigenosse genoss er Hitlers Vertrauen. Backe wusste in seinen Richtlinien für den Osten ein scheinbar schlüssiges Konzept zu entwickeln, um das vermeintlich ökonomisch Notwendige mit dem ideologisch Wünschbaren zu verbinden. Er lieferte die Argumente, um die
Hungerpolitik als Instrument des rassenideologischen Vernichtungskriegs sachlich zu rechtfertigen.

Über die Ernährungsfrage wurde die Wehrmacht tief in den Massenmord und Holocaust verstrickt. Das Prinzip, die eigenen Bedürfnisse bei
der Ausbeutungspolitik im Osten an die erste Stelle zu setzen, blieb während des ganzen Kriegs unberührt, aber auslegungsfähig. Zielkonflikte
und Rivalitäten bewirkten ebenso eine unterschiedliche Handhabung
wie der ungünstige Kriegsverlauf, der zu Modifikationen zugunsten der
Zivilbevölkerung und selbst der Kriegsgefangenen Veranlassung gab.

Die größte Hungerkatastrophe im Kriegsgebiet unter der Zivilbevölkerung fand im Herbst und Winter 1941/42 statt. Sie betraf
Nordrussland und insbesondere das belagerte Leningrad. Im OKW
war man schon bei Kriegsbeginn davon ausgegangen, dass es aller-
größte Schwierigkeiten bereiten würde, die Millionenstadt nach einer
Besetzung zu versorgen. Hitler hatte deshalb verboten, eine Kapitulation
der Verteidiger anzunehmen, und dafür auch ideologische Gründe ge-

nannt. Für ihn war Leningrad mit seiner Industrie keine wertvolle Kriegsbeute, sondern die Geburtsstätte des Bolschewismus – ein Nest mit politisch verseuchter, rassisch minderwertiger Arbeiterbevölkerung (4.15 Engel, S. 107).

Ein Ausbruch der hungernden Bevölkerung sollte mit Waffengewalt verhindert, die Massen als »überflüssige Esser« später nach Osten abgeschoben werden. Die Großstadt würde vom Erdboden verschwinden und durch die Neva überflutet werden. Der unerwartet ausdauernde Widerstand der Verteidiger konnte aber in einer Blockade von mehr als tausend Tagen nicht gebrochen werden, sodass man im OKH sogar an den Einsatz von Giftgas dachte. Das wäre die radikalste Variante des Vernichtungskriegs gewesen, der im Fall Leningrads schon durch Hunger bis zu einer Millionen Menschen das Leben gekostet hatte.

Die von Berlin aus vorgezeichnete und auch vom OKH letztlich mitgetragene Politik, »unnütze Esser« verhungern zu lassen, wurde in den kargen Landstrichen Mittel- und Nordrusslands, den sogenannten Zuschussgebieten, weithin praktiziert. In den agrarischen »Überschussgebieten« des Baltikums und der Ukraine begründeten rassenideologische, politische und ökonomische Aspekte ein rücksichtsvolleres Vorgehen.

Konnte die Bevölkerung in der Blitzkriegsphase des Jahres 1941 notfalls für sich selbst sorgen, waren mehr als drei Millionen sowjetische Kriegsgefangene gänzlich auf die Gnade ihrer Bewacher angewiesen. Noch im Januar 1941 hatte man Kriegsgefangene, die im Zeichen des geplanten Blitzkrieges in großen Massen zu erwarten waren, teils für den Arbeitseinsatz, teils zur raschen Entlassung vorgesehen. So sollte die Truppe entlastet und das Arbeitskräftepotenzial der Bevölkerung ausgeschöpft werden, insbesondere was die unterdrückten Nationen im ostmitteleuropäischen Besatzungsgebiet Stalins und die Ukraine betraf.

Die Verantwortung für die Kriegsgefangenen blieb auch danach im militärischen Bereich. Aber angesichts späterer politischer Direktiven und vor allem wegen der restriktiven Ernährungspolitik zogen sich viele Militärs, manche nicht ohne Zögern und Bedenken, aus der Verantwortung zurück. Die Heeresführung trug jedenfalls bis zum Scheitern des Blitzkrieges Ende 1941 die radikale Hungerpolitik gegenüber den Kriegsgefangenen mit. Infolge mangelnder Fürsorge und unzureichender Vorschriften begann das Massensterben sehr schnell. Kommandeure und Befehlshaber machten sich meist keine Gedanken über das Schicksal der Elendszüge und Lager. Der Vormarsch hatte Vorrang, um jeden Preis, selbst wenn eigentlich dringend benötigte und verfügbare Arbeitskräfte an Entkräftung und Seuchen starben.

Der Chef des OKW Keitel wies die Kritik an der völkerrechtswidrigen Behandlung mit dem Argument des Weltanschauungskriegs zurück.

Hitler hatte in seiner Rede am 30. März 1941 vor den Oberbefehlshabern der Ostarmeen und ihren Stabschefs die Parole ausgegeben, die Rotarmisten seien »keine Kameraden«. Die althergebrachten Regeln einer »ritterlichen Kriegführung« sollten ebensowenig gelten wie das Kriegsvölkerrecht. Als Stalin nach Beginn des Überfalls Angebote machte, sich über die Einhaltung dieser Regeln zu verständigen, unterband Hitler jede Diskussion. Ob es Stalin ernst meinte, wurde nicht überprüft. Deutsche Kriegsgefangene im sowjetischen Gewahrsam wurden jedenfalls 1941 zum größten Teil ermordet.

Man kann man davon ausgehen, dass bis zu 3,3 Millionen sowjetische Kriegsgefangene ums Leben kamen. Die Mehrzahl von ihnen ist 1941 durch Entkräftung und dadurch geförderte Krankheiten gestorben, zahllose andere wurden durch brutale Behandlung und Exekutionen ermordet. Es war 1941 das größte Massensterben im deutschen Machtbereich, das weder mit einer generellen Tötungsabsicht noch vermeintlichen Sachzwängen allein zu erklären ist. Auch die Geringschätzung und Verachtung der slawischen Rasse und das Propagandabild vom »Untermenschen« trugen dazu bei.

Die Wehrmacht als Institution trägt hierfür die größte Verantwortung. Innerhalb der Heeresführung hat immerhin nach dem Scheitern des Blitzkrieges ein Umdenken begonnen, das den Nutzen erkannte, der aus dem Überleben der Gefangenen gezogen werden konnte. Gegen vielfältige Widerstände innerhalb des Regimes wurden ganz allmählich Verbesserungen eingeführt, die allerdings nie den Unterschied zwischen westlichen Kriegsgefangenen und gefangenen Rotarmisten gänzlich aufhoben. Die Lage der Kriegsgefangenen, unter denen das Leiden und Sterben weiterging, verbesserte sich auch dann nicht entscheidend, als man sich ab 1942 verstärkt darum bemühte, »Hilfswillige« für den Einsatz in der Wehrmacht zu rekrutieren. Dennoch fanden sich dafür Hunderttausende – manche sicher nur, um dadurch zu überleben, aber selbst in SS- und Polizeiverbänden sowie in eigens aufgestellten Freiwilligeneinheiten wie der Wlassow-Armee waren viele sogar bereit, auf deutscher Seite mitzukämpfen.

Verbrecherische Befehle

Die Rückkehr zu einer politischen Kriegführung und die Modifizierung des rassenideologischen Vernichtungskriegs fanden stets in Hitler ihren stärksten Widerpart. Mit ihren späten Bedenken und Initiativen haben die Befürworter einer »vernünftigen« Ostpolitik die Entfesselung des Vernichtungskriegs von 1941 nicht rückgängig machen können. Neben der Hungerpolitik und der verbrecherischen Behandlung der Kriegsgefangenen hatte die Wehrmachtführung im März/April 1941 weitere Direktiven entworfen und mitgetragen. Die »verbrecherischen Befehle« beziehen sich auf zwei Anordnungen, die unter formalen Gesichtspunkten eindeutige Verstöße gegen das Kriegsvölkerrecht darstellen und zur allgemeinen Enthemmung unter den Soldaten entscheidend beigetragen haben dürften.

Quelle
S. 35

Der »Erlass über die Ausübung der Kriegsgerichtsbarkeit« vom 13. Mai 1941 hob den Verfolgungszwang von Kriegsverbrechen auf, die deutsche Soldaten begehen würden. Den Vorgesetzten wurde damit ein Ermessensspielraum eingeräumt, etwa um zwecks Aufrechterhaltung der Disziplin Soldaten dennoch zu bestrafen. Nach den Erfahrungen in Polen, als entsprechende Kriegsgerichtsverfahren die Heeresführung in einen Konflikt mit Hitler und Himmler hineingetrieben hatten, und nach den allgemeinen Äußerungen des Diktators vom 30. März über den Charakter des Russlandfeldzugs beeilten sich Brauchitsch und Halder, Regeln zu finden, um das Problem zu entschärfen.

Die Heeresführung akzeptierte die Auffassung, dass man der SS im Osten bei der »Ausrottung« des Bolschewismus und zur Förderung eines schnellen Vormarsches weitgehend freie Hand geben musste. Sie vertraute darauf, durch eine Arbeitsteilung mit Himmler die »Schmutzarbeit« vor allem von der SS erledigen zu lassen, kam aber schließlich nicht darum herum, die eigenen Truppen den »Weltanschauungskrieg« mit »durchfechten« zu lassen. Es war der Beginn einer Kette von Befehlen und Anordnungen, mit denen sich die Wehrmacht immer stärker in eine verbrecherische Kriegführung verstrickte.

Nach dem Krieg wurde um die Legende von der »sauberen« Wehrmacht heftig gestritten. Viele Veteranen wollten nicht glauben, dass diese Befehle zur Ausführung gekommen sind. Das galt vor allem für die »Richtlinien für die Behandlung politischer Kommissare« vom 6. Juni 1941. Mit diesem eindeutigen Verstoß gegen das Kriegsvölkerrecht wurde die Ermordung kriegsgefangener Rotarmisten befohlen, die als politische Kommissare in der Truppe tätig gewesen waren. Es sind bis zur Aufhebung der Richtlinien 1942 mehrere Tausend Gefangene auf Befehl einzelner Offiziere erschossen wurden. In der großen Masse der in deutschem Gewahrsam getöteten Gefangenen geht diese Zahl wohl unter, doch der »Kommissarbefehl« demonstriert in aller Klarheit die Bereitschaft der Heeresführung, das »Unternehmen Barbarossa« als rassenideologischen Vernichtungskrieg zu akzeptieren. Dieser Charakter des Kriegs wurde auch von Armeeoberbefehlshabern und anderen militärischen Verantwortlichen immer wieder betont. Sie konnten sich zumeist auf Anordnungen des »Führers« berufen, was interne Kritik und Widerspruch Einzelner selbstverständlich erschwerte.

Von weitreichender Bedeutung ist auch die auf Befehl von Brauchitsch geregelte Zusammenarbeit mit Sicherheitspolizei und Sicherheitsdienst (SD) gewesen. Dabei handelte es sich zunächst um das Problem, für die Absicherung der Hungerpolitik und zur Sicherung der riesigen Gebiete »besondere Truppen« bereitzustellen. Da das OKH alle verfügbaren Kräfte des Heeres für die Front brauchte, musste man in größerem Stil auf die Kräfte von SS und Polizei zurückgreifen. Himmler nutzte die Chance des Ostfeldzugs, um seine Waffen-SS in Konkurrenz zur Wehrmacht als eigenständige Teilstreitkraft auszubauen. Umso mehr war die Heeresführung daran interessiert, die SS auf die polizeilichen Aufgaben festzulegen. Hitlers Andeutungen vom März über »Sonderaufgaben« Himmlers griff Halder auf, um seinen Generalquartiermeister zu intensiven Absprachen mit Reinhard Heydrich, Himmlers Chef der Sicherheitspolizei, zu veranlassen.

Nach den Erfahrungen in Polen konnte kein Zweifel daran bestehen, dass sich die geplanten »Einsatzgruppen« nicht mit der Verfolgung politischer Gegner und anderen polizeilichen Aufgaben begnügen würden. Tatsächlich hatte Himmler hinter den Kulissen bereits begonnen, Hitlers Auftrag zur Ermordung der jüdischen Bevölkerung zu organisieren. Seine Einsatzgruppen sollten die erste Welle des Massenmords auslösen und konnten nach den Absprachen darauf vertrauen, logistische Unterstützung durch die Wehrmacht zu erhalten.

Mochte Wagner vielleicht auch glauben, auf diese Weise die Armee von der Mordarbeit der SS fernhalten zu können – er sollte sich täuschen. Einmal dem Massenmörder die Hand gereicht, bedeutete es die unentrinnbare und zunehmende Mitwirkung bei Kriegsverbrechen und Völkermord. Im militärischen Operationsgebiet entwickelte sich die Zusammenarbeit nicht immer reibungslos, aus der Sicht Heydrichs jedoch höchst erfolgreich. Bis April 1942 erschossen die vier Einsatzgruppen mehr als 500 000 Menschen jüdischer Abstammung in den besetzten sowjetischen Gebieten. Es war ein Prozess, der sich stufenweise radikalisierte und auf die »Endlösung der Judenfrage« zielte. Immer deutlicher ist in der neueren Forschung auch der enge Zusammenhang mit den militärischen Ereignissen und dem Kriegsverlauf geworden.

Ein Beispiel dafür ist das größte Einzelmassaker im Ostkrieg. Im Oktober 1941 wurden nach der Einnahme von Kiew innerhalb von drei Tagen mehr als 33 000 jüdische Bürger, Männer, Frauen und Kinder, in Babi Yar erschossen. Aus der Sicht der Wehrmacht war es eine Vergeltungsaktion für Sprengstoffanschläge und Sabotage. Man hatte sich längst daran gewöhnt, in solchen Fällen vorzugsweise auf die jüdische Bevölkerung zurückzugreifen, nicht zuletzt auch, um andere nationale Gruppen, um deren Mitarbeit man sich bemühte, zu schonen. Im besetzten Jugoslawien waren es zu dieser Zeit die Serben – und hier die Ukrainer. Die Zuständigkeiten und Handlungsspielräume von Verantwortlichen sind auch in diesem Fall nicht einfach zu klären. Das Ergebnis ist jedenfalls klar: Die Wehrmacht forderte an und unterstützte, die Sicherheitspolizei führte die Exekutionen durch.

Es sind nur wenige Fälle bekannt geworden, in denen einzelne Wehrmachtoffiziere und Soldaten versuchten, das Morden aufzuhalten oder die Mitwirkung zu verweigern. Oft wurden sie dann von ihren Vorgesetzten im Stich gelassen. Doch es ist kein Fall überliefert, in dem ein Soldat, der sich weigerte, an Erschießungsaktionen teilzunehmen, dafür selbst mit dem Leben büßen musste. Häufig haben sich Soldaten sogar freiwillig gemeldet oder als interessierte Zuschauer an den Erschießungen teilgenommen. Manche Truppenführer sahen sich veranlasst, dieses Treiben durch entsprechende Befehle zu unterbinden.

Sicher ist beim Vormarsch 1941 einem großen Teil der Soldaten an der Front der unmittelbare Kontakt zu solchen Gräueltaten erspart geblieben. Doch die Truppen gerieten spätestens dann in den Sog des Verbrechens, wenn es um die Bekämpfung von Partisanen ging. Nach damaligem Kriegsbrauch war der Umgang mit bewaffnetem Widerstand im Hinterland äußerst hart. Wie alle anderen Armeen reagierte auch die Wehrmacht mit Geiselnahmen und Vergeltungen. Bereits im Ersten Weltkrieg hatte man z.B. in Belgien übernervös reagiert, zumal es keine klaren völkerrechtlichen Regeln gab. Der ideologisierte und Totale Krieg förderte die Enthemmung, selbst wenn es vernünftig erschien, Gefangene zu machen und zu verhören, anstatt sie gleich zu erschießen.

Unterstützt durch Hitlers wiederholte Anweisungen, war die Heeresführung 1941 bereit, von vornherein mit größter Härte jeden Widerstand im Hinterland zu brechen. Zuständig dafür waren die Geheime Feldpolizei des Heeres und die Sicherungsdivisionen mit ihren Orts- und Feldkommandanturen. Doch diese konnten nur zahlenmäßig schwach in Erscheinung treten und wurden im Zuge der Operationen immer weiter nach Osten verlegt. Ohne Himmlers Polizei und die Aufstellung von einheimischer Hilfspolizei wäre eine auch nur notdürftige Kontrolle des Landes nicht möglich gewesen. Die genannten Verbände betrieben aber nicht nur die Verfolgung politischer Gegner, sondern – in Himmlers Logik sinnfällig verbunden – auch die Massentötung von Juden. So verständigte man sich bei der Zusammenarbeit von Heer und SS im Hinterland bald auf die Formel: »Wo der Partisan ist, ist der Jude, und wo der Jude ist, ist der Partisan«. Die Mehrzahl der Aktionen gegen Partisanen verfolgte aber offensichtlich den Zweck, ein Mindestmaß an Sicherheit im rückwärtigen Raum zu gewährleisten und nicht das Ziel, »harmlose Bauern« zu ermorden. Auch wenn im Zuge der Partisanenbekämpfung am häufigsten

Kriegsverbrechen – von beiden Seiten – begangen worden sind, können nicht alle Maßnahmen der Wehrmacht ohne weiteres als Ausdruck eines gezielten »Vernichtungskrieges« gewertet werden.

Die verbrecherischen Befehle und Anordnungen förderten eine Haltung, die Hitler so auf den Punkt brachte, dass man »jeden, der nur schief schaue, totschieße«. Stalins Aufruf zum Partisanenkrieg, so meinte er, gebe die Möglichkeit, »auszurotten, was sich gegen uns stellt«. Das war bei der ersten grundlegenden Besprechung über die künftige Ostpolitik, die am 16. Juli 1941 stattfand, also vier Wochen nach Beginn des Feldzugs, als alles noch so aussah, als sei der Sieg nur eine Frage von ein oder zwei Monaten. Erst jetzt hatte Hitler die Zeit gefunden, die Entwürfe über das Vorgehen in Russland zu studieren, erkennbare Differenzen auszuräumen, Kompetenzregelungen zu treffen und seine persönlichen Direktiven zu erteilen. Die Befehle und Richtlinien, die von der Wehrmacht zur Sicherung des Hinterlandes, zur Behandlung der Kriegsgefangenen und zur wirtschaftlichen Ausbeutung ausgearbeitet worden waren, entsprachen anscheinend den Erwartungen des Diktators. Alle Ressorts hatten sich bemüht, dem »Führer« entgegenzuarbeiten.

Im Mittelpunkt der Aussprache im kleinen Kreis stand die politische Zukunft des Landes. Im April 1941 hatte Alfred Rosenberg als künftiger »Reichsminister für die besetzten Ostgebiete« seine Arbeit aufgenommen. Der Chefideologe der NSDAP und Hitlers Mentor in Ostfragen bereitete eine zivile Verwaltung vor, die schon während der Operationen Zug um Zug die Militärverwaltung ablösen und die »Neuordnung« im Osten vornehmen sollte: »erstens beherrschen, zweitens verwalten und drittens ausbeuten«.

Rosenberg hatte genaue Vorstellungen über die Zerschlagung des russischen Reiches und die Förderung einzelner Nationalitäten entsprechend ihrer rassischen Wertigkeit. Damit stimmte auch Hitler überein. Aber für ihn war Rosenberg vor allem Theoretiker, kein Tatmensch. Daher bestätigte er die Sondervollmachten Görings und Himmlers und ernannte bewährte Gauleiter und Parteifunktionäre zu »Reichskommissaren« in den östlichen Regionen. Rosenbergs Ostpolitik stand von Anfang an auf schwachen Füßen. In mancher Hinsicht traf sie sich eigentlich mit den Interessen der Wehrmacht, als diese später doch auf einheimische Hilfsmannschaften und die Unterstützung der Bevölkerung setzte. Gemeinsam machte man dann Front gegen die radikale Wirtschaftspolitik Görings und den Polizeiapparat Himmlers. Doch Änderungen ließen sich schwerlich erreichen, weil Hitler im Zweifelsfall auf Ausbeutung und Vernichtung setzte. Zumindest in einer Hinsicht ließ sich auch Rosenberg an Radikalität nicht übertreffen: Er war vehementer Verfechter des Völkermords an den Juden.

Der rassenideologische motivierte Massenmord, der zum Kennzeichen der nationalsozialistischen Kriegführung im Zweiten Weltkrieg geworden ist, wurde hauptsächlich von Himmlers Polizei und SS verübt; er betraf die jüdische Bevölkerung, aber auch Behinderte und Zigeuner. Von der Wehrmacht wurde »Verständnis« und Hilfestellung erwartet, nicht zuletzt auch die Auslieferung der jüdischen »Mischlinge« unter den Soldaten.

Im Zuge der Vorbereitungen des Unternehmens »Barbarossa« hatte man sich zwar stärker als bisher der politischen Führung und ihren Direktiven unterworfen. Das bedeutete aber nicht ein völliges Ignorieren des Kriegsvölkerrechts im praktischen Handeln der Soldaten. Eine Rückkehr zum »Normalkrieg« erwies sich im Osten nach der verantwortungslosen Enthemmung im Sommer 1941 als fast unmöglich. Dennoch sind solche Bemühungen im militärischen Rahmen zu verzeichnen. Als etwa General Paulus, der den Operationsplan »Barbarossa« im Herbst 1940 entworfen hatte, Anfang 1942 die 6. Armee übernahm, fand er eine Truppe vor, die bei ihrem Vormarsch in der Ukraine eine besondere blutige Spur hinterlassen hatte. Es gelang ihm innerhalb kurzer Zeit, die übelsten Exzesse abzustellen (9.4 Diedrich).

Freilich kamen aus dem Führerhauptquartier und vom OKW immer wieder Befehle und Anweisungen, die zu Kriegsverbrechen führten oder nach dem damaligen Rechtsverständnis zumindest fragwürdig waren und in der Praxis nicht immer einheitlich ausgelegt wurden. Das betraf etwa die Aufbringung von Arbeitskräften im besetzten Gebiet, Vergeltungsmaßnahmen sowie die Behandlung von gefangenen Partisanen und mit Beginn der Rückzüge auch die Anordnungen zur »Verbrannten Erde«.

Das Ausmaß der Grenzüberschreitungen war im Osten so groß, dass die anderen Kriegsschauplätze nicht unberührt geblieben sind, denn durch die Verlegung von Truppen fanden Praktiken des Ostens auch im Westen und Süden Anwendung. Dennoch lässt sich generell feststellen, dass die Härte des Ostkrieges und Formen einer verbrecherischen Kriegführung im Westen nicht in diesem Ausmaß stattfanden. Der Begriff des »Normalkrieges« kann deshalb nützlich sein, um den Unterschied zur radikalisierten Form des Krieges im Osten zu kennzeichnen. Es bleibt dabei zu berücksichtigen, dass der Begriff des Vernichtungskrieges in der Gegenüberstellung nur dann sinnvoll ist, wenn er sich auf die Absicht bezieht, das Sowjetsystem und die jüdische Bevölkerung vernichten zu wollen. Und diesem Ziel ihres »Führers« und Obersten Befehlshabers willig gefolgt zu sein, darin liegt die Schuld der militärischen Führungsspitze und allzu vieler Soldaten.

▶ Abb. 17:
Fallschirmjäger in der Schlacht um Monte Cassino in einer Hausruine in Stellung, 1943.
BArch/101I-577-1923-33/Zscheile

◀ Abb. 18:
Belagerung Leningrads durch die Heeresgruppe Nord, Winter 1941/42: Nach einem Bombenangriff verlassen die Bewohner ihre zerstörten Häuser.
akg-images

▶ Abb. 19:
Erschießung von »Partisanen« im Norden der Sowjetunion, September 1941.
BArch/101I-212-0221-07/Thiede

▲ Abb. 20:
Deutsche und sowjetische Offiziere bei Brest-Litowsk nach der Zerschlagung Polens, 22. September 1939.

BArch/101I-121-0011-20

▲ Abb. 21:
Einmarsch in Paris: Deutsche Kradschützen vor dem Eiffelturm, Mai/Juni 1940.

BArch/101I-126-0348-15A/Gutjahr

▲ Abb. 22:
General der Panzertruppe Heinz Guderian, Einsätze u.a. im Polenfeldzug 1939, im Westfeldzug 1940 und in der Sowjetunion 1941.   *BArch/101I-769-0229-12A/Borchert*

▲ Abb. 23:
Generalfeldmarschall Erwin Rommel (rechts) in Afrika bei einer Besprechung auf vorgeschobenem Gefechtsstand, 1942.   *BArch/101I-786-0315-34A/Otto*

Die Wehrmacht im Einsatz

Die Niederwerfung Polens 1939

Im Morgengrauen des 1. September 1939 überfiel die deutsche Wehr- Quelle S. 160 macht das Nachbarland Polen. Anders als bei der Kriegseröffnung 1914 bediente man sich keiner Kriegserklärung. Stattdessen wurde das Schmierentheater eines angeblichen polnischen Überfalls auf den deutschen Sender Gleiwitz inszeniert. Dahinter verbarg sich das Bemühen, die Entfesselung des Kriegs als Akt der Notwehr zu tarnen und so die eigene Bevölkerung wie die Weltöffentlichkeit zu täuschen. Der Eindruck, dass es sich eigentlich nur um eine Art von Polizeiaktion handelte, sollte den Tabubruch, 20 Jahre nach dem Ende des Ersten Weltkriegs wieder einen Krieg in Europa zu beginnen, verdecken und den Westmächten einen Vorwand liefern, ihre Verpflichtungen zum Schutz Polens zu suspendieren.

Hitler war es letztlich gleichgültig, ob man ihm den propagandistischen Vorwand glaubte oder nicht. Der Sieger, so hatte er am 22. August 1939 vor den Oberbefehlshabern ausgeführt, werde später nicht nach der Wahrheit gefragt. Die französische und die britische Regierung ließen sich nicht täuschen. Sie verkündeten die Mobilmachung und richteten ein Ultimatum an Berlin. Hitler glaubte fest daran, mit seinem Vabanquespiel wieder einmal davonkommen zu können. So traf ihn die angekündigte Kriegserklärung der Westmächte am 3. September mit voller Wucht. Umso mehr kam es darauf an, die Kampfhandlungen auf polnischem Gebiet rasch zu beenden und durch einen deutschen Aufmarsch an der Westgrenze die an sich kritische Zweifrontensituation zu entschärfen. Es hatte ein europäischer Krieg begonnen, der sofort globale Konsequenzen zeigte, indem die Kriegserklärung auch die britischen Dominions und Kolonien einbezog. Da aber die amerikanische Weltmacht neutral blieb, gewann dieser Krieg militärisch noch keine weltweiten Dimensionen.

Deutschland hatte 4,6 Millionen Mann mobilisiert. Von den 103 Divisionen des Feldheeres sicherte knapp die Hälfte (43 Infanteriedivisionen) die Westgrenze, gestützt auf den notdürftig vollendeten Westwall mit seinen Bunkerlinien, die vom Saargebiet bis zur Schweizer Grenze reichten. Für die Risikophase von etwa vier Wochen waren 55 Großverbände im Osten gebunden. Eine »Blitzkriegsarmee« war die Wehrmacht zu diesem Zeitpunkt nicht. Während rund zwei Millionen Mann für den beweglichen Kampfeinsatz vorgesehen waren, wurden 650 000 Mann in den Befestigungen sowie bei den Bautruppen eingeplant. Die französische Armee hatte etwa gleich starke Kräfte mobilisiert

Adolf Hitler, Rede vor dem Reichstag am 1. September 1939

In seiner vielfach zitierten Rede vor dem Reichstag verkündete Hitler den Zuhörern den Beginn des Krieges mit Polen.

Polen hat heute Nacht zum ersten Mal auf unserem eigenen Territorium auch mit bereits regulären Soldaten geschossen. Seit 5.45 Uhr wird jetzt zurückgeschossen! Und von jetzt ab wird Bombe mit Bombe vergolten! Wer mit Gift kämpft, wird mit Giftgas bekämpft. Wer selbst sich von den Regeln einer humanen Kriegsführung entfernt, kann von uns nichts anderes erwarten, als dass wir den gleichen Schritt tun. Ich werde diesen Kampf, ganz gleich, gegen wen, so lange führen, bis die Sicherheit des Reiches und bis seine Rechte gewährleistet sind.

Ich habe nun über sechs Jahre am Aufbau der deutschen Wehrmacht gearbeitet. Es sind in dieser Zeit über 90 Milliarden für den Aufbau dieser Wehrmacht angewendet worden. Sie ist heute die bestausgerüstete, und sie steht weit über jedem Vergleich mit der des Jahres 1914. Mein Vertrauen auf sie ist unerschütterlich.

Wenn ich diese Wehrmacht aufrief, und wenn ich nun vom deutschen Volk Opfer und, wenn notwendig, alle Opfer fordere, dann habe ich ein Recht dazu. Denn ich bin auch selbst heute genau so bereit, wie ich es früher war, jedes persönliche Opfer zu bringen. Ich verlange von keinem deutschen Mann etwas anderes, als was ich selber [im Ersten Weltkrieg] über vier Jahre freiwillig bereit war, jederzeit zu tun. Es soll keine Entbehrung in Deutschland geben, die ich nicht selber sofort übernehme. Mein ganzes Leben gehört von jetzt ab erst recht meinem Volk. Ich will nichts anderes jetzt sein, als der erste Soldat des deutschen Reiches.

Quelle: Max Domarus, Hitler. Reden und Proklamationen 1932–1945. Kommentiert von einem deutschen Zeitgenossen, Teil 2: Untergang, Bd 3: 1939–1940, Leonsberg 1988, S. 1315.

(fünf Millionen Mann mit 94 Divisionen), die in der Deckung der gigantischen Maginot-Linie aufmarschierten. Ihre Schlagkraft war nicht geringer als die deutsche, doch fehlte es in Paris an der Entschlossenheit, der Wehrmacht entgegenzutreten. Mit dem Eintreffen des britischen Expeditionskorps wurden weitere 400 000 Mann gegen die Deutschen in Stellung gebracht, ein Drittel der in Großbritannien 1939 mobilisierten Kräfte (1,3 Millionen Mann). Polen schickte ebenfalls 1,3 Millionen Mann ins Feld.

Die britische Stärke lag in der Flotte. Sie umfasste 15 Schlachtschiffe, 7 Flugzeugträger, 15 Schwere und 49 Leichte Kreuzer, 192 Zerstörer sowie 62 U-Boote. Hinzu kam noch die französische Marine mit 7 Schlachtschiffen, einem Flugzeugträger, 7 Schweren und 11 Leichten Kreuzern, 61 Zerstörern und 79 U-Booten. Dem hatte die deutsche Kriegsmarine unter der Führung des Großadmirals Erich Raeder lediglich 2 Schlachtschiffe, 3 Panzerschiffe, 1 Schweren und 6 Leichte

Kreuzer, 21 Zerstörer und 57 U-Boote entgegenzustellen. Selbst auf dem Sektor der U-Boote bestand also aufseiten der Alliierten eine Überzahl. Diese hatten vor allem vor Görings Luftwaffe einen übertriebenen Respekt, der vom Zahlenverhältnis her nicht gerechtfertigt war. Die Deutschen konnten 4093 Frontflugzeuge einsetzen (1542 Bomber, 771 Jäger und 408 Zerstörer) gegenüber 1735 französischen (643 Bomber und 590 Jäger) und 1460 Frontflugzeugen der Royal Air Force (536 Bomber und 608 Jäger). Angesichts der fieberhaften Rüstungsbemühungen der Westmächte, die von amerikanischer Seite unterstützt wurden, war in diesem Bereich eine rasche Verbesserung zu erwarten. Die Alliierten sahen im Augenblick jedenfalls keine Chance zu einer erfolgversprechenden Offensive gegen den deutschen Westwall, um die tapfer kämpfende, aber hoffnungslos veraltete polnische Armee zu entlasten. Die deutschen Linien im Westen nördlich zu umgehen hätte die Verletzung der Neutralität der Benelux-Staaten bedeutet. Im Gegensatz zu den Deutschen, die acht Monate später diesen Weg gingen, scheuten die Westmächte einen solchen Bruch des Völkerrechts. Der Oberbefehlshaber der alliierten Landstreitkräfte, General Maurice-Gustave Gamelin, vertraute auf die Überlegenheit im Rüstungswettlauf und wollte die eigenen Kräfte keinem unnötigen Risiko aussetzen. Seine veralteten taktisch-operativen Vorstellungen waren an die Erfahrungen des Ersten Weltkriegs gefesselt und sahen die Vorteile im Stellungskrieg.

Die Wehrmacht setzte gegen Polen ihre sechs Panzerdivisionen ein. Sie bahnten 48 Infanteriedivisionen den Weg. Trotz teilweise heftiger Gegenwehr konnte sich die polnische Armee nicht der Einkesselung und Vernichtung entziehen. Warschau kapitulierte nach mehr als zweiwöchiger Belagerung am 27. September, nachdem schwere Luftangriffe den Widerstandswillen der Verteidiger gebrochen hatten. Am 6. Oktober ergaben sich die letzten Truppenteile. Etwa 90 000 Mann konnten über Rumänien ausweichen und schlossen sich den französischen Streitkräften an. Sie bildeten den Kern einer neuen Armee, die von der polnischen Exilregierung unter General Władysław Sikorski in London aufgestellt wurde.

Die in Ostpolen dislozierten Reservearmeen gerieten zumeist in so- Quelle S. 162 wjetische Gefangenschaft. Lange hatte Berlin Stalin zum Eingreifen gedrängt, um eigene Truppen für die Verlegung nach Westen freizubekommen. Am 17. September 1939 begann die Rote Armee mit dem Einmarsch in jene Gebiete, die der deutsche Diktator dem sowjetischen Verbündeten im geheimen Zusatzprotokoll des Hitler-Stalin-Paktes vom 23. August als sowjetisches »Interessengebiet« zugesichert hatte. Die Westmächte tolerierten diesen Schritt.

Die polnischen Verluste werden auf 66 300 Tote, 133 700 Verwundete und 694 000 Gefangene geschätzt. Die Wehrmacht hatte 10 572 Gefallene,

Hitler-Stalin-Pakt vom 23. August 1939

Der Nichtangriffsvertrag zwischen Deutschland und der UdSSR (nach den beiden unterzeichnenden Außenministern auch Ribbentrop-Molotow-Pakt genannt) enthielt ein geheimes Zusatzprotokoll, das die Aufteilung Nordost- und Südosteuropas zwischen der Sowjetunion und dem Deutschen Reich regelte.

Aus Anlass der Unterzeichnung des Nichtangriffsvertrages zwischen dem Deutschen Reich und der Union der Sozialistischen Sowjetrepubliken haben die unterzeichneten Bevollmächtigten der beiden Teile in streng vertraulicher Aussprache die Frage der Abgrenzung der beiderseitigen Interessensphären in Osteuropa erörtert. Diese Aussprache hat zu folgendem Ergebnis geführt:

1. Für den Fall einer territorial-politischen Umgestaltung in den zu den baltischen Staaten (Finnland, Estland, Lettland, Litauen) gehörenden Gebieten bildet die nördliche Grenze Litauens zugleich die Grenze der Interessensphäre Deutschlands und der UdSSR. Hierbei wird das Interesse Litauens am Wilnaer Gebiet beiderseits anerkannt.

2. Für den Fall einer territorial-politischen Umgestaltung der zum polnischen Staat gehörenden Gebiete werden die Interessensphären Deutschlands und der UdSSR ungefähr durch die Linie der Flüsse Narew, Weichsel und San abgegrenzt. Die Frage, ob die beiderseitigen Interessen die Erhaltung eines unabhängigen polnischen Staates erwünscht erscheinen lassen und wie dieser Staat abzugrenzen wäre, kann endgültig erst im Laufe der weiteren politischen Entwicklung geklärt werden. In jedem Falle werden beide Regierungen diese Frage im Wege einer freundschaftlichen Verständigung lösen.

3. Hinsichtlich des Südostens Europas wird von sowjetischer Seite das Interesse an Bessarabien betont. Von deutscher Seite wird das völlige politische Desinteressement an diesen Gebieten erklärt.

Quelle: Akten zur Deutschen Auswärtigen Politik, Serie D, Bd 7, Baden-Baden 1956, S. 206 f.

30 322 Verwundete und 3404 Vermisste zu verzeichnen. Von der Roten Armee wurden 737 Tote und 1859 Verwundete gemeldet. Sie »entwaffnete« offiziell 230 670 polnische Soldaten.

Stalin zögerte nicht lange, um Schritt für Schritt auch andere Staaten der UdSSR zu unterwerfen, die ihm Hitler ausgeliefert hatte. Unter massivem diplomatischen Druck zwang er die baltischen Republiken, der Einrichtung von sowjetischen Stützpunkten zuzustimmen. Dann wandte er auch gegen Finnland, das sich seinen Gebietsforderungen in Karelien verweigerte, am 30. November 1939 das Mittel des militärischen Überfalls an. Im finnisch-sowjetischen Winterkrieg erlitt die weit überlegene Rote Armee, die hier 1,2 Millionen Mann mit 3000 Panzern einsetzte, schwere Verluste gegen die rund 200 000 finnischen Soldaten. Nur mit Mühe konnte der finnischen Regierung unter Marschall Mannerheim am 13. März 1940 ein Annexionsfrieden aufgezwungen werden. Finnland verlor zehn Prozent seines Territoriums und musste 400 000 Flüchtlinge aus Karelien aufnehmen.

Das Schicksal Polens blieb nicht lange unklar. Erneute Verhandlungen durch Außenminister Joachim von Ribbentrop in Moskau führten am 28. September 1939 zu einem deutsch-sowjetischen Grenz- und Freundschaftsvertrag. In verschiedenen Zusatzprotokollen, Briefen und Erklärungen wurden weitere Gebietsfragen und politische Probleme behandelt. So erhielt Hitler beispielsweise den Suwałki-Zipfel in Nordostpolen im Austausch gegen Litauen, das vor dem Krieg der »Interessensphäre« Deutschlands zugesprochen worden war. Die Diktatoren teilten Polen gleichmäßig untereinander auf.

Das härteste Schicksal erlebten zunächst die Menschen im sowjetischen Besatzungsgebiet. Die Sowjetisierung wurde als Klassenkampf organisiert, dem die bürgerlichen Eliten, vorwiegend polnischer Nationalität, zum Opfer fielen. Weil auch Stalin keine offizielle Kriegserklärung ausgesprochen hatte, wurden die entwaffneten polnischen Soldaten als Verbrecher behandelt und in Straflager deportiert. Offiziere, Geistliche, Gutsherren und andere »Klassenfeinde ermordete der sowjetische Geheimdienst (NKWD). Katyn wurde später zum symbolischen Ort für diesen Massenmord, den die sowjetische Propaganda 50 Jahre lang leugnete. Die Gräber waren bereits 1943 von den Deutschen entdeckt und für ihre Propaganda genutzt worden. Erst das Ende des Sowjetimperiums machte den Weg für die Wahrheit frei.

Obwohl die Besatzungspolitik der Nationalsozialisten klaren ideologischen Vorgaben folgte, blieb sie stets widersprüchlich und wurde in den unterschiedlichen Territorien mit teils erheblichen internen Konflikten umgesetzt. Zentralpolen wurde als »Beuteland« betrachtet und als »Generalgouvernement« dem Reich angegliedert. Die Regierung unter Hans Frank mit Sitz in Krakau übernahm die Aufgabe, die polnische Kultur und Nationalität zu verdrängen, die durch die Deportationen aus den annektierten Gebieten rasch wachsende Bevölkerung auf einem unteren Lebensstandard zu halten und als Sklavenarbeiter dem Reich zur Verfügung zu stellen. Gleich nach Kriegsbeginn hatte die SS begonnen, polnische Führungskräfte und Aktivisten zu ermorden sowie unsystematische Pogrome und Massentötungen an der jüdischen Bevölkerung durchzuführen. Solange es eine starke Militärverwaltung im Lande gab, kam es wiederholt zu Protesten von Befehlshabern und Soldaten. Die Heeresführung ließ sich aber von Hitler abweisen und hielt sich auffällig zurück.

Für die deutsche Kriegführung wurde Polen zu einer wichtigen Drehscheibe, zunächst als Rückendeckung für den Aufmarsch gegen Frankreich, dann ein Jahr später gegen die UdSSR. Im Winter 1939/40 trafen die ersten sowjetischen Hilfslieferungen ein. Stalin war bereit, mit großen Mengen an Getreide, Mineralöl und anderen kriegswichtigen Rohstoffen die deutsche Kriegführung zu unterstützen. Großzügige Kredite wurden im Rahmen eines neuen Handelsvertrags gewährt, der Deutschland im Gegenzug dazu verpflichtete, durch die Lieferung modernster Rüstungstechnologie und Anlagen die sowjetische Aufrüstung zu fördern. So intensivierte die UdSSR die Partnerschaft mit dem Reich, obwohl sie offiziell neutral blieb.

Der Westfeldzug 1940

Die Westmächte richteten sich derweil auf den deutschen Angriff ein. Sie vertrauten auf den Schutz der Maginot-Linie und wollten an der Peripherie aktiv werden. So trafen sie Vorbereitungen, ein Hilfskorps für die Finnen notfalls auch ohne Zustimmung der betroffenen Regierungen in Norwegen landen und durch Nordschweden marschieren zu lassen. Damit wäre zugleich Hitler von dieser lebenswichtigen Rohstoffregion abgeschnitten und der Blockadering enger gezogen gewesen. Parallel dazu wurden auch Luftangriffe auf die Ölquellen des Kaukasus erwogen, um eine Offensive der Wehrmacht zu erschweren.

Wie in Paris verschärften sich auch in London die internen Gegensätze. Churchill forderte als Erster Lord der Admiralität mehr Kompetenzen und eine aktivere Kriegführung gegen Deutschland. Sein Plan, vor Narvik Minensperren zu legen und damit die deutschen Frachter zu treffen, die über den eisfreien Hafen im Winter schwedisches Eisenerz abholten, fand Zustimmung. In Berlin beobachtete die Marineführung die Entwicklung mit Besorgnis. Sie war selbst daran interessiert, ihre Operationsbasis nach Norden auszudehnen und damit die Nord- und Ostsee besser kontrollieren zu können. Nordeuropa zählte in den Planungen für eine deutsche »Großraumwirtschaft« ohnehin zu den unverzichtbaren Positionen, so wie auch Hitlers Vision eines »Großgermanischen Reiches« wie selbstverständlich die »wertvollen« nordgermanischen »Blutsquellen« umfassten.

Hitler setzte General Nikolaus von Falkenhorst ein, um mit einem Sonderstab ein mögliches Eingreifen vorzubereiten. Das Unternehmen erhielt den Decknamen »Weserübung«. Die schwierigen geografischen und klimatischen Verhältnisse erzwangen eine sorgfältige Planung. Die Hauptkräfte stellte die Kriegsmarine, die alle verfügbaren Einheiten einzusetzen bereit war. Heer und Luftwaffe blieben auf die bevorstehende Offensive gegen Westeuropa konzentriert. So mussten acht Divisionen, eine Brigade und eine Panzerabteilung ausreichen, um nicht nur Norwegen, sondern auch gleich Dänemark zu besetzen. Die Luftwaffe stellte neben drei Kampfgeschwadern und drei Jagdgruppen zum Schutz gegen die britische Flotte ihre gesamte Kapazität an Lufttransportraum zur Verfügung.

Am 7. April begann der deutsche Flottenaufmarsch, der ein hohes Risiko barg. Der von der Sowjetunion begrüßte Coup gelang im ersten Teil. Mit Beginn der Landungen am 9. April in Norwegen und angesichts drohender Luftangriffe beschloss die dänische Regierung, keinen Widerstand zu leisten. Die Besetzung des Landes und die Demobilisierung seiner Armee vollzogen sich ohne Reibungen. Hitler entsandte einen »Reichsbevollmächtigen« nach Kopenhagen, der, von einem Wehrmachtbefehlshaber unterstützt, dafür sorgte, dass sich Dänemark in den deutschen Machtbereich einfügte und seine Ressourcen dem Reich zur Verfügung stellte.

Auf eine ähnliche Entwicklung hoffte man in Berlin auch im Hinblick auf Norwegen. Doch Regierung, Parlament und König zogen sich ins Landesinnere zurück und organisierten den militärischen Widerstand. Die Briten besetzten unterdessen die dänischen Färöer-Inseln, später auch Island, gewannen so eine bessere Kontrolle des Nordatlantiks, verpassten aber mit ihrer Homefleet den deutschen Hauptverband. Sie landeten ihrerseits Truppen in der Nähe von Trondheim, in Namsos und Andalsnes. Die Deutschen stießen auf schnell wachsende Schwierigkeiten. Der Vormarsch im Landesinneren verlangsamte sich, und die Kriegsmarine erlitt in Seegefechten schwere Verluste. Sie verlor vor Narvik fast alle ihre Zerstörer (zehn von 14), außerdem sanken drei Kreuzer und neun Transporter.

In Narvik war eine deutsche Kampfgruppe von Gebirgsjägern unter General Eduard Dietl, verstärkt durch schiffbrüchige Matrosen der Kriegsmarine, isoliert worden. Britischen, französischen, polnischen und norwegischen Soldaten gelang die Rückeroberung von Stadt und Hafen (28. Mai 1940). In einer erbitterten Schlacht standen die Deutschen kurz vor einer dramatischen Niederlage. Wegen der Entwicklung der Kämpfe in Frankreich waren die Alliierten aber gezwungen, am 8. Juni ihre Kräfte abzuziehen. Die norwegische Armee kapitulierte zwei Tage später. Die Regierung und König Haakon VII. gingen ins britische Exil.

Die Wehrmacht hatte mit viel Glück die wirtschaftlich wie strategisch wichtigen Positionen in Skandinavien gewonnen. Trotz schmerzlicher Verluste konnte die Kriegsmarine damit das »nasse Loch« der Nordsee verlassen und zu einer atlantischen Kriegführung übergehen. Auch die Luftwaffe verbesserte ihre Angriffsposition gegenüber Großbritannien. Das neutrale Schweden geriet nun in eine weitgehende Abhängigkeit vom Reich, das sich der wertvollen Ressourcen bedienen konnte, ohne das Land erobern zu müssen. Während des ganzen Kriegs blieben allerdings starke Kräfte zur Sicherung der langen norwegischen Küste gebunden (350 000 Mann). Der Regierung unter Vidkun Quisling gelang es nicht, die Kollaboration der Bevölkerung zu gewährleisten. SS und Polizei sorgten in Zusammenarbeit mit dem Wehrmachtbefehlshaber durch Einschüchterung und Terror dafür, dass der Widerstand nur langsam erstarken konnte. Norwegen und Dänemark waren Anfang Mai 1945 die letzten Faustpfänder des OKW.

Die bisherigen militärischen Unternehmungen waren für die Wehrmacht keine ernsthaften Herausforderungen gewesen. Es waren Blitzaktionen mit kurzen Kampfhandlungen gegen einen weit unterlegenen Gegner, weithin sogar kampflose Besetzungen. Als Hitler im Oktober 1939 die Vorbereitungen für einen Angriff im Westen in Auftrag gab, musste er zu seiner Überraschung feststellen, dass der deutsche Generalstab – anders als 1914 – keinen Schubladenplan besaß. Ein massiver Angriff gegen die französische Festungsfront schien von vornherein aussichtslos zu sein; ein mühsames Durchboxen gegen den gleichwertigen, abwehrbereiten Gegner konnte sich schnell zu einem Stellungskrieg wie 1914/15 entwickeln. Aber Hitler sah die Notwendigkeit, sich mit ganzer Kraft gegen den Westen zu wenden, weil die Zeit für den Gegner arbeitete. Die sowjetische Neutralität sei nicht zuverlässig, und schließlich müsse auch mit den USA gerechnet werden.

Die Generalität hatte nach den Erfahrungen des Ersten Weltkriegs großen Respekt vor den Briten und den Franzosen. Von einem schnellen Sieg war sie nicht so leicht zu überzeugen. Hitler musste sich den Bedenken gegen ein Antreten noch im Herbst und Winter beugen. Immer wieder wurden mögliche Angriffstermine für den Fall »Gelb« verschoben, insgesamt 29 Mal. In der schwelenden Vertrauenskrise war ein möglicher militärischer Staatsstreich nicht ausgeschlossen. Dem Widerstand fehlte freilich die treibende Kraft, und die Heeresspitze hielt sich bedeckt. Die Verschiebung des Angriffs auf das Frühjahr 1940 ließ Zeit für zusätzliche Rüstungen, mit denen sich die Erfolgsaussichten verbesserten. Es war – neben den erkannten Mängeln in der Ausbildung und Ausrüstung – der geringe Vorrat an Munition, der bedenklich schien. Jetzt rächte sich die zögerliche wirtschaftliche Mobilmachung, mit der die Partei den Besorgnissen in der eigenen Bevölkerung entgegenkam. Zwischen Westwall und Maginot-Linie herrschte ein »Sitzkrieg«, der die Angst vor blutigen Materialschlachten verdrängte.

Mit der Ernennung von Fritz Todt zum Munitionsminister unterlief Hitler die Mahnungen und Bedenken der Militärs. Ein baldiger Hochlauf der Rüstung schien gesichert. Das OKH beschäftigte sich mit Variationen des alten Schlieffenplans von 1914. General Erich von Manstein kritisierte am schärfsten diesen Ansatz und hatte im Januar 1940 eine scheinbar »verrückte« Idee präsentiert, die ihm flugs die Versetzung auf einen unbedeutenden Posten einbrachte. Er wollte mit dem rechten Flügel Holland besetzen und den Gegner dadurch verleiten, seine wertvollen beweglichen Verbände in Richtung Belgien in Marsch zu setzen. Die eigenen schnellen Divisionen sollten als »starker Sturmbock« zusammengefasst werden, einen kühnen Stoß durch die Ardennen führen und den Raum Arras–Boulogne erreichen. Damit wäre das alliierte Expeditionskorps von seiner Ausgangsbasis abgeschnitten, was schließlich die Entscheidung bringen würde.

Vor allem Heinz Guderian, der sich als Panzerführer bereits einen Namen gemacht hatte, zeigte sich für die Idee aufgeschlossen. Manstein erhielt Gelegenheit, Hitler persönlich den Plan vorzutragen. Dieser fand Gefallen daran, doch entgegen manchen alten Legenden wurden Mansteins Vorstellungen nur teilweise umgesetzt. Auch Generalstabschef Halder, der sich nach 1945 rühmte, der eigentliche Schöpfer des »Sichelschnitt«-Plans zu sein, war zunächst ein strikter Gegner der Ideen Mansteins gewesen.

Als die Wehrmacht am 10. Mai 1940 die Westoffensive eröffnete, befand sie sich gegenüber den Westmächten (einschließlich Belgien und den Niederlanden) in einer zahlenmäßigen Unterlegenheit. Die Westmächte verfügten über 151 Divisionen mit 3,5 Millionen Soldaten, das deutsche Heer setzte 135 Divisionen mit knapp 3 Millionen Mann ein; davon blieben 45 Divisionen in der Reserve zurück. Bei der Artillerie war die alliierte Seite fast doppelt so stark wie die deutsche (13 947 Rohre gegenüber 7378). Sie verfügte über 4204 Panzer, zu einem großen Teil technisch überlegene Modelle. Die Deutschen konnten mit ihrer noch jungen Panzerwaffe lediglich 2439 Fahrzeuge aufbieten.

Die Legende von einer angeblichen deutschen Überlegenheit in der Luft als Erklärung für die Niederlage der Franzosen hat sich hartnäckig gehalten. Tatsächlich standen 3578 einsatzbereiten deutschen Flugzeugen 4469 alliierte gegenüber, die allerdings aus berechtigter Sorge vor einem deutschen Überraschungsangriff meist weit ins Hinterland zurückverlegt worden waren. Auf dem Schlachtfeld beherrschte Görings Luftwaffe den Himmel, weil die deutsche Seite stets rücksichtslos alle verfügbaren Maschinen einsetzte. Franzosen und Briten dagegen verfolgten eine Strategie des sparsamen Einsatzes; sie hatten sich auf eine längere Auseinandersetzung eingestellt. Die modernen deutschen Jäger Messerschmitt Bf 109 konnten auch deshalb die Luftherrschaft erringen, weil die gleichwertigen britischen Spitfire-Maschinen zur Verteidigung der britischen Insel zurückgehalten wurden. So war das Verhältnis in der Luft 12:1 zugunsten der Deutschen.

Die Luftwaffe führte den ersten Schlag. Rund 350 feindliche Maschinen wurden am Boden zerstört. Lastensegler landeten lautlos eine Sturmabteilung auf dem Plateau des wichtigen belgischen Forts Eben-Emael. Die Niederlande, Belgien und Luxemburg wurden aufgefordert, keinen Widerstand zu leisten. Ihre Neutralität werde von der

Wehrmacht gesichert. Dass der erneute Bruch des Völkerrechts – wie 1914 – dem deutschen Ansehen in der Weltöffentlichkeit schaden würde, schätzte man in Berlin geringer ein als die politisch-strategischen sowie ökonomischen Vorteile.

Die Alliierten hatten vorsorglich ihre Kräfte bis zur Kanalküste vorgestaffelt und verstärkt, weil sie eine Umgehung der Maginot-Linie befürchteten. Eine Abstimmung mit den belgischen und niederländischen Streitkräften war bis zum Beginn der deutschen Offensive nicht möglich gewesen. Im Augenblick der höchsten Gefahr verfügte die größte Militärmacht infolge der Regierungskrise in Paris über keine starke Führung. In London war Premierminister Neville Chamberlain wegen des Rückschlags in Norwegen zurückgetreten. Churchill bildete eine Allparteien-Regierung und nahm das Heft fest in die Hand. Am 11. Mai 1940 beschloss das Kabinett die Eröffnung des strategischen Bombenkriegs gegen das deutsche Hinterland.

Der deutsche Vorstoß gegen die »Festung Holland« kam rasch voran, obwohl die Luftlandungen hohe Materialverluste forderten. Der schnelle Zugriff auf Den Haag scheiterte. Fallschirmjägern gelang es aber, wichtige Brücken einzunehmen. Die 9. Panzerdivision stieß zu deren Stützpunkten vor und schob sich dabei in den Rücken der holländischen Verteidigungslinie. Verzögerungen bei der Übergabe von Rotterdam führten zu einem schweren Luftangriff. Die historische Altstadt brannte nieder. 814 Einwohner verloren ihr Leben. Die Regierung und Königin Wilhelmina wichen nach England aus. Die Streitkräfte kapitulierten am 15. Mai 1940. Luxemburg war bereits am 10. Mai innerhalb weniger Stunden besetzt worden.

Unterdessen waren die britisch-französischen Truppen des linken Flügels in Belgien einmarschiert. Fort Eben-Emael war gefallen, die Belgier wichen zurück. Französische Aufklärungsflieger hatten zwar den deutschen Aufmarsch in den scheinbar undurchdringlichen Ardennen entdeckt, konnten jedoch über die Stoßrichtung der »Panzergruppe Kleist« keine Erkenntnisse gewinnen. Über eine Länge von 250 km bildete sich der größte Verkehrsstau der europäischen Geschichte. Das Ende befand sich 80 km ostwärts des Rheins. Die Chance, mit einem Schlag die gesamte deutsche Panzerwaffe in dieser Falle zu zerschlagen, wurde von den Alliierten nicht erkannt.

Plötzlich stand deutsche Infanterie bei Sedan an der Maas, konnte den Fluss überwinden und den nachfolgenden Panzern den Weg bahnen. Die überrumpelte französische Verteidigung brach wie ein Kartenhaus zusammen. Panik breitete sich aus. In einer Massenpsychose wurden überall deutsche Panzer gesehen. Der Schockeffekt der neuen Angriffsmethode eines Masseneinsatzes von Panzern und Flugzeugen wurde durch die Sturzgeräusche der Stuka Junkers Ju 87 verstärkt.

Manstein hatte einen schnellen Vorstoß zur Kanalküste vorgeschlagen, um einen Rückzug der Alliierten aus der belgischen Falle zu verhindern. Hitler und die Generalität schreckten aber vor den Risiken zurück. Guderians Panzer sollten das Aufrücken starker Infanterieverbände abwarten. Doch dieser zögerte nicht und stieß unverzüglich aus dem Brückenkopf von Sedan mit seinen Panzern in Richtung Küste vor. Die lawinenartige Dynamik riss alle Panzerdivisionen mit, die ohne Flankenschutz rücksichtslos losfuhren, eine Bewegung wie eine »Sichel« (Churchill bezeichnete den Vorstoß später entsprechend als »Sichelschnitt«). Hitler verlor zeitweise den Überblick und versuchte entnervt, die Panzer zu stoppen. Aber es gelang wider Erwarten, die vereinzelten Gegenangriffe vor allem durch den Einsatz der Luftwaffe zu stoppen und den Korridor, der 1,7 Millionen alliierte Soldaten einschloss, zu verstärken. Erstaunlicherweise kamen die drei französischen Panzerdivisionen niemals geschlossen zum Einsatz.

Am 20. Mai erreichten die deutschen Panzer den Kanal. Die alliierten Truppen zogen sich in den Raum Dünkirchen zurück. Generaloberst Gerd von Rundstedt scheute als Oberbefehlshaber der Heeresgruppe A den Kampf in dem schwierigen Gelände und ließ die Panzer sofort stoppen. Sie sollten das Aufschließen der Infanterie abwarten. Der nach dem Krieg vieldiskutierte Haltebefehl von Dünkirchen wurde von Hitler bestätigt. Es blieb Rundstedt überlassen, wieder antreten zu lassen. Am 27. Mai war es zu spät, um das stark verteidigte Terrain zu überrennen.

Göring hatte angeboten, mit seiner Luftwaffe die beginnende Evakuierung des britischen Expeditionskorps über See zu verhindern. In einer einmaligen Rettungsaktion (Operation »Dynamo«) unter Leitung von Admiral Sir Bertram Ramsay wurden mit Hunderten von Kleinfahrzeugen– wenngleich unter großen Verlusten – 198 315 Briten und 123 000 Franzosen nach England transportiert. Sie ließen ihr gesamtes Gerät am Strand zurück, darunter 2472 Geschütze und 63 879 Fahrzeuge. Rund 40 000 Franzosen gerieten in Gefangenschaft. Am 28. Mai kapitulierte die belgische Armee. König Leopold III. blieb im Lande, das Kabinett ging ins britische Exil und stellte – ebenso wie die niederländische Regierung – die Ressourcen ihres Kolonialreiches für den Kampf gegen Hitler zur Verfügung. Das »Wunder von Dünkirchen« schuf die Voraussetzung dafür, dass Großbritannien den Kampf schließlich auch allein fortsetzen konnte, zweifellos ein Wendepunkt des europäischen Kriegs, der gar nicht überschätzt werden kann.

Am 5. Juni 1940 begann die von starken Luftstreitkräften unterstützte Heeresgruppe B den Angriff gegen die Weygand-Linie in Richtung auf die untere Seine. Nach anfänglich zähem Widerstand der Franzosen konnten die Panzergruppen Kleist und Guderian in Richtung Südwesten in den Rücken der Maginot-Linie vorstoßen. Die dort stationierten starken Kräfte wurden durch Fesselungsangriffe der Heeresgruppe C am Oberrhein gebunden. Der Zusammenbruch der französischen Front war nur noch eine Frage der Zeit. General Maxime Weygand empfahl die Aufnahme von Waffenstillstandsverhandlungen und stieß auf scharfen Widerspruch von Brigadegeneral Charles de Gaulle, dem neuen Staatssekretär im Verteidigungsministerium, der seine modernen Vorstellungen über den Einsatz der Panzertruppe nicht durchzusetzen vermocht hatte.

Am 10. Juni kapitulierten die norwegischen Truppen. Die Evakuierung des britisch-französischen Expeditionskorps war trotz einiger Verluste gelungen. Nun erklärte Benito Mussolini den Kriegseintritt Italiens. Zahlenmäßig bedeutete die Entscheidung des »Duce del Fascismo« (Führer des Faschismus, kurz: Duce) eine wesentliche Verstärkung für die deutsche Kriegführung, allerdings nicht in der Kampfkraft. In Italien und in Libyen standen 59 schwache Divisionen mit 250 000 Mann zur Verfügung, in Ostafrika noch einmal 350 000 Mann, vorwiegend Eingeborene. Am schlagkräftigsten war die Luftwaffe mit 3296 Maschinen. Die italienische Kriegsmarine mit 6 Schlachtschiffen, 7 Schweren Kreuzern, 12 Leichten Kreuzern, 59 Zerstörern, 67 Torpedobooten und 116 U-Booten war nur zum Teil einsatzbereit und überwiegend veraltet. Sie konnte sich den etwa gleich starken französisch-britischen Seestreitkräften im Mittelmeer nicht zum Kampf stellen. Schwache Angriffe des italienischen Heeres in den letzten zwei Kriegstagen an der südfranzösischen Grenze hatten keine strategische Bedeutung.

Am 20. Juni 1940 bat die französische Regierung um einen Waffenstillstandsvertrag, der zwei Tage später im historischen Salonwagen von Compiègne unterzeichnet wurde. Die französische Kanal- und Atlantikküste sowie der nördliche Teil Frankreichs waren von deutschen Truppen besetzt. Die Streitkräfte Frankreichs wurden bis auf 100 000 Mann abgerüstet. Im unbesetzten Teil residierte die Regierung in Vichy. Neuer leitender Minister unter Philippe Pétain wurde Pierre Laval. Er verfolgte das Ziel, gestützt auf die Kolonien und die Flotte, die weitere Erosion der französischen Machtposition zu verhindern und in der Kollaboration mit dem Dritten Reich das Land zu »erneuern«. Am 24. Juni 1940 wurde der italienisch-französische Waffenstillstand geschlossen. Italien erhielt nur einen geringen Einfluss in den Kontrollkommissionen, die über die Abrüstung in Nordafrika und Syrien wachen sollten.

Die Sensation war perfekt. Was im Ersten Weltkrieg in vier Jahren nicht gelungen war, hatte Hitlers Wehrmacht in vier Wochen erreicht. Frankreich, die stärkste Militärmacht des Kontinents in den Zwanziger- und Dreißigerjahren, lag am Boden. Wie ist dieses Ergebnis zu erklären? Die Legende von der personellen, materiellen und technischen Überlegenheit der deutschen Truppen ist längst widerlegt. Bei einer leichten zahlenmäßigen Übermacht von Briten und Franzosen war das militärische Kräfteverhältnis in etwa gleich. Der Angriff kam auch nicht überraschend, wie ein Jahr später gegen die UdSSR.

Mit der Zerstörung der »Blitzkrieg-Legende« (4.27 Frieser) ist deutlich geworden, dass die Entscheidung – wie 1870 – auf dem Schlachtfeld von Sedan gefallen ist. Hier war die »zufällige« Geburtsstunde der deutschen Blitzkriegstaktik – aus der Improvisation heraus entstanden und hauptsächlich von dem Panzergeneral Heinz Guderian forciert. Sie verschaffte der Wehrmacht für die nächsten zwei Kriegsjahre jenes Instrument, das Hitlers gepanzerte Stoßarmeen scheinbar unschlagbar machte. Diese Revolution in der Kriegskunst verleitete den deutschen Generalstab aber auch zu einer Selbstüberschätzung, die vor den Toren Moskaus zum Scheitern führte.

Der Kampf gegen Großbritannien: Hitlers erste und wichtigste Niederlage

Mit dem Abschluss des deutsch-französischen Waffenstillstands am 22. Juni 1940 stand Großbritannien allein der gesamten Kriegsmaschinerie Hitlers gegenüber. Wenn Churchill in dieser Situation bereit gewesen wäre, sich auf jene Art von Partnerschaft mit Hitler einzulassen, wie Stalin es getan hatte, hätte der Zweite Weltkrieg vermutlich einen völlig anderen Verlauf genommen, und das Gesicht der Welt sähe heute anders aus. Die Entschlossenheit des britischen Premierministers, den Kampf gegen die faschistische Tyrannei um jeden Preis fortzusetzen, war ein entscheidender Wendepunkt in der Geschichte des 20. Jahrhunderts. Es gelang ihm, den Widerstandswillen der britischen Bevölkerung und des Empire so zu stärken, dass Blut, Schweiß und Tränen geopfert wurden, um das Überleben der westlichen Demokratie zu erreichen.

Mit seinem »Friedensappell« im Reichstag am 19. Juli 1940 unternahm Hitler nach seinem Verständnis einen »letzten« Versuch, England zur Anerkennung einer deutschen Vorherrschaft auf dem Kontinent zu veranlassen. Nach der klaren Ablehnung in London legte Hitler Ende Juli 1940 fest, dass zunächst die Royal Air Force (RAF) niedergekämpft werden sollte. Nur unter dieser Voraussetzung war die Seekriegsleitung bereit, an eine eventuelle Invasion (Unternehmen »Seelöwe«) zu denken. Erich Raeder als Oberbefehlshaber der Kriegsmarine hielt die Durchführung dennoch für »höchst zweifelhaft« und sah darin nur das »letzte Mittel«. Starke Luftangriffe sollten stattdessen die britische Regierung zur Aufgabe zwingen.

Bei Beginn der Großeinsätze (Unternehmen »Adlertag«) ab 13. August 1940 konnte die Luftwaffe über insgesamt 2355 Flugzeuge an der Kanalfront gebieten und auch von Norwegen aus einsetzen. Die britischen Jäger wichen dem Luftkampf zumeist aus und stürzten sich auf die langsamen Bomber und Zerstörer. Die deutschen Jäger waren im Begleitschutz nicht hinreichend geübt und verfügten nur über eine geringe Reichweite. Die deutschen Verluste lagen regelmäßig höher als die britischen und waren bald nicht mehr vollständig zu ersetzen. Am »Battle of Britain«-Tag (15. September 1940) verlor die Luftwaffe 56 Maschinen gegenüber 26 englischen Verlusten. Mit der Ausdehnung der deutschen Angriffe auf London sah sich die britische Luftverteidigung im Südosten entlastet.

Als Hitler die Invasion am 17. September 1940 »bis auf Weiteres« verschob, war das eine unsichtbare Niederlage. Es war ihm nicht gelungen, England in einem raschen Ansturm niederzuwerfen oder zumindest zu entmutigen und so den Krieg zu beenden. Die Rückenfreiheit – auch im Hinblick auf einen möglichen Kriegseintritt der USA – für sein eigentliches Ziel, den Angriff auf die UdSSR, blieb unerreichbar. Die Fortsetzung eines intensiven See- und Luftkriegs gegen Großbritannien schmälerte schon jetzt seine Kräfte für den Eroberungszug nach Osten.

Bereits im Herbst 1940 wurde erkennbar, dass Italien nicht imstande war, die militärische Vorherrschaft im Mittelmeerraum zu erringen. Hitler sah sich gezwungen, eigene Kräfte einzusetzen, um seinen wichtigsten Verbündeten vor dem Kollaps zu retten. Es war bezeichnend für die strukturellen Defizite dieser Allianz, dass Mussolinis sprunghafte Entscheidungen immer wieder Krisen heraufbeschworen, die Hitlers Pläne durchkreuzten und das gegenseitige Misstrauen schürten. Der italienische Angriff gegen Griechenland entwickelte sich ebenso verheerend wie die eigenständigen Offensiven in Nord- und Ostafrika. Zugleich blockierten Mussolinis territoriale Ansprüche die deutschen Bemühungen, Spanien und Frankreich in die Kriegsallianz einzubeziehen.

Ein starkes Signal sollte vom Abschluss des Dreimächtepakts ausgehen, mit dem Deutschland, Italien und Japan am 27. September 1940 gegenseitig die »Neue Ordnung« in Europa und Asien bestätigten. Mit dem Pakt wollte man US-Präsident Franklin D. Roosevelt von einem Kriegseintritt abhalten. Mit dem möglichen Beitritt Stalins würde sich die Idee eines »Kontinentalblocks«, wie er von Außenminister Ribbentrop propagiert wurde, realisieren lassen. Eurasien als die Welt beherrschender Machtblock erwies sich jedoch als Phantom, weil die internen Rivalitäten nicht zu überbrücken waren.

Bei seinem Krieg an der Peripherie erzielte Hitler zwischen Juli und Dezember 1940 keinen greifbaren Erfolg. Dieser Stillstand war eine weitere verlorene Schlacht, zu der seine Verbündeten Benito Mussolini und Francisco Franco mit ihrer Weigerung, der Wehrmacht den Weg nach Süden zu öffnen, erheblich beitrugen. Gibraltar blieb britisch, Nordafrika bildete einen Unsicherheitsfaktor, und im Osten des Mittelmeeres ergriffen die Italiener unter denkbar ungünstigen Voraussetzungen die Initiative. Ihr Erfolg in Ostafrika war nur von kurzer Dauer, denn der abgelegene Kriegsschauplatz ließ sich von Italien aus nicht hinreichend versorgen. In Nordafrika kam die Offensive gegen Ägypten ebenfalls rasch zum Erliegen. In dieser angespannten Situation eröffnete die italienische Armee am 28. Oktober 1940 von Albanien aus den Angriff auf Griechenland.

Die tapfer kämpfenden Griechen warfen die Italiener im Gegenstoß noch im November 1940 auf ihre Ausgangsstellungen zurück, um dann selbst erschöpft in einem Stellungskrieg auf albanischem Gebiet zu verharren. In Berlin musste ein erster Operationsplan gegen Griechenland entworfen wurden, um den Duce notfalls vor einer blamablen Niederlage zu schützen. Erkundungen für den möglichen Einsatz eines deutschen Panzerverbandes in Nordafrika stießen bei Hitler zunächst auf Zurückhaltung. Für einen Sprung über das Mittelmeer fehlten der Wehrmacht alle Voraussetzungen. Der Beginn der britischen Gegenoffensive am 9. Dezember 1940 brachte die Italiener auch in der Cyrenaika im östlichen Libyen in schwere Bedrängnis.

Mussolini, der seine geschlagene Armee und die wenig schlagkräftige Marine reorganisieren ließ, kam nicht umhin, Hitler um die Entsendung einer deutschen Panzerdivision nach Tripolis zu bitten, um den Verlust seiner wichtigsten Kolonie zu verhindern. Deutsche Hilfe in Albanien blieb ihm allerdings verwehrt. Der »Führer« zog es vor, mit der Weisung Nr. 20 (»Marita«) am 13. Dezember 1940 einen selbstständigen Feldzug gegen Griechenland zu organisieren. Auf diese Weise sollten die Flanke für den Aufmarsch Ost (Weisung Nr. 21 »Barbarossa« vom 18. Dezember 1940) gesichert, die kriegswichtigen rumänischen Ölfelder gegen mögliche britische Angriffe geschützt und die deutsche Position auf dem Balkan, im östlichen Mittelmeer und nicht zuletzt gegenüber der Türkei gestärkt werden.

Hitler hatte zwar den Vorschlag von Großadmiral Raeder abgelehnt, Großbritannien im Mittelmeer niederzuringen, durch ein Ausgreifen in den Nahen Osten den »weichen Unterleib« der UdSSR zu bedrohen und somit ein Stillhalten Stalins zu erzwingen. Doch trotz seines Entschlusses, den Frontangriff gegen die Rote Armee vorzubereiten, zogen ihn die Kriegsereignisse in Richtung Süden. Mit der Verlegung einer deutschen »Lehrtruppe« nach Rumänien hatte sich bereits der Aufmarsch gegen die Sowjetunion verbreitert. Das Eingreifen in Griechenland und der mögliche Einsatz im östlichen Mittelmeer konnten leicht zu einer Überdehnung der deutschen Kräfte führen. Mit dem Eintreffen von Generalleutnant Rommel in Libyen am 12. Februar 1941 und dem sofortigen Angriff deutscher Panzerverbände begann sich in Nordafrika das Blatt zu wenden. Erneut versuchte Hitler die Initiative zu ergreifen. Seine Verhandlungen mit der jugoslawischen Regierung über einen Beitritt des Landes zum Dreimächtepakt blieben Mitte Februar ergebnislos. Auch der Versuch, in letzter Minute die Griechen auf die deutsche Seite zu ziehen und damit »Marita« überflüssig zu machen, scheiterte am 21. Februar. Drei Tage später billigte das britische Kabinett die »Griechenland-Expedition«. Churchill nahm die Herausforderung an und zwang Hitler eine neue Front auf. Bis zum 24. April wurden rund 58 000 britische Soldaten nach Griechenland transportiert.

Mit dem Beitritt Bulgariens zum Dreimächtepakt am 1. März 1941 begann der Einmarsch deutscher Truppen. Am 4. März gelang es Hitler, auch den jugoslawischen Prinzregenten Paul bei einem Besuch auf dem Berghof dazu zu drängen, seine Bereitschaft zur Unterzeichnung des Pakts zu erklären. Mit einer Botschaft an den türkischen Staatspräsidenten İsmet İnönü versuchte Hitler, den Einmarsch in Bulgarien zu rechtfertigen und die neutrale Türkei auf seine Seite zu ziehen. Als vier Wochen später durch einen Staatsstreich im Irak der antibritische Politiker Raschid Ali al-Gailani an die Macht kam, sollte sich sogar für kurze Zeit die Chance für ein direktes deutsches Eingreifen im Mittleren Osten ergeben. Die Entsendung eines deutschen Luftwaffenkommandos und anlaufende Hilfe über das französisch besetzte Syrien konnten jedoch den schnellen und erfolgreichen Gegenzug der Briten nicht verhindern.

Am 5. März rundete Hitler seine strategische Offensive gegen Großbritannien durch die Weisung Nr. 24 ab, die die deutsch-japanische Zusammenarbeit regelte. Japan sollte so bald wie möglich Singapur angreifen, die wichtigste britische Festung im Fernen Osten. Über den bevorstehenden deutschen Angriff auf die Sowjetunion wurde der mächtigste deutsche Verbündete allerdings nicht informiert.

Am 25. März trat Jugoslawien dem Dreimächtepakt offiziell bei, verweigerte aber einen Durchmarsch deutscher Truppen. Die Hintergründe für den Staatsstreich in Belgrad am 27. März sind nicht ganz durchsichtig. Stalin war zweifellos daran gelegen, Hitlers Expansion auf dem Balkan einen Riegel vorzuschieben und seine eigenen Interessen stärker durchzusetzen. Auch für Churchill bot der Stimmungsumschwung in den jugoslawischen Führungszirkeln die Chance, für den drohenden deutschen Aufmarsch gegen Griechenland eine Entlastung zu schaffen.

Vor diesem Hintergrund ist die Besprechung zu sehen, die Hitler wenige Stunden nach der Meldung aus Belgrad mit den Führungsspitzen der Wehrmacht abhielt. Noch am selben Abend unterzeichnete er die

Weisung Nr. 25 für einen Blitzangriff auf Jugoslawien. Italien, Ungarn und Bulgarien sollten sich daran beteiligen. Dieser Entschluss hatte zwei wichtige Folgen: Militärisch bedeutsam war die Festlegung von Reservekräften, die, statt gegen Russland zu marschieren, künftig auf dem Balkan gebunden sein würden. Den wichtigsten Stoß sollte die Panzergruppe 1 führen. Sie war eigentlich vorgesehen, als einziger Stoßkeil der Heeresgruppe Süd in die Ukraine vorzudringen und die Ölquellen des Kaukasus zu erreichen. Diese schwächste deutsche Panzerarmee sollte also gegen die stärkste Gruppierung der Roten Armee antreten, den weitesten Vorstoß gegen die UdSSR unternehmen und zuvor noch den Balkan über Hunderte von Kilometern »säubern«.

Außerdem legte Hitler fest, dass Jugoslawien »als Staatsgebilde zu zerschlagen« sei. Es bedeutete – wie zuvor im Fall Polens –, dass die Wehrmacht mit härtester Gewalt zuschlagen konnte und die Polizeitruppen völlig freie Hand hatten. Der Vielvölkerstaat konnte nach Belieben zerteilt, die Volksgruppen gegeneinander aufgehetzt und das Land rücksichtslos für die deutsche Kriegswirtschaft ausgebeutet werden.

Der Überfall begann am 6. April 1941. Am selben Tag wurde in Moskau noch ein sowjetisch-jugoslawischer Freundschaftsvertrag abgeschlossen. 484 Stukas und Bomber stürzten sich auf Belgrad. Aus allen Richtungen marschierten die Achsenkräfte in Jugoslawien ein. Gleichzeitig eröffneten sie die Offensive gegen Griechenland. Die Wehrmacht setzte drei Armeen mit 1200 Panzern und 780 Flugzeugen ein, die Ungarn eine Armee mit zehn Brigaden und die Italiener drei Armeen mit insgesamt 38 Divisionen und 320 Flugzeugen.

Während gleichzeitig Rommel mit seinem Afrikakorps die Briten weit zurückdrängte, mussten sich diese auch in Griechenland bald auf die Räumung vorbereiten. Am 18. April 1941 kapitulierte die jugoslawische Wehrmacht. 344 000 Mann gerieten in Gefangenschaft. Die Regierung unter Dušan Simović begab sich nach London ins Exil. Das Land wurde aufgeteilt: Italien erhielt die dalmatinische Küste, auch Ungarn und Bulgarien durften sich bedienen. Die Deutschen sicherten sich eine Militärverwaltung in Serbien. Sie hatten einige Mühe, den neuen kroatischen Satellitenstaat der faschistischen Ustascha des Ante Pavelić unter Kontrolle zu halten. Dessen mörderisches Treiben richtete sich gegen die Serben. Statt die Region ruhigzuhalten und sie wirtschaftlich auszubeuten, hatten die Deutschen unbeabsichtigt einen Bürgerkrieg ausgelöst, den sie auf längere Sicht nicht einzudämmen vermochten und in dem sie sich selbst mit brutalsten Methoden kaum zu behaupten verstanden. Der Partisanenkrieg mit seinen komplizierten Fronten entwickelte sich ab 1942/43 unter der Führung von Josip Broz Tito zum Befreiungskrieg, der schließlich eine ganze deutsche Heeresgruppe verschlang.

Verlustreich war das triphibische Unternehmen »Merkur« vom 20. Mai bis zum 1. Juni 1941. Starke deutsche Luftstreitkräfte bahnten der Landung von Fallschirmjägern auf Kreta sowie der Invasion von Gebirgsjägern, die mit Motorseglern herangeführt wurden, den Weg. Aus der schlecht vorbereiten Aktion hätte sich für die Deutschen fast eine Katastrophe entwickelt. Zu ihrem Glück erwiesen sich die Verteidiger Kretas als noch inkompetenter als die Feindaufklärung von Generalleutnant Kurt Student, der das Unternehmen leitete. Trotz schwerer Verluste bei der Luftlandung am 20. Mai 1941 gelang es den Deutschen, Maleme zu erobern. Die Landungen bei Heraklion und Réthimnon scheiterten. Mehrere hundert Fallschirmjäger wurden von kretischen Partisanen, bewaffneten Zivilisten und Polizisten getötet. Durch pausenlose Heranführung von Verstärkungen gewannen die Angreifer das Übergewicht und konnten die schlecht geführten Briten und Griechen zurückwerfen.

Trotz der demütigenden Niederlage hatten die Briten doch einen indirekten Erfolg erzielt. Eine Luftlandung auf Malta trauten sich die Deutschen nicht mehr zu. Mit rund 4000 Toten und dem Totalverlust von 151 Transportflugzeugen war Kreta zum Grab der deutschen Fallschirmtruppe geworden. Diese rächte sich im Kampf gegen griechische Freischärler mit unbarmherziger Härte.

Der Kampf gegen die Briten im östlichen Mittelmeerraum blieb ein halber Erfolg Hitlers. Die britische Seeherrschaft war ungebrochen, und trotz des deutschen Vormarsches in Libyen war die britische Nahost-Bastion – zumal nach der Wiederbesetzung des Irak am 30. Mai 1941 – nicht ernsthaft gefährdet. Als Hitler Ende Mai 1941 seine eingesetzten Kräfte reduzieren musste, um den Aufmarsch im Osten zu vollenden, hinterließ er im Süden eine Front, die entgegen seinen Erwartungen immer stärkere Kräfte band.

Aus dem ursprünglich geplanten »Sperrverband« zum Schutz von Tripolis hatte Rommel inzwischen eine schlagkräftige Truppe geformt, die am 27. Mai 1941 den Halfaya-Pass an der ägyptischen Grenze zurückerobern konnte. Wegen der verlustreichen Seetransporte nach Libyen setzte das OKW auf das Einvernehmen mit Vichy-Frankreich, das bereit war, den Nachschub für das Afrikakorps über Tunesien zu sichern und die deutsche Seekriegführung im mittleren Atlantik von Dakar aus zu unterstützen. Hitler lehnt es jedoch ab, den Franzosen im Gegenzug einen Vorfriedensvertrag zu gewähren. Das Engagement in Nordafrika hatte längst vielfältige Machtphantasien geweckt. In deutschen Führungskreisen sahen manche den Zeitpunkt für einen europäisch-afrikanischen Großwirtschaftsraum gekommen, erweitert bis zum Persischen Golf und ergänzt um ein deutsches Kolonialreich in Mittelafrika.

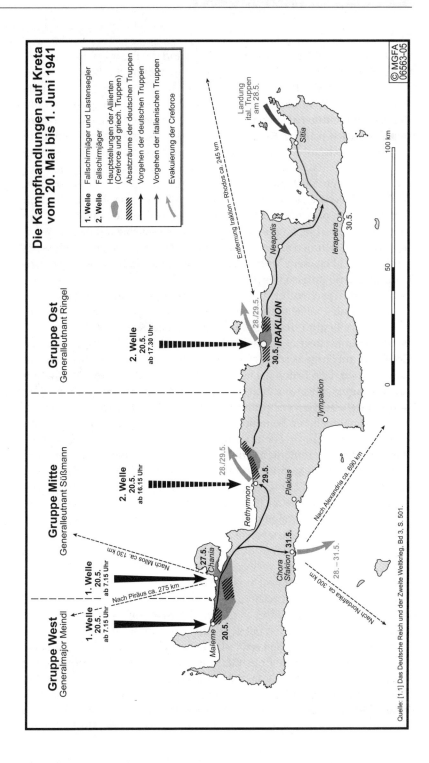

Die Kampfhandlungen auf Kreta vom 20. Mai bis 1. Juni 1941

1. Welle Fallschirmjäger und Lastensegler
2. Welle Fallschirmjäger
Hauptstellungen der Alliierten (Creforce und griech. Truppen)
Absatzräume der deutschen Truppen
Vorgehen der deutschen Truppen
Vorgehen der italienischen Truppen
Evakuierung der Creforce

Gruppe West
Generalmajor Meindl

Gruppe Mitte
Generalleutnant Süßmann

Gruppe Ost
Generalleutnant Ringel

1. Welle
20.5.
ab 7.15 Uhr

1. Welle
20.5.
ab 7.15 Uhr

2. Welle
20.5.
ab 16.15 Uhr

2. Welle
20.5.
ab 17.30 Uhr

Nach Piräus ca. 275 km

Nach Milos ca. 130 km

Nach Alexandria ca. 690 km

Nach Nordafrika ca. 300 km

Entfernung Iraklion – Rhodos ca. 245 km

Landung ital. Truppen am 28.5.

Maleme
20.5.
27.5.
Chania
Rethymnon
28./29.5.
29.5.
Plakias
Chora Sfakion
31.5.
28.–31.5.
Tympakion
IRAKLION
30.5.
28./29.5.
Neapolis
Ierapetra
30.5.
Sitia

0   50   100 km

© MGFA
06563-05

Quelle: [1:1] Das Deutsche Reich und der Zweite Weltkrieg, Bd 3, S. 501.

Der Kampf des Deutschen Afrikakorps und die Figur Erwin Rommels haben schon während des Kriegs eine ungewöhnliche Beachtung gefunden. Vom ehemaligen Gegner als »Wüstenfuchs« geschätzt und als Angehöriger des militärischen Widerstands gegen Hitler geehrt, ist um den Generalfeldmarschall nach 1945 geradezu ein Heldenkult entstanden. Natürlich war der Krieg in Nordafrika ebenso blutig wie andere Feldzüge, doch unterschied er sich erheblich vom Vernichtungskrieg, den die Wehrmacht in Osteuropa führte. Er beschränkte sich auf einen schmalen Küstenstreifen und traf kaum auf Zivilbevölkerung. Der italienische Anteil an den Erfolgen Rommels ist in deutschen Darstellungen oft ebenso übergangen worden wie die Sonderrolle, die der General als »Liebling des Führers« und NS-Propagandaheld für sich in Anspruch nehmen konnte. Neuere Biografien sehen seine schwierige Persönlichkeit, sein Verhalten als Oberbefehlshaber und Führer im Gefecht ebenso kritisch wie manche seiner Entscheidungen.

Sein überraschender Vorstoß mit geringen deutschen Kräften (5. leichte und 15. Panzerdivision) blieb an der ägyptischen Grenze liegen, als der Beginn des Russlandfeldzugs alle Kräfte der Wehrmacht band. Generalstabschef Halder hatte deshalb die weiträumigen Vorstöße Rommels mit Sorge betrachtet, die Kräfteverzettelung aber nicht verhindern können. Den Briten gelang es, mehrere Geleitzüge mit Nachschub für ihre Ägyptenarmee durch das Mittelmeer zu bringen, während der deutsch-italienische Versorgungsverkehr ständig schwere Verluste erlitt.

Am 18. November begannen die Briten ihre Gegenoffensive, um die Belagerung ihrer Festung Tobruk aufzubrechen und Rommels Afrikakorps zu vernichten. Die Kämpfe blieben unentschieden. Der 8. britischen Armee standen insgesamt Kräfte von sieben Divisionen mit 724 Panzern und 1072 Flugzeugen zur Verfügung. Die als »Panzergruppe Afrika« verstärkten deutsch-italienischen Verbände unter Rommel bestanden aus zehn Divisionen mit 558 Panzern und 320 Flugzeugen, litten aber unter erheblichen Nachschubschwierigkeiten. Bei dem Versuch, mehrere große Geleitzüge durchzubringen, musste die italienische Flotte erneut erhebliche Verluste hinnehmen. Daraufhin wurden deutsche U-Boote ins Mittelmeer verlegt, denen es aber nicht gelang, die britische Seeherrschaft zu brechen.

Bei Beginn der sowjetischen Gegenoffensive vor Moskau am 7. Dezember 1941 sah sich Rommel gezwungen, den Kampf um Tobruk aufzugeben und sich auf die Gazala-Linie zurückzuziehen. In Bardia und im Raum Sollum mussten größere deutsch-italienische Truppenteile kapitulieren. Innerhalb von zwei Monaten waren 13 000 Deutsche, 20 000 Italiener und 17 000 Briten als Verluste zu verzeichnen. Durch neue Geleittransporte gestärkt, ging Rommel am 21. Januar 1942 sofort zur Gegenoffensive über, überrannte die erschöpften Briten in der

Cyrenaika, blieb dann aber nach zwei Wochen wieder bei El Gazala westlich von Tobruk stecken. Die gleichzeitige japanische Offensive im Fernen Osten zwang die Briten in Nordafrika in die Defensive. Ende April 1942 vereinbarten Hitler und Mussolini daher auf dem Berghof, Ende Mai die Offensive in Nordafrika wieder aufzunehmen und die Wüstenfestung Tobruk zu erobern. Nach einer Luftlandung in Malta (Unternehmen »Herkules«), die Hitler dann aber wieder absagte, sollte dann der Vorstoß nach Ägypten erfolgen. So konnte womöglich in einer gigantischen Zangenbewegung über den Suez-Kanal und über den Kaukasus die britische Nahost-Bastion gesprengt werden.

Am 26. Mai 1942 eröffnete die deutsch-italienische Panzerarmee ihre Offensive. Die britische 8. Armee wurde zerrissen und auf Tobruk bzw. in Richtung ägyptische Grenze zurückgedrängt. Am 21. Juni 1942 erzielte Rommel den größten Erfolg. Die Festung Tobruk wurde eingenommen, 32 200 britische Soldaten gingen in Gefangenschaft. Rommel, der sofort zum Generalfeldmarschall befördert wurde, entschloss sich zur Fortsetzung der Offensive gegen den Suez-Kanal, musste aber den Angriff auf die letzte Verteidigungsstellung der Briten bei El Alamein am 3. Juli 1942 aus Kräftemangel einstellen. Es entwickelte sich ein monatelanger Stellungskrieg, bei dem auch der letzte Versuch Rommels am 31. August 1942 scheiterte, die Initiative wiederzugewinnen. Durch »Ultra« über die Absichten Rommels unterrichtet, gelang es dem Oberbefehlshaber der britischen 8. Armee, General Bernard Law Montgomery, den deutschen Angriff abzuwehren. Die Achsenmächte verloren damit das Gesetz des Handelns im Mittelmeerraum, während sich der Aufmarsch der Angloamerikaner unaufhaltsam vollzog, um Hitlers Südflanke aufrollen zu können.

Der Angriff gegen die Sowjetunion 1941

Das zweite Kriegsjahr stand also im Zeichen eines gegenseitigen Belauerns. Inzwischen hatte Hitler längst die Weichen für seinen eigentlichen Krieg gestellt, die Eroberung von »Lebensraum im Osten«. Seit seiner Machtübernahme hatte er danach getrachtet, möglichst bald den Krieg gegen die UdSSR zu beginnen. In den Dreißigerjahren dachte er an einen Interventionskrieg mit polnischer und japanischer Unterstützung sowie britischer Rückendeckung. 1939 hätte es bereits losgehen können, doch Warschau und London erteilten ihm eine endgültige Absage. Mit dem Überfall auf Polen schuf er sich dann ein Vorfeld, um nach dem Sieg im Westen die Sowjetunion mit verstärkten Kräften angreifen zu können (3.6 Müller).

Aus allgemeinen Überlegungen der Heeresführung zur Sicherung der Ostgrenze, die im Eventualfall einen kurzen Schlagabtausch mit der Roten Armee um die Kontrolle des Baltikums und der anderen Westgebiete der UdSSR vorsahen, ordnete Hitler am 31. Juli 1940 die Ausarbeitung und Vorbereitung für das Unternehmen »Barbarossa« an. Die »kleine« Lösung Halders, die älteren operativen Denkmustern folgte und nur das Baltikum und die Ukraine anvisierte, lehnte er ab. Der Diktator sah sich nach dem unerwartet schnellen Sieg gegen Frankreich ermutigt, nach größeren Zielen zu greifen. Demnach sollte die Wehrmacht bereit sein, ab 1. Mai 1941 jederzeit einen größeren Feldzug zur Eroberung des europäischen Russlands, der Ukraine und des Kaukasus zu führen. Damit würde das Großdeutsche Reich endgültig wirtschaftlich blockadefest und zur unangreifbaren Weltmacht werden. Dann konnten auch die rassenideologischen »Neuordnungs«- und Siedlungspläne des Nationalsozialismus umgesetzt werden, für die Polen bereits zum Experimentierfeld geworden war.

Im Rückblick ist es erstaunlich, wie gering man in Berlin das militärische Risiko des Unternehmens einschätzte. Die deutsche Rüstung war nach dem Frankreichfeldzug in ihrem Hochlauf gebremst worden, um die Bevölkerung an den Früchten des Sieges teilhaben zu lassen. Mit dem Zustrom aus der laufenden Rüstungsproduktion wurde eine Operationsarmee bereitgestellt, die nicht stärker war als die Heeresgruppen, mit denen man Frankreich geschlagen hatte. Dabei verfügte Stalin über das größte Militärpotenzial der Welt, das sich nach der Beseitigung der alten Führungselite rasch personell regenerierte und die Kriegserfahrungen des deutschen Verbündeten zu adaptieren versuchte.

Dennoch waren sich Hitler und sein Generalstab in diesem Falle einig, dass ein Überfall auf die UdSSR ein »Sandkastenspiel« sein würde. Mit den deutschen Panzerkorps würde man die Linien der grenznah stationierten Verbände der Roten Armee aufreißen, die Masse der sowjetischen Westfront einkesseln, vernichten und so schnell nach Osten vorstoßen, dass sich keine neue durchgehende Front mehr bildete. Den Rest würden Vorstöße in Richtung Kaukasus und Ural erledigen, um dann eine Militärgrenze ostwärts von Moskau vorzuschieben, die mit geringen Kräften gehalten werden konnte. Die Masse des Ostheeres würde in die Heimat zurückkehren, um die Waffen zu schmieden, mit denen man die angelsächsischen Mächte im globalen Maßstab angreifen könnte.

Der Plan war ebenso kühn wie vermessen und ohne jeglichen Rückhalt und Reserven. Um dem Schockangriff jegliches Risiko zu nehmen und den Zusammenbruch des Sowjetregimes zu beschleunigen, sollte jeglicher Anschein von Widerstand in der Bevölkerung mit brutalsten Methoden unterdrückt, die kommunistische Führungselite liquidiert und die jüdische Bevölkerung ermordet werden. Dieser

Feldzug musste nach Hitlers Willen als rücksichtsloser Vernichtungs-
und Ausbeutungskrieg geführt werden, was eine Verschärfung und
Radikalisierung der bisherigen deutschen Kriegführung bedeutete
und von den militärischen Spitzen trotz einiger Bedenken mitgetragen
wurde.

Hitlers Ostarmeen marschierten unter größter Geheimhaltung auf,
und Stalin ließ trotz vielfältiger Warnungen seines eigenen Geheim-
dienstes bis zur letzten Minute kriegswichtige Lieferungen über die
deutsche Grenze rollen. Militärisch war die Eröffnung des Feldzugs
ein voller Erfolg. Den rund drei Millionen Soldaten des deutschen
Ostheeres, unterstützt durch 690 000 Mann verbündete Truppen, standen 625 000 Pferde, 600 000 Kraftfahrzeuge, 3648 Panzer und 7146
Artilleriegeschütze zur Verfügung. Bei qualitativ und quantitativ unterschiedlicher Ausrüstung und personeller Kampfkraft waren sie in
drei Heeresgruppen mit zusammen zehn Armeeoberkommandos und
vier Panzergruppen gegliedert, insgesamt 150 Divisionen. Ihnen standen in den westlichen Militärbezirken der Sowjetunion unmittelbar gegenüber: vier Heeresgruppen mit zehn Armeeoberkommandos, insgesamt 145 Divisionen und 40 Brigaden mit 2,9 Millionen Mann und rund
10 000 Panzern.

Mit einem gewaltigen Feuerschlag ab 3 Uhr wurden die sowjetischen
Grenztruppen größtenteils im Schlaf überrascht. Den ersten Angriff
am 22. Juni 1941 führte Görings Luftwaffe. Für die Erringung der
Luftherrschaft als wichtigster Voraussetzung für die Blitzkriegsstrategie
verfügte sie über 3904 Maschinen, was etwa der Hälfte der sowjetischen
Luftstreitkräfte entsprach. Diese wurden auf den Frontflugplätzen völ-
lig überrascht. Am ersten Angriffstag wurden 1811 Maschinen zer-
stört, bis zum Ende der Grenzkämpfe am 12. Juli 1941 insgesamt 6857.
Görings »Adler« beherrschten zunächst den Luftraum, bombten den
Stoßkeilen des Heeres den Weg frei, verhinderten Ausbrüche einge-
schlossener Verbände der Roten Armee und verzweifelte Gegenangriffe.
Diese Aufgabe band bei steigenden eigenen Verlusten alle Kräfte, sodass
ein strategischer Luftkrieg gegen das sowjetische Hinterland und die
Rüstungszentren nur begrenzt möglich war.

Die stärkste deutsche Angriffsformation war die Heeresgruppe Mitte,
deren Speerspitzen zwei Panzergruppen mit Eliteverbänden bildeten.
Sie durchbrachen in Zusammenarbeit mit der Luftwaffe immer wieder durch überraschende Schwerpunktbildung die sowjetischen Linien
und stießen weit in die Tiefe des Hinterlandes vor. Widerstandszentren
wie die Festung Brest wurden umgangen und der Infanterie überlassen. Die Zange schloss sich dann hinter den sowjetischen Hauptkräften,
die von den Fußtruppen zumeist in mühsamen und blutigen Kämpfen
vernichtet oder zur Kapitulation gezwungen wurden, während die

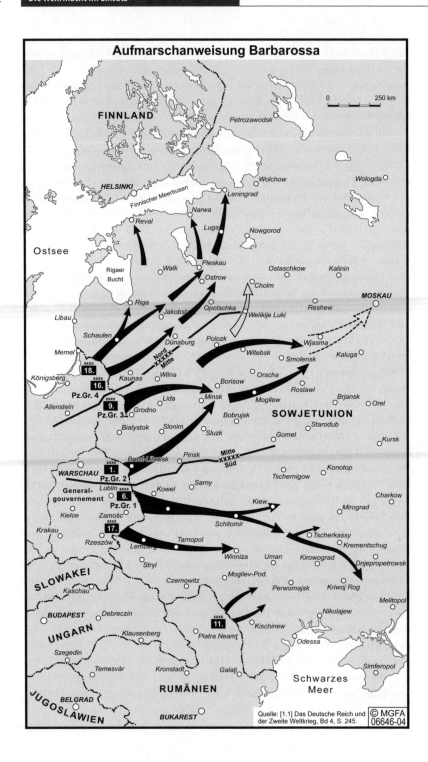

Aufmarschanweisung Barbarossa

Quelle: [1.1] Das Deutsche Reich und
der Zweite Weltkrieg, Bd 4, S. 245.
© MGFA
06646-04

Panzerverbände bereits in kühnen Vorstößen den nächsten Kessel zu bilden versuchten.

In den ersten Wochen war die Rote Armee nicht in der Lage, die deutschen Armeen zu stoppen. Beide Seiten erlitten in den Kesselschlachten schwere Verluste. Stalin, dem entgegen deutschen Erwartungen die Mobilisierung der Kräfte seines Riesenreiches gelang, konnte immer neue Divisionen aus dem Boden stampfen, während das deutsche Ostheer aus der Substanz leben musste, weil Hitler Reserven für die geplanten Feldzüge gegen die angelsächsischen Mächte zurückhielt.

Der deutsche Generalstab hoffte, die Masse der sowjetischen Westarmeen vor der Dnepr-Linie zu vernichten, um dann den Weg für den Stoß in die Tiefe des Raums frei zu haben. Da Halder nicht sicher war, ob die Rote Armee tatsächlich an der Grenze verteidigen würde, wollte er den ersten Kessel möglichst weit abstecken. Bei Bialystok und Minsk gelang den vorwärtsdrängenden Panzerkräften keine völlige Einschließung, der zurückbleibenden Infanterie keine völlige »Ausräumung« und Vernichtung. Große Teile des Gegners entkamen und tauchten teilweise in den Wald- und Sumpfgebieten unter. Hier begann der Partisanenkrieg, zunächst noch sporadisch, und lieferte den SS- und Polizeiverbänden Vorwände für Vernichtungsaktionen, die ohnehin geplant waren.

Bei den am 9. Juli 1941 beendeten ersten zwei Kesselschlachten wurden vier sowjetische Armeen geschlagen. Die Deutschen konnten 1809 Geschütze und 3332 Panzer zerstören oder erbeuten sowie 323 898 Gefangene einbringen. Halder nahm an, dass damit der Ostfeldzug im Wesentlichen entschieden sei. Das OKW ließ Hitler einen Befehl unterzeichnen, um die Rüstung auf die Produktion von U-Booten und Flugzeugen zu konzentrieren, zu Lasten des Heeres. Dabei konnten die Panzerverbände erst verspätet auf Smolensk antreten. Sie sollten den Aufbau einer neuen Front vor der Heeresgruppe Mitte verhindern. Doch das misslang. Der Feind hatte Zeit gewonnen und neue Kräfte herangeführt. Schwere Gewitter behinderten tagelang den Vormarsch der Deutschen, die sich auf zunehmende Verluste einstellen mussten. Aus dem Sumpfgebiet des Pripjat, das man bei der Planung bewusst ignoriert hatte, unternahm die Rote Armee heftige Gegenangriffe. Guderians Panzergruppe 2 wurde an ihrem rechten Flügel immer wieder aufgehalten und von der Angriffsrichtung, der Moskauer Chaussee, abgelenkt. Der Übergang über den Dnepr glückte zwar, aber der Frontbogen von Jelnja, Ausgangsbasis für den Angriff auf Moskau, konnte gegen heftige sowjetische Attacken nur mühsam gehalten werden. Hier kam es zu einem wochenlangen Stellungskrieg – ein schwerer Rückschlag für den Plan »Barbarossa«.

Der nördlich der Autobahn eingesetzten Panzergruppe 3 gelang es am 24. Juli 1941, den Kessel von Smolensk zu schließen. Obwohl auch hier der Ausbruch größerer Kräfte nicht verhindert werden konnte, wurden immerhin drei sowjetische Armeen zerschlagen, 310 000 Gefangene gemacht und 3205 Panzer sowie 3120 Geschütze zerstört oder erbeutet. Nun rechnete man auch in den alliierten Hauptquartieren mit einem unmittelbaren sowjetischen Zusammenbruch. Doch die Rote Armee setzte sich vor der Heeresgruppe Mitte wieder fest und führte den Kampf erbittert fort. Die eigenen Kräfte waren erschöpft und die anderen Heeresgruppen hingen noch weit zurück.

Der erste Schlag der Wehrmacht hatte der Roten Armee also schwere Niederlagen beigebracht, aber nicht deren »lebendige Kräfte« zerstört. Die Umsetzung eines operativen Blitzkrieges erwies sich nach dem Abflauen des Überraschungseffekts als komplizierter und riskanter als erwartet. Der Vormarsch verlangsamte sich, die eigenen Verluste nahmen zu. In den ersten fünf Wochen hatte das deutsche Ostheer fast ein Viertel seiner wertvollen Panzerwagen verloren (850). Die deutsche Kriegserfahrung und Führungskunst stärkten die Überlegenheit der Wehrmacht, der keinesfalls nachlassende Widerstand der Roten Armee schwächte sie. Die Siegeszuversicht der Deutschen war groß, doch in der Heeresführung war man gereizt und nervös. Der Streit um die Fortsetzung der Operationen warf seine Schatten voraus.

So überschritt die Wehrmacht bereits im August 1941 den Kulminationspunkt ihres Angriffs, ohne daraus die notwendigen Konsequenzen zu ziehen. Hitler verlagerte den Schwerpunkt in Richtung Ukraine, um sich die sowjetischen Wirtschaftszentren anzueignen und dann doch noch einmal in Richtung Moskau anzutreten, worauf Halder stets gedrängt hatte, weil er sich in traditioneller Denkweise durch die Eroberung der feindlichen Hauptstadt ein Ende des riskanten Feldzuges erhoffte. Noch glaubte Hitler, die ursprünglichen Zielsetzungen erreichen zu können, indem er selbst die Operationsführung in die Hand nahm. Gegen die Auffassung der Heeresführung entschied er sich, den Vormarsch auf Moskau zu unterbrechen. Im Baltikum war die Heeresgruppe Nord rasch in Richtung Leningrad vorgestoßen. Hier schien die Rote Armee schwer angeschlagen und zudem von der finnischen Armee in ihrem Rücken bedroht. Doch die Finnen waren nur an der Rückeroberung der im Winterkrieg 1939/40 verlorenen Gebiete interessiert. Leningrad überließen sie den Deutschen.

Aber auch Hitler zeigte kein Interesse an der Keimzelle der bolschewistischen Revolution, obwohl er die strategische Bedeutung Leningrads für die vollständige Kontrolle der Ostsee anerkannte. So befahl er die Auslöschung der Metropole durch eine Belagerung und Aushungerung. Eine Kapitulation sollte nicht angenommen werden. Die Stadt würde er

▶ Abb. 24:
Zugpferde der Wehrmacht bei
Kursk (Sowjetunion) versinken
im Schlamm, März/April 1942.
BArch/101I-289-1091-26/Dinstühler

◀ Abb. 25:
Das durch den Luftkrieg völlig zerstörte Köln, hier die
Hohenzollernbrücke mit dem
Dom im Hintergrund, 1945.
BArch/P008041

▶ Abb. 26:
Deutsche Soldaten, die bei den
Kämpfen südlich von Berlin
(Raum Halbe) in Gefangenschaft
geraten sind, April/Mai 1945.
ullstein bild/Chronos Media

später unter Wasser setzen, kündigte Hitler an. Ebenso mangelte es am nördlichsten Punkt der Ostfront, vor Murmansk, an Kräften, um den wichtigen Hafen einzunehmen und damit die Versorgungsroute zu den Alliierten zu unterbrechen. Vor Leningrad fehlten der Heeresgruppe Nord die Panzerkräfte für eine schnelle Einnahme der Stadt, weil Halder – entgegen der ursprünglichen Planung – die Panzergruppe 3 nicht aus der zentralen Kräftemassierung Richtung Moskau abgeben wollte und die Heeresgruppe Nord ihre eigene Panzergruppe 4 sogar ans Zentrum abgeben musste.

Diese Entscheidung stand im Zusammenhang mit Hitlers Eingriff in die Operationsführung, der die Panzergruppe 2 aus dem Zentrum nach Süden zur Eroberung der Ukraine abzog. Gegen den Widerspruch der Heeresführung nahm Hitler den Stillstand bei der Heeresgruppe Mitte in Kauf. Dafür konnten bei Kiew in der größten Kesselschlacht der Geschichte fünf sowjetische Armeen zerschlagen werden. Die Deutschen machten 665 000 Gefangene, erbeuteten bzw. zerstörten 3718 Geschütze und 884 Panzer. Die deutsche Propaganda verkündete nun das kurz bevorstehende Ende des Ostkriegs.

Während Guderians Panzer aus der Schlacht heraus wieder zur Heeresgruppe Mitte zurückkehrten und dort sofort die Hauptlast der nächsten Offensive tragen mussten, hatten die geschwächten Kräfte der Heeresgruppe Süd Mühe, den Aufbau einer neuen sowjetischen Front im Süden zu verhindern. Mit beginnendem Herbstwetter verlangsamte sich der Vormarsch in Richtung Charkow. Die 6. Armee gelangte nur bis an den Rand des Industriereviers. Die Panzergruppe 1 erreichte mit letzter Kraft Rostow am Don und wurde nach zwei Tagen durch eine sowjetische Gegenoffensive wieder hinausgeworfen. Damit lag – wie die Heeresgruppe Nord – auch die Heeresgruppe Süd erschöpft fest und musste sich sogar auf einen partiellen Rückzug einstellen.

Hitler hatte sich nach dem Erfolg in der Ukraine auf die Fortsetzung des Angriffs auf Moskau eingestellt. Dafür standen im Oktober 1941 als Stoßkraft nunmehr drei – wenn auch stark abgekämpfte – Panzergruppen bereit. Mit seinem Aufruf an die Soldaten der Ostfront am 2. Oktober forderte Hitler zur letzten Kraftanstrengung auf. Dass seine Erklärungen über verfügbare Vorräte und Verstärkungen Lügen waren, konnten die wenigsten durchschauen. Das scheinbar nahe Ende der Strapazen mobilisierte aber noch einmal Kommandeure und einfache Soldaten. Sie wussten auch nichts über die gewaltigen Verstärkungen auf der Feindseite, wo Stalin 16 Armeen in zwei Staffeln zur Verteidigung bereitgestellt hatte. Die massiv ausgebauten Verteidigungsstellen hielten freilich dem deutschen Ansturm nicht stand. In der Doppelschlacht von Wjasma und Brjansk wurden bis zum 20. Oktober 1941 fast neun sowjetische Armeen vernichtet. 673 000 Rotarmisten gingen in Gefangenschaft,

1242 Panzer und 5412 Geschütze wurden zerstört oder erbeutet – ein Erfolg, der die Größenordnung von Kiew wiederholte. Halder ging große Risiken ein, um den Gegner zu verfolgen, und wollte möglichst konzentriert auf Moskau vorstoßen. Hitler bestand aber auf einer weiten Umfassung, um günstige Winterstellungen außerhalb der Metropole zu erreichen, die das gleiche Schicksal wie Leningrad erleiden sollte. Die deutschen Angriffskräfte wurden aufgespalten und dadurch zusätzlich geschwächt.

Der erneute Durchbruch der Deutschen hatte in Moskau einen Schock ausgelöst. Es gab Panikerscheinungen, Partei- und Regierungsstellen verließen ab dem 16. Oktober die Stadt. Für kurze Zeit gab offenbar auch Stalin die Hauptstadt verloren. Sein einsamer Entschluss, in der Hauptstadt zu bleiben und den Kampf fortzusetzen, ist in seiner welthistorischen Bedeutung kaum zu überschätzen. Der neue Oberbefehlshaber der Westfront, Armeegeneral Georgi K. Schukow, sorgte mit brutalsten Mitteln für die Errichtung einer zweiten Schutzstellung bei Moschaisk. Entgegen den deutschen Erwartungen gelang es ihm, zusätzliche Kräfte aus der Stadt zu mobilisieren. Zu den schlecht bewaffneten Arbeiterbataillonen kamen Verstärkungen aus anderen Regionen der UdSSR, die über das Eisenbahnzentrum Moskau rasch an die Front verlegt werden konnten. Die witterungsbedingte Versorgungskrise nahm unterdessen auf deutscher Seite dramatische Ausmaße an. Nach Schneetreiben und Frost behinderten vorerst starkes Tau- und Regenwetter den Vormarsch. Heftige Gegenangriffe sorgten für starke Verluste.

Im OKH setzte man aber auf die moralische Überlegenheit der eigenen Soldaten und forderte eine letzte Willensanstrengung. In völliger Fehleinschätzung des Gegners glaubte Halder, die Reste der Roten Armee im Raum Moskau vernichten und die Initiative zu weiteren Vorstößen in der Hand behalten zu können. Der »härtere Wille« werde sich durchsetzen. Doch Anfang Dezember mussten alle Angriffe eingestellt werden. An einigen Stellen hatte man immerhin den Stadtrand erreicht, der Kreml schien zum Greifen nahe.

In diesem Augenblick traf die lang vorbereitete strategische Gegenoffensive der Roten Armee die Wehrmacht mindestens so überraschend wie der deutsche Überfall am 22. Juni 1941 die Russen. Bis Ende November hatte Stalin elf neue Armeen dafür bereitgestellt. Die Verbände der sibirischen Fernostarmee waren sein größter Trumpf, den er einsetzen konnte, weil ihm sein Spion Richard Sorge aus Tokio bestätigte, dass die Japaner nicht in den Krieg eingreifen, sondern sich nach Süden gegen Briten und Amerikaner wenden würden. Der Diktator entwickelte große Erwartungen. Er wollte die Blitzkriegstaktik der Wehrmacht kopieren und die deutschen Hauptkräfte nicht nur vor

Moskau, sondern auch im Norden und Süden einkesseln und vernichten und so eine schnelle Entscheidung des Kriegs herbeiführen.

Die am 5. Dezember 1941 aufgenommene Offensive zeitigte angesichts der extremen Wetterbedingungen erste Erfolge. Es gelang jedoch nicht, größere deutsche Truppenteile einzukesseln. Bis zu 150 km tiefe Einbrüche wurden vor allem an der Naht zwischen den deutschen Heeresgruppen Nord und Mitte erzielt. Doch die sowjetischen Eliteverbände wurden schlecht versorgt und geführt. Sie strandeten erschöpft vor einzelnen deutschen Widerstandszentren. Auch Stalin erkannte nicht den Kulminationspunkt seiner Offensive.

Als diese am 5. Dezember 1941 begann, hatte Hitler gerade die Verlegung seiner stärksten Luftflotte von Moskau in den Mittelmeerraum befohlen und den Japanern uneingeschränkte militärische Hilfe zugesagt, ohne die Lage im Pazifik zu kennen. Zwei Tage später war der Angriff auf Pearl Harbor erfolgt und am 11. Dezember die deutsche Kriegserklärung an die USA. In dieser Situation hatte sich die Ausweichbewegung vor Moskau zu einer dramatischen Krise entwickelt. Der Mangel an Reserven, die Erschöpfung der Truppen und der Verlust einer großen Masse an Fahrzeugen und Gerät ließen kaum Gegenmaßnahmen zu. Hitler griff zu drastischen Haltebefehlen, als er den Eindruck gewann, dass Guderian und andere Befehlshaber nicht die notwendige Härte bewiesen, die Truppen auch in aussichtsloser Lage zum Durchhalten zu zwingen. Zwei Dutzend Oberbefehlshaber und Kommandeure wurden versetzt oder beurlaubt. Am 19. Dezember 1941 löste Hitler Brauchitsch ab und übernahm selbst den Oberbefehl über das Heer.

Die »Generalskrise« war rasch überwunden. Hitler konnte glauben, als einziger »eiserne« Nerven bewahrt zu haben. Dass es der Wehrmacht gelang, trotz der Rückschläge vor Moskau die Ostfront zu halten, vermittelte auch den Soldaten bald wieder Zuversicht.

Der Seekrieg

Hitler wollte es nicht wahrhaben, aber das Schicksal seines »Dritten Reiches« entschied sich nun einmal nicht im Kampf gegen die Kontinentalmacht UdSSR. Die Seeherrschaft der Royal Navy war trotz zeitweiliger Krisen niemals ernsthaft gefährdet. Der Seekrieg im europäischen Küstenvorfeld, im Nordmeer und im Atlantik bildete von Anfang an eine »Zweite Front« gegen Deutschland. Die Deutschen hatten hier auf den Tonnage-Krieg gegen die alliierte Handelsschifffahrt gesetzt. Sie bauten im Verlauf des Zweiten Weltkriegs die größte U-Boot-Flotte der Welt und erreichten mit diesem Seekampfmittel die größte Versenkungsziffer. Mit

57. Booten nahm die Kriegsmarine im September 1939 den Kampf auf. 1098 U-Boote liefen bis Kriegsende vom Stapel. In mehr als 3000 Unternehmungen versenkten sie 2610 Handelsschiffe mit rund 13 Millionen Bruttoregistertonnen (BRT) sowie 178 Kriegsschiffe. 648 Frontboote gingen auf See durch Feindeinwirkung oder Unfälle verloren, jedes vierte schon bei der ersten Feindfahrt. Die Verluste der Frontboot-Besatzungen belief sich auf etwa 29 000 Mann, das war eine Rate von 60 Prozent (1.1 Das Deutsche Reich und der Zweite Weltkrieg, Bd 10/1, S. 95−169).

Bei dem hauptsächlich eingesetzten U-Boot-Typ VIIC handelte es sich freilich um das Vorkriegsmodell eines Tauchbootes, das in der Regel über Wasser blieb und nur für kurze Zeit abtauchte, dabei aber infolge geringer Geschwindigkeit feindlichen Sonargeräten und Wasserbomben-Attacken kaum ausweichen konnte. Diese Boote hatten unter Wasser keine große Reichweite und waren gegen feindliche Flugzeuge praktisch machtlos. Bis 1942 fanden sie aber genügend Lücken in der alliierten See- und Luftüberwachung, um Einzelfahrer und Geleitzüge anzugreifen. Mit der Rudeltaktik – die Boote bildeten im Abstand von je 15 Kilometern ein Suchfeld – erzielten sie in dieser Zeit beträchtliche Erfolge. Nachdem jedoch den Briten im Dezember 1942 erneut der Einbruch in das deutsche Verschlüsselungssystem gelungen war, blieb der Standort der meisten U-Boote nicht länger geheim. Durch die koordinierte und technisch weiterentwickelte U-Boot-Bekämpfung errangen die Alliierten schließlich die Überlegenheit. In der ersten Kriegshälfte hatte die Kriegsmarine neben teilweise erfolgreichen Kaperfahrten von getarnten Hilfskreuzern auch immer wieder eine kleine Zahl von Blockadebrechern durchgebracht, die hauptsächlich Kautschuk und Zinn aus Südostasien nach Europa transportierten. Ab 1943 konnten angesichts der lückenlosen alliierten Luftüberwachung in der Biskaya nur noch einzelne größere Transport-U-Boote für diese Zwecke eingesetzt werden.

Der größte Teil der bis zu 810 000 Soldaten der Kriegsmarine war auf dem Land eingesetzt. Zahlreiche Küstenbatterien, riesige U-Boot-Bunker, befestigte Häfen, Flak-Stellungen usw. bildeten eine Basis und letzte Verteidigungslinie, die vom Nordkap bis zur spanischen Grenze reichte. Küste und Häfen im Mittelmeerraum sowie im Schwarzen Meer blieben nur mit geringen Kräften besetzt. Der seebeherrschende Gegner konnte an jeder beliebigen Stelle mit überlegenen Kräften zuschlagen. Als die Marine den Kampf im atlantischen Vorfeld aufgeben musste, wurde die Abwehr einer alliierten Invasion in Nordfrankreich zur wichtigsten Aufgabe. Doch angesichts der feindlichen Luftüberlegenheit konnte sie die Häfen im Kanalbereich bei Tage praktisch nicht mehr verlassen. Es ist der wohl größte Triumph der Alliierten, dass es ihnen am 6. Juni 1944 gelang, die größte Schiffsarmada aller Zeiten unbemerkt vor der Küste der Normandie auffahren zu lassen. Gegen sieben Schlachtschiffe, 23 Kreuzer, 105 Zerstörer und mehr als 1000 kleinere Kriegsschiffe sowie 4126 Landungsfahrzeuge der Alliierten standen auf deutscher Seite im Kanalbereich fünf Torpedoboote, 34 Schnellboote, 163 Minensuchfahrzeuge, 57 Vorpostenboote und 42 Artillerieträger auf hoffnungsloser Position.

Dönitz hetzte trotz der aussichtslosen Lage seine Männer immer wieder zum Einsatz. Er verkörperte einen neuen Typ des Offiziers, den Hitler für seine verbrecherische Kriegspolitik brauchte (4.17 Hartwig). Das Bild des Admirals und seiner Kriegsmarine lebte lange Zeit von der größten Evakuierungsaktion der Weltgeschichte, mit der im Frühjahr 1945 eine Million Flüchtlinge und etwa 500 000 verwundete Soldaten über die Ostsee in den Westen transportiert wurden. Das war aber die Leistung mittlerer und unterer Marinedienststellen, die sich über die rücksichtslosen Befehle ihrer Führung hinwegsetzten und die begrenzten Kräfte nutzten, um so viele Menschen wie möglich zu retten. Bei diesen gewaltigen Anstrengungen überlebten 99 Prozent der Menschen, 25 000 kamen ums Leben. Der größte Teil starb bei der Versenkung des mit rund 10 000 Flüchtlingen, Verwundeten, Wehrmachthelferinnen und Soldaten überladenen Passagierschiffs »Wilhelm Gustloff«, das am 30. Januar 1945 durch ein sowjetisches U-Boot torpediert wurde. Nur 838 Überlebende konnten aus dem eiskalten Wasser gerettet werden. Der Untergang der »Gustloff« ist bis heute ist die größte Katastrophe der Schifffahrtsgeschichte.

Der Bombenkrieg

In Großbritannien hatte sich, anders als in Deutschland, früh das Konzept für den strategischen Bombenkrieg durchgesetzt. Die Briten erwarteten nach den Erfahrungen des Ersten Weltkriegs keinen schnellen Sieg gegen die Kontinentalmacht Deutschland. Mit großflächigen Bombardierungen von Rüstungsindustrien und Großstädten hoffte man auf die Demoralisierung der deutschen Bevölkerung und nahm an, die Deutschen würden sich schließlich wie 1918 gegen das Regime wenden. Dabei unterschätzte man die Möglichkeiten einer totalitären Regierung, die wankende Moral der eigenen Bevölkerung durch Zwang und Propaganda zu festigen. In Deutschland erreichten lediglich die schweren Angriffe gegen Hamburg (Operation »Gomorrha«) im Juli 1943 einen kritischen Punkt mit Blick auf die Moral der Bevölkerung sowie auf den drohenden Zusammenbruch von Wirtschaft und Industrie. Durch tägliche schwere Luftangriffe mit bis zu 700 Flugzeugen wurden innerhalb einer Woche in der Stadt 30 483 Menschen getötet, 277 330 Wohngebäude, 580 Industriebetriebe, 24 Krankenhäuser, 277 Schulen und 58 Kirchen völlig zerstört.

Bericht einer Augenzeugin über den »Hamburger Feuersturm« 1943

Mathilde Wolff-Mönckeberg (1879–1958) verbrachte die gesamte Kriegszeit in Hamburg. Mit ihrem Ehemann Emil Wolff erlebte sie die weitreichende Zerstörung der Stadt während der »Operation Gomorrha«, der bis dahin schwersten Angriffe in der Geschichte des Luftkrieges, die vom 24. Juli bis 3. August 1943 anhielten.

In der Nacht vom Dienstag auf Mittwoch war nämlich wieder ein ganz schwerer Terrorangriff, mir schien er noch viel fürchterlicher als der am Sonnabend. Nach dem Alarm wurde erst nur wenig geschossen, und dann war Ruhe, sodass wir im Keller meinten, es sei schon alles vorüber, und dann ging es los, als ob die Welt unterginge. Das Licht ging sofort aus, und wir saßen erst im Dunkeln, dann bei einem flackernden Lichtchen, alle mit nassen Tüchern um Nase und Mund, und das Getöse war derartig, die Einschläge so unausgesetzt, dass das ganze Haus wackelte und Mörtel herunter rieselte und Scheiben klirrten. Frau Leiser lag in einer tiefen Ohnmacht auf der Erde, das süße Baby starrte mit ängstlichen Augen umher, keiner sprach mehr, die Leute, die zusammengehörten, fassten sich bei der Hand, und alles drängte zum Ausgang. Ich habe noch nie solche richtige Todesangst empfunden, solche Todesnähe. Bei jedem schweren Krach dachte man, nun stürzt das Haus über uns zusammen, nun kommt das Ende. Schwerer Brandgeruch drang ein, und Feuerschein erhellte die ganze Straße. Dann wurde es still.

Am nächsten Morgen kam Maria mit der Nachricht, die Stadt solle innerhalb 6 Stunden von allen Frauen und Kindern geräumt werden, Gas brannte nicht, kein Tropfen Wasser floss, das Elektrische versagte, und das Telefon und der Aufzug waren kaputt. Man kann sich schwerlich eine Vorstellung von der allgemeinen Panik und Auflösung machen. Jeder dachte nur noch an Flucht, wir auch [...] Aber *wie* sollten wir fort? Die Fernzüge gingen alle nur bis Harburg, sämtliche Hamburger Bahnhöfe waren zerstört oder standen noch in Flammen, keine Straßenbahn, keine Stadt- und Hochbahn fuhr. Die meisten Leute luden auf Karren, Räder, Kinderwagen und den eigenen Rücken, was sie irgend mitnehmen konnten, und machten sich so auf den Weg, um nur raus-, fortzukommen. Durch die Sierichstraße flutete ein Menschenstrom, Tausende übernachteten einfach im Freien, um nur der entsetzlichen Katastrophe in der Stadt zu entfliehen. In der Nacht waren die Stadtteile Hamm, Hammerbrook, Rothenburgsort, Barmbeck fast ganz dem Erdboden gleichgemacht. Leute, die aus den einstürzenden Kellern flohen und sich in völliger Ratlosigkeit auf den Straßen stauten, wurden mit brennendem Phosphor begossen, stürzten sich in die Bunker und wurden einfach erschossen, um nicht alle andern in den Bunkern mit in Brand zu stecken.

Quelle: Mathilde Wolff-Mönckeberg, Briefe, die sie nicht erreichten. Briefe einer Mutter an ihre fernen Kinder in den Jahren 1940–1946. Hrsg. von Ruth Evans, Hamburg 1980, S. 91 f.

Der Bombenkrieg 1940 bis 1945

	1940	1941	1942	1943	1944	1945
Bomben (in Tonnen) auf das Deutsche Reich	10 000 t	30 000 t	40 000 t	120 000 t	650 000 t	500 000 t
Bomben (in Tonnen) auf Großbritannien	36 644 t	21 858 t	3 260 t	2 298 t	9 151 t	761 t

Quelle: dtv-Atlas, Bd 2, München 1980, S. 200.　　　　= 10 000 t　　= 1 000 t

© MGFA
06664-03

Die Angriffe auf Deutschland aus der Luft führten die Alliierten arbeitsteilig. Die Briten griffen in der Nacht die deutschen Großstädte an, womit sie die psychologischen Auswirkungen des Bombardements steigern und den deutschen Jagdflugzeugen besser ausweichen konnten. Die Amerikaner bevorzugten den Tagesangriff. Ihr wichtigstes Ziel war es, die Luftherrschaft über Deutschland zu gewinnen, um dann ungehindert jedes beliebige Ziel zerstören zu können. Bis 1942 konnte die deutsche Luftwaffe den Luftraum über den europäischen Schlachtfeldern weitgehend beherrschen. Ihre Luftverteidigung wurde in dieser Zeit nicht ernsthaft auf die Probe gestellt. Die Briten hatten im Mai 1940 den strategischen Luftkrieg eröffnet, konnten zunächst nur einzelne Störangriffe mit bis zu 200 Bombern bei relativ hohen Verlusten fliegen. Görings Luftwaffe wäre aber wohl gern dem britischen Beispiel gefolgt, wenn sie über die entsprechenden Einsatzmittel verfügt hätte (1.1 Das Deutsche Reich und der Zweite Weltkrieg, Bd 7, S. 320−332).

Im Verlauf des Jahres 1942 bauten die Alliierten ihre Bomberflotten in Großbritannien systematisch auf. Das britische Bomber Command übernahm der später umstrittene Arthur T. Harris. Als nach der Casablanca-Konferenz die Bomberoffensive 1943 gestartet wurde, mussten vor allem die Amerikaner zunächst schwere Verluste bei ihren Tagesangriffen hinnehmen, weil die »Fliegenden Festungen« allein die deutsche Jagdabwehr nicht zu überwinden vermochten. Begleitjäger mit ausreichender Reichweite fehlten zunächst. Trotz wachsender Zweifel bei den Alliierten an der Strategie des britischen Bomber Command erreichten die schweren Angriffe gegen deutsche Großstädte 1944/45 ihren Höhepunkt. Harris hatte im November 1943 sogar die Prognose gewagt, dass man nun − nach den schweren Angriffen gegen das Ruhrgebiet − durch eine völlige Zertrümmerung Berlins den Krieg gewinnen könne. Churchill teilte zwar nicht diesen Optimismus, gab aber seine Zustimmung, weil er darauf hoffte, die geplante Invasion in

Nordfrankreich könnte durch einen solchen Schlag entlastet werden. Harris' Prognose erwies sich als falsch (8.6 Müller, S. 184).

Mit vernichtenden Angriffen gegen die deutsche Flugzeugindustrie erreichten die Alliierten dann im Sommer 1944 die unangefochtene Luftherrschaft über Deutschland und Westeuropa. Die Luftüberlegenheit der Alliierten lag bei 14:1. Das gab ihnen die Möglichkeit, im Mai und Juni das Invasionsgebiet weiträumig durch einen Luftschirm abzusichern und die deutschen Abwehrmöglichkeiten zu minimieren. Die Amerikaner konnten nun auch ihre gezielten Angriffe gegen die deutsche Industrie ausweiten. Besonders wirkungsvoll war die Zerstörung der deutschen Treibstoffindustrie und des Kohleverteilungssystems der Reichsbahn, also der »Lebensadern« der deutschen Kriegswirtschaft. Mit Speers »Rüstungswunder« war es innerhalb weniger Wochen zu Ende, und die Wehrmacht musste vom Panzer auf das Fahrrad umsteigen. Nun standen die alliierten Armeen an der Reichsgrenze und konnten die durch Luftangriffe zerstörten deutschen Städte durch Bodentruppen besetzen.

Der alliierte Luftkrieg hat wesentlich dazu beigetragen, Hitlers Wehrmacht zu Lande, zu Wasser und in der Luft zu zerschlagen und den Weg zur Niederwerfung des Dritten Reiches zu ebnen. Den westlichen Bodentruppen blieben auf diese Weise die blutigen Verluste des Ersten Weltkriegs erspart. Die Folgen vor allem für die deutschen Großstädte waren verheerend: 131 waren von Luftangriffen betroffen, Berlin mit der Höchstzahl von 29 Großangriffen. Dabei wurden insgesamt 4,1 Millonen Wohnungen völlig oder schwer zerstört (20 Prozent des Gesamtbestands). Manche Stadtviertel glichen bei Kriegsende menschenleeren Ruinenwüsten. Mehr als zehn Millionen Menschen sind zwischen 1943 und Kriegsende aus den Städten evakuiert worden.

Der Bombenkrieg hat rund 465 000 Menschenleben in Deutschland gekostet. Neben Soldaten und ausländischen Zwangsarbeitern sowie Kriegsgefangenen wurden etwa 410 000 Zivilisten getötet – weniger übrigens als nachfolgend bei Flucht und Vertreibung der ostdeutschen Bevölkerung. Die Spur zerbombter Städte war in Mitteleuropa am stärksten, vergleichbar am ehesten noch mit Japan. Es gab sie aber auch in anderen Kriegszonen, freilich nicht in diesem Ausmaß. In Großbritannien kamen 60 595 Zivilpersonen durch deutsche Bomben und V-Waffen ums Leben. Als ein Höhepunkt des Bombenkriegs gelten die rollenden Luftangriffe auf Dresden am 13./14. Februar 1945. Die Stadt erlitt schwere Zerstörungen. Nach neueren Berechnungen geht man heute von etwa 25 000 Toten aus (8.16 Die Zerstörung Dresdens). Mit dem Einsatz der Atombombe gegen Japan erhielt der Bombenkrieg in den letzten Kriegstagen eine neue Qualität.

Die Verteidigung der »Festung Europa«

Der Abnutzungskrieg, den die Militärs aufgrund der Erfahrungen des Ersten Weltkriegs unbedingt vermeiden wollten, war seit Dezember 1941 Realität. Und mit dem Blitzkrieg gegen die UdSSR hatte Hitler trotz aller militärischen Erfolge gegen die Rote Armee entscheidende Ziele nicht erreicht: den Widerstandswillen des Sowjetregimes zu brechen, eine mögliche Militärgrenze ostwärts von Moskau einzunehmen sowie das kriegswichtige Erdöl im Kaukasus in die Hand zu bekommen.

Der erzwungene Übergang in die strategische Defensive und in einen Abnutzungskrieg gegen eine globale Koalition kam nach Hitlers Kalkül zu früh. Seine »Festung Europa« war noch längst nicht vollendet. Um das kurze Zeitfenster vor einem Eingreifen der USA auf den Kontinent auszunutzen, wollte er mit einer zweiten Sommeroffensive im Osten das lebenswichtige Kaukasus-Öl in die Hand bekommen, zugleich damit die Kriegswirtschaft der UdSSR lahmlegen und deren wichtigen Versorgungsstrang über Iran für angelsächsische Hilfslieferungen kappen. Das angeschlagene deutsche Ostheer konnte mit Hilfe einer neuen Rüstungspolitik soweit wieder ausgestattet werden, dass zumindest die Heeresgruppe Süd zum Angriff anzutreten vermochte. Den Panzerkorps gelang es aber nicht, die sowjetische Front – wie im Vorjahr – mit großen Kesselschlachten weit genug aufzureißen. Der Vormarsch in den Kaukasus wurde zudem durch Hitlers fatale Entscheidung geschwächt, die Heeresgruppe aufzuspalten und mit größeren mobilen Kräften die Stadt anzugreifen, die Stalins Namen trug.

Aus dem Prestigeduell der beiden Diktatoren entwickelte sich am Jahresende die bis dahin größte Katastrophe der deutschen Militärgeschichte, der Untergang einer kompletten Armee (6. Armee und Teile der 4. Panzerarmee) auf dem Schlachtfeld. Hitler hatte, um Kräfte für den Ansatz auf Baku und Stalingrad freizumachen, die lange Flanke am Don mit wenig kampfkräftigen Armeen seiner Verbündeten besetzt. Stalins Gegenschlag ab 19. November zerschlug die Rumänen, Ungarn und Italiener und gefährdete mit der Einkesselung der 6. Armee die gesamte deutsche Südfront.

Nur unter großen Anstrengungen ließ sich im Frühjahr 1943 die weit zurückgedrängte Ostfront wieder stabilisieren, während gleichzeitig erhebliche Kräfte bereitgestellt werden mussten, um der Landung von US-Streitkräften in Algerien zu begegnen, die zusammen mit den siegreich von El Alamein vorrückenden Briten die deutsch-italienische Heeresgruppe unter der Führung von General Rommel im Brückenkopf Tunis einschlossen.

In Berlin hatte Propagandaminister Goebbels mit einer demagogischen Rede am 18. Februar 1943 das deutsche Volk zum »Totalen Krieg«

Joseph Goebbels, Rede im Berliner Sportpalast am 18. Februar 1943

In der 109 Minuten dauernden Rede, gehalten im Rahmen einer Parteiveranstaltung, schwor der Reichspropagandaminister seine Zuhörer auf den Totalen Krieg ein.

Der Ansturm der Steppe gegen unseren ehrwürdigen Kontinent ist in diesem Winter mit einer Wucht losgebrochen, die alle menschlichen und geschichtlichen Vorstellungen in den Schatten stellt. Die deutsche Wehrmacht bildet dagegen mit ihren Verbündeten den einzigen überhaupt infrage kommenden Schutzwall [...]

Es ist verständlich, dass wir bei den großangelegten Tarnungs- und Bluffmanövern des bolschewistischen Regimes das Kriegspotenzial der Sowjetunion nicht richtig eingeschätzt haben. Erst jetzt offenbart es sich uns in seiner ganzen wilden Größe. Dementsprechend ist auch der Kampf, den unsere Soldaten im Osten zu bestehen haben, über alle menschlichen Vorstellungen hinaus hart, schwer und gefährlich. Er erfordert die Aufbietung unserer ganzen nationalen Kraft. Hier ist eine Bedrohung des Reiches und des europäischen Kontinents gegeben, die alle bisherigen Gefahren des Abendlandes weit in den Schatten stellt [...]

Wir sind entschlossen, unser Leben mit allen Mitteln zu verteidigen – ohne Rücksicht darauf, ob die uns umgebende Welt die Notwendigkeit des Kampfes einsieht oder nicht. Der totale Krieg ist also das Gebot der Stunde! [...]

Jedermann weiß, dass dieser Krieg, wenn wir ihn verlören, uns alle vernichten würde. Und darum ist das Volk mit seiner Führung entschlossen, nunmehr zur radikalsten Selbsthilfe zu greifen [...]

Man frage landauf, landab das deutsche Volk, und man wird überall nur eine Antwort erhalten: Das Radikalste ist heute gerade radikal, und das Totalste ist gerade total genug, um zum Siege zu führen. Darum ist die totale Kriegführung eine Sache des ganzen deutschen Volkes [...]

Der mächtigste Bundesgenosse, den es auf dieser Welt gibt, das Volk selbst, steht hinter uns und ist entschlossen, mit dem Führer – koste es, was es wolle, und unter Aufnahme auch der schwersten Opfer – den Sieg kämpfend zu erstreiten [...]

Wenn wir je treu und unverbrüchlich an den Sieg geglaubt haben, dann in dieser Stunde der nationalen Besinnung und der inneren Aufrichtung. Wir sehen ihn greifbar nahe vor uns liegen; wir müssen nur zufassen. Wir müssen nur die Entschlusskraft aufbringen, alles seinem Dienste unterzuordnen. Das ist das Gebot der Stunde! Und darum lautet von jetzt ab die Parole: Nun, Volk, steh auf – und Sturm brich los!

Quelle: Goebbels-Reden, Bd 2: 1939–1945. Hrsg. von Helmut Heiber, Düsseldorf 1972, S. 172–208.

aufgerufen. Dem NS-Regime gelang es, noch einmal der zunehmend kriegsmüden Bevölkerung neue Opfer abzuverlangen und eine innere Geschlossenheit zu bewahren. Attentatsversuche der militärischen Opposition scheiterten. Hitlers Durchhaltestrategie setzte im Westen auf eine Ausweitung des U-Boot-Krieges, den Bau des Atlantikwalls und die Vorbereitung des Einsatzes von modernen Flugkörpern (»Wunderwaffen«), im Osten auf einen Abnutzungskrieg, mit dem der

Roten Armee möglichst so große blutige Verluste beigefügt würden, dass die Kriegführung Stalins erlahmte.

Das »Unternehmen Zitadelle« war Anfang Juli 1943 ein Frontalangriff auf den stark befestigten Frontbogen von Kursk, mit dem deutsche Verbände gegen einen zahlenmäßig weit überlegenen Gegner antraten. Nach Anfangserfolgen und schweren eigenen Verlusten brach Hitler den Angriff ab, weil die Alliierten inzwischen in Sizilien gelandet waren und Kräfte zu ihrer Abwehr verlagert werden mussten. Daraufhin trat die Rote Armee wie mit einer Lawine zu eigenen Offensiven an, die für die Deutschen zum Verlust der Ukraine führten, deren Ausbeutung nach Hitlers Willen das wirtschaftliche Rückgrat seines »Ostwalls« bilden sollte.

Die Alliierten hatten sich nach unerwarteten Verzögerungen in Nordafrika dazu entschlossen, die geplante Invasion in Nordwestfrankreich um ein Jahr zu verschieben und die Zeit auf andere Weise zu nutzen. Bei der Konferenz von Casablanca im Januar 1943 entschieden sich Roosevelt und Churchill dafür, einerseits durch die Ausweitung des strategischen Bombenkrieges das noch immer wachsende deutsche Rüstungspotenzial zu zerschlagen und durch Angriffe auf die Großstädte womöglich die deutsche Kriegsmoral zu zerstören sowie andererseits im Pazifik offensiv zu werden, um eine Entscheidung gegen Japan zu erzwingen. Außerdem sollte die kriegsentscheidende Invasion gründlicher vorbereitet werden. Das betraf den Bau von Landungsbooten ebenso wie die Ausbildung der noch unerfahrenen US-Truppen, die nach der siegreichen Atlantikschlacht gegen die »Wolfsrudel« der deutschen U-Boote Europa erreichten.

An der Ostfront fingen die deutschen Truppen die sowjetischen Angriffe zumindest soweit auf, dass sich die Wehrmacht schrittweise nach Westen zurückziehen konnte und dem Gegner dabei ein Mehrfaches gegenüber den eigenen Verlusten zufügte. Bis zum Frühjahr 1944 hat das Ostheer kaum Ersatz erhalten, weil Hitler alle Kräfte zur Abwehr einer Invasion im Westen bereitstellte. Stalin wartete mit dem Beginn seiner Sommeroffensive bis zum 22. Juni 1944 – natürlich ein symbolträchtiges Datum, aber auch ein Zeitpunkt, zu dem der Erfolg der alliierten Invasion bereits erkennbar war und die geringen deutschen Reserven im Westen gebunden waren. Die Rote Armee führte eine kaskadenartige Serie von Angriffsoperationen durch. Sie praktizierte jetzt zum ersten Mal erfolgreich »Blitzkrieg« nach deutschem Modell und mit massiver Überlegenheit. Der Zusammenbruch der deutschen Heeresgruppe Mitte warf die Wehrmacht praktisch auf die Ausgangsposition von 1941 zurück. Vor Warschau konnte die weitreichende Operation des Gegners mit einem Gegenschlag zum Stehen gebracht werden, was dem polnischen Nationalaufstand in der Hauptstadt zum Verhängnis geriet.

Im Norden lief der Rückzug zunächst planmäßig ab. Er führte durch Fehlentscheidungen Hitlers zum Kurland-Kessel, der sich in mehreren schweren Abwehrschlachten bis zum 8. Mai 1945 als Brückenkopf hielt. Im Süden konnte die Wehrmacht die Karpaten-Linie nicht halten und erlitt im rumänischen Raum eine weitere schwere Niederlage. Ungarn wurde zum letzten Rückzugsgebiet. Die Verteidigung von Budapest geriet zu einem »Stalingrad an der Donau«. Nach dem verlustreichen Rückzug der Heeresgruppen aus Griechenland und Jugoslawien konnte sich die Wehrmacht bis in die letzten Tage des Krieges am Rande der »Alpenfestung« halten. Am Plattensee fand Anfang März 1945 ihre letzte Offensive statt, für die Hitler vergeblich die Reste seiner Panzertruppen opferte.

Auch Finnland ging im Herbst 1944 für die Wehrmacht verloren. Der Verbündete wechselte ebenfalls die Front. Bei dem Rückzug nach Norwegen führten die Deutschen eine rücksichtslose Strategie der »Verbrannten Erde« durch und konnten sich bis zum Kriegsende mit mehreren Hunderttausend Mann im »Nordraum« (Dänemark und Norwegen) halten.

Im Westen führten die Alliierten mit der »Operation Overlord« am 6. Juni 1944 das größte Landungsunternehmen der Weltgeschichte durch. Sie überlisteten die zwischen Nordkap und spanischer Grenze verteilte deutsche Abwehr und bildeten in der Normandie überraschend einen Brückenkopf, den sie dank ihrer vollständigen Luftüberlegenheit schrittweise ausweiteten. Personell etwa gleich stark, vermochte sich die Wehrmacht aber gegen den materiell weit überlegenen Gegner nicht auf Dauer zu behaupten. Ein großer Teil des Westheeres zog sich immerhin auf den ehemaligen »Westwall« mehr oder weniger geordnet zurück, womit sich die Front an der Reichsgrenze vorläufig stabilisieren ließ.

Die Alliierten zögerten im Herbst 1944, alles auf eine Karte zu setzen und den Vorstoß ins Reich zu wagen. Erhebliche Logistikprobleme waren zu lösen, um auf breiter Front den Angriff an und über den Rhein zu wagen. Der Oberkommandierende General Dwight D. Eisenhower wollte kein Risiko eingehen, weil in den USA die Wiederwahl Roosevelts anstand und das Dritte Reich scheinbar nicht so geschwächt war wie das Kaiserreich im Herbst 1918. Das Attentat auf Hitler am 20. Juli 1944, mit dem die Militäropposition einen Ausweg aus dem Krieg versuchte, war gescheitert, und die Nationalsozialisten organisierten eine letzte verzweifelte Mobilmachung. Außerdem zeigte sich, dass die Wehrmacht zwar schwer angeschlagen, wie ein verwundetes Raubtier aber noch zu gefährlichen Gegenschlägen in der Lage war.

Am 16. Dezember 1944 sorgten die Deutschen für eine Überraschung in den Ardennen. Ähnlich wie 1940 durchbrachen sie die unvorbereiteten amerikanischen Verteidigungslinien. Sie konnten aber – anders als 1940 – den Durchbruch nicht in die Tiefe ausweiten, um mit dem Vorstoß zum Kanal den Alliierten eine schwere Niederlage beizubringen. Auf diese Weise hatte Hitler gehofft, die Kriegswende herbeizuführen, weil er dann Divisionen freibekäme, um die Rote Armee im Osten wieder zurückzuschlagen. Es fehlte der Wehrmacht nicht nur die Luftherrschaft über dem Gefechtsfeld, sondern auch ausreichend Treibstoff. Vor allem reagierte Eisenhower rasch mit Kräfteverschiebungen, mit denen es gelang, die Wehrmacht wieder zurückzudrängen.

Der Marsch in den Untergang

Gegenüber den Zweifeln seiner engsten Umgebung hatte Hitler keine glaubwürdige Trumpfkarte mehr, so rasch er mit Schuldzuweisungen auch bei der Hand war. Seine Prognose, durch einen Sieg im Westen den Krieg zu entscheiden, war ebenso wenig eingetroffen wie die Erwartung, dass die Ostfront den Ansturm der Roten Armee auch allein aufhalten könnte. Sieht man einmal von Norditalien, Holland, Dänemark und Norwegen ab, hatte das Dritte Reich praktisch alle früheren Gewinne und Siege verspielt. Deutschland stand im Wesentlichen dort, wo es 1939 den Krieg begonnen hatte, nun allerdings von übermächtigen Feinden umgeben, die eigene Armee ausgebrannt und ohne realistische Aussichten auf den viel beschworenen »Endsieg«. In der NS-Führung spekulierten einige noch immer über eine politische Lösung, doch dafür stand Hitler nicht zur Verfügung, und gegen ihn wollte niemand eine solche Lösung versuchen. Umso mehr richtete der Diktator seine ganze Energie darauf, die letzten kampfkräftigen Verbände immer wieder zusammenzufassen und durch überraschende Befreiungsschläge Zeit zu gewinnen. Mit seinem militärischen Aktionismus schlug er alle Ratschläge der Militärs in den Wind und nahm größte Risiken in Kauf, nur um sich und der Welt seine Fähigkeit zum »Schlagen« zu beweisen.

Ein strategisches Konzept verbarg sich nicht dahinter, und das Schicksal des eigenen Volkes war ihm längst gleichgültig geworden. Wichtiger war es Hitler, seine Inszenierung des Kampfes »bis zum Letzten« durchzuhalten, was ihm auch die Möglichkeit bot, seine Umgebung unter Druck zu halten und sich durch keinen »Ludendorff« oder »Max von Baden« das Heft aus der Hand nehmen zu lassen. Nach seinen vielfachen Ankündigungen sollte sich der »November 1918« nicht wiederholen. Damals hatte der Erste Generalquartiermeister Erich Ludendorff mit der Forderung nach einem sofortigen Waffenstillstand die Regierungsübernahme durch Max von Baden ausgelöst, was die Kapitulation einleitete und schließlich zur Revolution führte. So entwickelte sich 1945 mitten im Inferno, das auf Deutschland zurollte, der Führerbunker zu einer seltsamen Bühne, auf der ein Schauspiel stattfand, das später erst durch Zeitzeugen und Historiker bekannt wurde; eine Bühne, von der am Ende nur noch einzelne Funksignale kamen, auf die kaum noch jemand hörte.

Der Sturm auf das Reich begann Mitte Januar 1945 an der Ostfront. Dort standen auf deutscher Seite 569 000 Mann mit 8230 Geschützen, 700 Panzern und 1300 Flugzeugen einer Übermacht von 1,5 Millionen Sowjetsoldaten mit 28 000 Geschützen, 3300 Panzern und 10 000 Flugzeugen gegenüber.

Südlich von Warschau stürmten die 1. Weißrussische Front und die 1. Ukrainische Front unaufhaltsam nach Westen. Mit einem der massivsten, schnellsten und verlustreichsten Vorstöße des Zweiten Weltkriegs erreichte Armeegeneral Schukow am 31. Januar die Oder und erzwang bei Küstrin einen strategisch wichtigen Brückenkopf über den Fluss. Deutsche Verteidigungsstellungen hatte er umgangen oder rasch ausgeschaltet. »Festungen« wie Posen, Thorn und Graudenz konnten nicht mehr als symbolischen Widerstand leisten. Die in Ostpreußen eingeschlossene 3. Panzerarmee und die 4. Armee waren dem Ansturm der sowjetischen Panzertruppen ebenfalls nicht gewachsen, obwohl sie sich seit Wochen auf die Verteidigung eingerichtet hatten. Das »Wunder« von 1914 ließ sich nicht wiederholen. Die zahlenmäßige Überlegenheit der Roten Armee betrug teilweise das 20-fache der deutschen Kräfte. Am 21. Januar besetzte sie Tannenberg und schloss am 29. Januar die alte preußische Festung Königsberg ein. Gauleiter Erich Koch ließ sich rechtzeitig mit einem Eisbrecher über die Ostsee nach Dänemark evakuieren. Reste der Wehrmacht flüchteten ebenso wie die Bevölkerung auf die Nehrung in der Hoffnung auf ein letztes Schiff in Pillau, dem Vorhafen von Königsberg. Ein im Gegenangriff in Richtung Danzig geöffneter Korridor hatte sich nicht halten lassen.

Breslau wurde Mitte Februar eingeschlossen und konnte durch Volkssturmverbände und zusammengeraffte Wehrmachteinheiten bis zum 6. Mai gehalten werden. Am Ende war die Stadt durch Artilleriebeschuss bis zu 70 Prozent zerstört, und Gauleiter Karl Hanke machte sich mit einem Flugzeug davon. Obwohl Hitler gerade von seinen Parteifunktionären einen »fanatischen« Widerstandsgeist erwartete, ließen diese die ihnen anvertraute Bevölkerung meist im Stich, indem sie eine rechtzeitige Evakuierung der Zivilbevölkerung verhinderten und selbst im letzten Moment verschwanden. Himmler übernahm persönlich die neugebildete Heeresgruppe Weichsel und wollte Pommern verteidigen. Gleichzeitig übertrug Hitler ihm den Auftrag, »hinter der gesamten Ostfront auf deutschem Boden die nationale Verteidigung« zu gewährleisten. Mehr als ein Freibrief für SS und Polizei zum schrankenlosen Terror war das nicht.

Die Verteidigung mit unzulänglichen Mitteln und sinnlosen Haltebefehlen im Osten des Reiches führte in den strengen Wintertagen zu hohen Verlusten unter der Bevölkerung. Die antibolschewistische Hass- und Gräuelpropaganda der Nazis hatte nur begrenzt den Widerstandswillen gestärkt, zugleich aber eine unorganisierte Fluchtbewegung von Millionen Menschen hervorgerufen. Viele wurden direkt in die Kämpfe verwickelt oder auf der Flucht von sowjetischen Panzern eingeholt und getötet. Großspurig angekündigte deutsche Gegenoffensiven nährten die falsche Hoffnung, der näher rückenden Front durch ein vorübergehendes Verlassen der Heimatorte entgehen zu können. Abgedrängt von den wichtigsten Straßen- und Verkehrsverbindungen, die die Wehrmacht beanspruchte, verschwanden zahllose Trecks hilfloser und desinformierter Frauen und Kinder im Schneetreiben. Manche hatten das Glück, gerade noch den letzten Zug nach Westen zu erreichen. Die alten Männer und die Jugendlichen wurden für den Volkssturm herausgezogen, meist armselige Menschenhaufen in Zivilkleidung, die lediglich eine Armbinde erhielten, aber seltener Waffen und keinerlei Ausrüstung, die ihnen ein Überleben »im Felde« erlaubt hätten. Oftmals anerkannte die Rote Armee den Kombattantenstatus nicht. Jugendliche wurden als angebliche »Werwölfe« erschossen, und selbst Eisenbahner, Forstbeamte und andere Uniformträger ermordet. In die Wehrmacht eingegliederte Volkssturmeinheiten gerieten in den Strudel der blutigen Rückzugskämpfe. Die meisten anderen lösten sich auf. Organisierter Widerstand kam lediglich in Ostpreußen und Schlesien zustande. Im Warthegau blieb die eilig improvisierte Verteidigung nur ein Chaos, durch das die Rote Armee ungehindert hindurchstieß. Hier hatten Hunderttausende von evakuierten Russlanddeutschen gerade erst ihre Koffer ausgepackt, als die Kriegsfurie sie wieder einholte.

Ende Januar 1945 hatte die Rote Armee bereits Brückenköpfe an der Oder, dem letzten natürlichen Hindernis vor Berlin, errichtet. Deutsche Gegenstöße scheiterten. Vor allem im strategisch wichtigen Raum Küstrin konnten die Russen ihren Erfolg sogar noch ausweiten. Damit war die »Nibelungenstellung« entlang von Oder und Neiße, nach früheren Überlegungen des Generalstabs als letzter Rückhalt konzipiert, aufs Äußerste gefährdet. Der Ausbau des Verteidigungssystems begann viel zu spät. In aller Eile wurde die Bevölkerung angetrieben, Panzergräben auszuheben. Die Seelower Höhen, auf der kürzesten Distanz zu Berlin gelegen, befestigte man besonders stark. Größere Reserven standen für die zu erwartende Abwehrschlacht aber nicht zur Verfügung.

Hitler setzte ganz auf die Propaganda, als er am 16. April 1945 in einem »Tagesbefehl an die Kämpfer der Ostfront« behauptete, der »jüdisch-bolschewistische Todfeind« sei zum Angriff angetreten, »Deutschland zu zertrümmern und unser Volk auszurotten«. Auch die Rote Armee hatte sich intensiv auf den entscheidenden Todesstoß für Hitlers Regime vorbereitet. Innerhalb von zwei Wochen sollte die Elbe erreicht werden. Marschall der Sowjetunion Schukow hatte den schwierigsten Teil der Aufgabe, mit der 1. Weißrussischen Front im Frontalangriff über die Seelower Höhen Berlin einzunehmen. Stalin hetzte seine Generale in einen regelrechten Wettlauf nach Berlin, der Zehntausenden von Rotarmisten unnötig das Leben kostete.

Der Großangriff der Roten Armee begann am 16. April 1945 mit einem gigantischen Trommelfeuer. Doch der stürmische Angriff auf Seelow blieb aufgrund taktischer Fehler im deutschen Abwehrfeuer liegen. Schukow verlor mehr als 30 000 Mann und 727 Panzer. Drei Tage lang konnte die 9. Armee seinen Panzerverbänden trotzen, dann brach sie auseinander. Dazu trug der erfolgreiche Angriff der 1. Ukrainischen Front an der Lausitzer Neiße bei Muskau bei. Die schwache Front der 4. Panzerarmee wurde sofort aufgerissen. Tausende von sowjetischen Panzern stießen nach Sachsen hinein und stürmten sowohl in Richtung Westen zur Elbe vor als auch in nordwestlicher Richtung zur Umfassung Berlins. Schwache Gegenangriffe der deutschen Heeresgruppe Mitte scheiterten. Hals über Kopf musste das OKH sein Quartier bei Zossen räumen. Da Hitler einen Rückzug seiner 9. Armee untersagte, wurden die Reste dieser Truppen zusammen mit Flüchtlingskolonnen in einem wandernden Kessel bei Halbe zusammengeschossen. Am 25. April trafen Truppen der 58. sowjetischen Gardedivision bei Torgau an der Elbe mit Einheiten der 69. US-Infanteriedivision zusammen. An diesem Tag wurde auch bei Ketzin im Raum Potsdam der Belagerungsring um Berlin geschlossen.

Nach der Verzögerung durch die deutsche Ardennenoffensive hatten die Westalliierten ihren Sturm auf das Reich am 8. Februar 1945 begonnen. Die britische 21. Armeegruppe und die 12. US-Armeegruppe eröffneten zusammen mit kanadischen Verbänden den Angriff. Die deutschen Truppen gaben das linksrheinische Gebiet auf und zogen sich hinter den Rhein zurück. Köln ging am 6. März verloren. Einen Tag später erreichten amerikanische Panzertruppen die unzerstörte Rheinbrücke bei Remagen und errichteten sofort einen Brückenkopf. Hitler tobte und befahl die Bestrafung der Verantwortlichen auf deutscher Seite. Gegenangriffe scheiterten. Zwei Wochen später setzten die Angloamerikaner zum Hauptstoß an. Eisenhower hatte sich entschieden, seine Hauptgruppierung im Norden aufzulösen. Der Schwerpunkt lag nun bei Omar N. Bradley, der in Richtung Dresden–Leipzig vorrücken sollte. Seine nördliche Flanke hatte Montgomery durch einen Vorstoß Richtung Hannover–Lübeck zu decken. Es lag im britischen Interesse, den Ostsee-Ausgang möglichst vor der Roten Armee zu besetzen. An der südlichen Flanke sollte Jacob L. Devers mit amerikanischen und französischen Verbänden Süddeutschland und Österreich erobern.

Berlin war nicht länger Eisenhowers Ziel. Den Triumph überließen die Amerikaner gern den Russen, auch den hohen Preis, der dafür vermutlich zu zahlen war. Das Gespenst von einer deutschen »Alpenfestung« bot Eisenhower den Anlass, den strategisch wichtigeren Raum im Süden, die traditionelle Rüstungsschmiede im Ruhrgebiet sowie das Zentrum der modernen Rüstungsfertigung im mitteldeutschen Industrierevier zu besetzen, zumal Speer im Hintergrund dafür sorgte, dass der »Nero-Befehl« des Diktators zur Zerstörung der deutschen Industrie nicht umgesetzt wurde.

Für Eisenhower waren die militärischen Zielsetzungen wichtiger als weiterreichende politische Erwägungen, sodass Churchills Protest gegen die Absage an einen schnellen Vorstoß auf Berlin kein Gehör fand. Trotz örtlicher Gegenwehr gab die Wehrmacht an der Westfront massiven alliierten Vorstößen nach. In der deutschen Führung wäre mancher durchaus geneigt gewesen, die Front im Westen weiter zu öffnen. Im OKW bereitete man indessen das Ausweichen in die »Alpenfestung« und adäquat dazu in einen »Nordraum« vor.

Ende März war die deutsche Heeresgruppe B im Ruhrgebiet abgeschnitten. Hitler befahl das Ausharren von mehr als 20 Divisionen mit rund 325 000 Mann. Darunter gab es nur wenige kampfkräftige Einheiten, die sich dem Eindringen der Amerikaner in die Ballungszentren entgegenstellten. Ein großer Teil der schlecht bewaffneten und versorgten Soldaten und Volkssturmeinheiten tauchte in den schwer zerstörten Großstädten unter. Generalfeldmarschall Walter Model lehnte jedes Kapitulationsangebot ab und zog den Selbstmord vor, als sich seine Heeresgruppe auflöste und den Kampf am 25. April einstellte.

Schon vor der endgültigen Zerschlagung des Ruhrkessels hatte Bradley mit vier Armeen und rund 1,3 Millionen Mann den Vormarsch in der 200 km breiten Frontlücke nach Osten fortgesetzt. Sie stießen kaum noch auf Widerstand. Wo er sich auch nur im Ansatz zu bilden schien, bombten die Flieger den Weg rasch wieder frei. Häufiger begegneten ihnen freilich weiße Fahnen, die von der Bevölkerung trotz des Terrors der fliegenden Standgerichte gehisst wurden. Zwar begingen manche fanatische Nazis wie der Leipziger Oberbürgermeister Alfred Freyberg Selbstmord, doch die Mehrzahl der Menschen begrüßte erleichtert den Einmarsch der Amerikaner. Übergriffe, Plünderungen und Vergewaltigungen wurden nur vereinzelt registriert. Mit eisiger Härte reagierten die US-

Truppen allerdings nach der Öffnung der Konzentrationslager, so etwa von Buchenwald, wo die Bewohner umliegender Ortschaften gezwungen wurden, die Stätte des Grauens zu besichtigen.

Für Hitler war schon zuvor deutlich geworden, dass ein Ausweichen in die »Alpenfestung« für ihn nicht mehr in Betracht kam. Den Versuch, aus den Faustpfändern im Norden und Süden vielleicht politisches Kapital zu schlagen, überließ der Diktator anderen. Ihn zog es auch nicht in die Einsamkeit des Thüringerwaldes, wo ein weiteres Hauptquartier auf ihn wartete. Er entschloss sich, in Berlin – seiner »Festung« – trotzig auszuharren und seine Inszenierung des Untergangs bis zur letzten Minute als scheinbar heroisches Schauspiel in der Hand zu behalten.

Militärisch war die Verteidigung in der Hauptstadt ebenso aussichtslos wie in anderen »Festungen« oder Reichsgebieten. Dass es die Russen waren, die seiner Führungsclique nun den Todesstoß geben würden, war Hitler offenbar lieber als »im Kampf« gegen die Amerikaner oder Briten »zu fallen«. So konnte er noch einmal ein Fanal setzen, wo er zeitlebens den ideologischen Hauptgegner gesehen hatte. Hitler war zynisch genug, sein eigenes Volk zu verraten, das aus seiner Sicht versagt hatte und deshalb untergehen sollte, denn – in seiner perversen Logik – die Zukunft würde dem »stärkeren Ostvolk« gehören.

Nach dem Durchbruch der Roten Armee bei Seelow standen für die unmittelbare Verteidigung der Hauptstadt nur zusammengewürfelte Reste von Wehrmacht- und SS-Einheiten zur Verfügung. Mit ihnen ließ sich immerhin im Zentrum der Stadt eine hartnäckige Verteidigung organisieren. Ansonsten hoffte man im Führerbunker auf einen Entsatz durch eine neu aufgestellte 12. Armee sowie die Armeegruppe Steiner. Doch das waren organisatorische Phantome, zusammengeraffte Truppen, die außerstande waren, die sowjetischen Belagerungskräfte wirkungsvoll anzugreifen. In dieser Situation wurde der Tod des US-Präsidenten Roosevelt am 12. April 1945 von Goebbels als Fingerzeig des Schicksals gedeutet. Hitler klammerte sich an die Hoffnung, die Front für einige Wochen halten zu können, bis die Feindkoalition auseinanderbrach. Diese Illusion verflog rasch, als sich die Truppen Schukows zum Stadtzentrum durchkämpften. Hierbei starben mehr Berliner als während der jahrelangen schweren Luftangriffe auf die Stadt. Für die Überlebenden begann ein Martyrium von Plünderungen und Vergewaltigungen durch die Sieger.

Der Selbstmord des Diktators am 30. April löste die letzten Bande innerhalb der Wehrmacht, deren Führung am 7. Mai 1945 zur bedingungslosen Kapitulation bereit war. Nach den Erfahrungen von 1918 hatten sich die Alliierten vorgenommen, die Kapitulation durch die Führungsspitze der Wehrmacht vollziehen zu lassen, nicht durch eine zivile Reichsleitung, an deren Existenz sie ohnehin kein Interesse hat-

◀ Abb. 27:
Generalfeldmarschall Wilhelm
Keitel unterzeichnet in seiner
Funktion als Chef des OKW die
bedingungslose Kapitulation der
Wehrmacht, Berlin-Karlshorst,
8. Mai 1945.
BArch/183-R77797/Petrusow

ten. Der Krieg gegen das Deutsche Reich endete am 8. Mai 1945. Das
Ergebnis war eindeutig, die Folgen für das Land und seine Bewohner
daher tiefgreifender und schmerzlicher als je zuvor in der deutschen
Geschichte. Der Totale Krieg, von Hitler angezettelt, hatte zur einer totalen Niederlage geführt. Sie bot die Chance, in einer aufgezwungenen
»verspäteten Revolution« einen demokratischen Neuanfang zu wagen.

Die Kämpfe im Pazifik dauerten noch bis August, als die US-Streit-
kräfte durch den Abwurf von zwei neuartigen Atombomben auf
Hiroshima und Nagasaki ihre Entschlossenheit demonstrierten. Die japanische Führung erklärte sich am 14. August 1945 zur bedingungslosen Kapitulation bereit.

Mit dem Sieg der Anti-Hitler-Koalition über das Dritte Reich war der
Zweite Weltkrieg militärisch entschieden. Die Frage nach der Zukunft
war damit ebenso wenig gelöst wie eine Reihe von Konflikten, die der
Krieg entfacht oder geschürt hatte.

Epilog: Das schwierige Erbe

Trotz der von den Alliierten ab 1943 erhobenen Forderung nach einer bedingungslosen Kapitulation und der Ankündigung einer Bestrafung deutscher Kriegsverbrecher hat sich in der Wehrmacht offenbar niemand vorstellen können, dass damit das Ende des deutschen Militärs mit seiner fast dreihundertjährigen Tradition bevorstand. Dieses einzigartige Schicksal sollten die Deutschen – zusammen mit den Japanern – nach Kriegsende teilen.

Die große Mehrheit der regimetreuen Offiziere vertraute darauf, dass die westlichen Alliierten vielleicht doch noch »einsehen« würden, welche Gefahr ihr sowjetischer Verbündeter für die gesamte westliche Welt letztlich darstellte. Dann würde die Wehrmacht ein unverzichtbares Glied in der Abwehr der »bolschewistischen Flut« sein. Anzeichen für zunehmende Spannungen in der Anti-Hitler-Koalition und den Beginn eines »Kalten Krieges« waren in den letzten Kriegsmonaten immerhin bereits erkennbar.

Deshalb hatte es in den letzten Tagen vor der unabwendbaren Kapitulation ein fieberhaftes Bemühen gegeben, die Anti-Hitler-Front zu spalten. Die Alliierten bestanden darauf, dass die militärischen Führungsspitzen die Kapitulation unterzeichneten. Damit zogen sie die Konsequenz aus der Erfahrung von 1919, als die Militärs der zivilen Reichsleitung die Unterzeichnung des Friedensvertrags überließen, um anschließend die Legende von »im Felde unbesiegt« zu verbreiten und den nächsten Krieg vorzubereiten. Die Siegermächte beschränkten sich deshalb 1945 nicht darauf, die Wehrmacht zu entwaffnen, Deutschland zu besetzen und die gesamte Regierungsgewalt in eigene Hände zu übernehmen.

Der letzten von Hitler eingesetzten Reichsregierung unter seinem »Nachfolger« Admiral Dönitz blieb nur für wenige Tage die Illusion, dass die Wehrmacht als Träger einer staatlich-politischen Kontinuität bestehen bliebe. Das Verbot der NSDAP und ihrer bewaffneten Garde, speziell der SS, konnte Dönitz leicht verschmerzen. Überraschend war nicht nur für ihn, dass die Alliierten überhaupt kein Interesse daran zeigten, eine Gesamtführung der Wehrmacht zu erhalten oder wenigstens auf regionaler Ebene einzelne, vom OKW bereits ausgesuchte Truppen mit speziellen Aufträgen zu versehen (z.B. für die Wiederherstellung des Eisenbahnnetzes).

Das Ende von Hitlers Wehrmacht war zwar am 8. Mai 1945 faktisch erreicht, aber noch nicht restlos vollzogen worden. Die Potsdamer Konferenz traf im Juli die Entscheidung, Deutschland völlig zu entmilitarisieren. Bei der Umsetzung gingen die vier Besatzungsmächte allerdings nicht immer einen gemeinsamen Weg. Auf britischer Seite bestand die nicht unverständliche Sorge vor einer weiteren Expansion

◄ Abb. 28:
Potsdamer Konferenz vom
17. Juli bis 2. August 1945: Die
obersten Staatsmänner Winston
S. Churchill, Harry S. Truman
und Josef W. Stalin regelten die
Politik der Siegermächte gegenüber Deutschland.
BArch/183-H27035

der UdSSR, weshalb man in den Lagern deutscher Kriegsgefangener Vorkehrungen schuf, um notfalls »Churchills deutsche Armee« zu reaktivieren. Die US-Armee baute bald eigene »Labor Forces« aus ehemaligen Wehrmachtangehörigen auf, und Stalin ließ in seiner Besatzungszone kasernierte deutsche Polizeitruppen formieren. Aus diesen Anfängen entwickelte sich ein Prozess der Wiederbewaffnung, der zehn Jahre nach Ende des Zweiten Weltkriegs der Welt gleich zwei neue deutsche Armeen präsentierte, die sich als Speerspitzen der verfeindeten Blöcke im Kalten Krieg gegenseitig in Schach hielten.

Die Wehrmacht überlebte das Jahr 1945 also nicht als Organisation, aber sie warf ihren Schatten weit in die Nachkriegszeit hinein. Da konnten etwa in Norddeutschland bis Ende 1945 zunächst einige militärische Dienststellen Fürsorgeaufgaben bei der Betreuung ehemaliger Soldaten weiterführen. Dann übernahmen in ganz Deutschland zivile Institutionen das riesige und vielfältige Aufgabengebiet der Fürsorge und Integration für Millionen ehemaliger Wehrmachtangehöriger. Diese Aufgabe wurde in rechtlicher und sozialpolitischer Hinsicht vorbildlich und besser geleistet als nach dem Ersten Weltkrieg. Der »Dank des Vaterlandes« war für die meisten ehemaligen Soldaten, bei allen nicht völlig auszuschließenden Unzulänglichkeiten, nicht nur in finanzieller Hinsicht erkennbar. Das dämpfte vermutlich die Bereitschaft, über den Sinn des erbrachten Opfers tiefer nachzudenken.

Das Erbe der Wehrmacht spielte beim Wiederaufbau deutscher Streitkräfte seit Mitte der Fünfzigerjahre eine nicht unbedeutende Rolle. Zahlreiche ehemalige Berufsoffiziere hatten sich schon im Vorfeld als militärische Berater auf beiden Seiten der neuen Frontlinie, die nun mitten durch Deutschland ging, unentbehrlich gemacht. Die früheren Wehrmachtoffiziere wurden in der DDR zwar bereits nach weni-

▶ Abb. 29:
Großer Wachaufzug der NVA
(Wachregiment »Friedrich
Engels«) in Berlin vor dem
Mahnmal für die Opfer des
Faschismus und Militarismus,
Februar 1987.
BArch/83-1987-0211-300/Settnik

gen Jahren als »Spezialisten« für entbehrlich gehalten und als ohnehin
politisch unzuverlässig aus der »Nationalen Volksarmee« entfernt; der
Geist der Wehrmacht verließ die angeblich sozialistische Arbeiter- und
Bauernarmee aber fast bis zu ihrem Ende 1990 nicht. Auch wenn man
ideologisch die Wehrmacht verteufelte, in soldatischer Hinsicht wusste man ihre Ausbildungsmethoden und ihre Fähigkeiten zu schätzen –
und in Moskau wollte man sich das zunutze machen. Anfangs scheute man nicht davor zurück, sogar äußerlich die Wehrmacht teilweise zu
imitieren. Die jährliche Parade der NVA in Berlin ließ deshalb vor westdeutschen Bildschirmen manches Veteranenherz erbeben, erst recht,
als in den Achtzigerjahren die DDR in ihrem Streben, die »besseren
Traditionen« der deutschen Geschichte zu verkörpern, das alte Preußen
für sich reklamierte.

In der Bundesrepublik bestand die Gründer- und Aufbaugeneration
nahezu vollständig aus ehemaligen Angehörigen der Wehrmacht.
Äußerlich anfangs eher der US-Armee ähnlich und bemüht um den
Nachweis eines neuen demokratischen Geistes, gaben Traditionalisten
aber weithin den Ton an. Sie konnten sich darauf berufen, dass die ehemaligen Kriegsgegner und neuen Alliierten auf eine kampfkräftige deutsche Armee zählten und dabei ihre Erwartungen zweifellos am Beispiel
der Wehrmacht orientierten. Die ehemaligen Wehrmachtoffiziere trafen jetzt in neuer Uniform zumeist auf eine wohlwollende Haltung von
verbündeten Kameraden, die in soldatischer Hinsicht die Wehrmacht in
höchsten Tönen lobten.

Die DDR-Hasspropaganda gipfelte jahrelang in der Behauptung,
in Westdeutschland würden Hitlers ehemalige Generale mit Hilfe der
NATO einen Revanchekrieg gegen die friedliebende Sowjetunion
vorbereiten. Solche absurden Parolen sollten nicht zuletzt auch den

Verteidigungswillen in der westdeutschen Bevölkerung untergraben, deshalb ging die DDR-Historiografie früh ans Werk, um die Geschichte der Wehrmacht in ihrem Sinne aufzuarbeiten.

Das »Gedächtnis« der Wehrmacht war in Gestalt riesiger Aktenmengen zuerst von den Siegermächten durchgearbeitet worden, um Material für den Nürnberger Hauptkriegsverbrecher-Prozess zu sammeln. Die gut dokumentierte Anklage führte zu einer berechtigten Verurteilung maßgeblicher Repräsentanten der Wehrmacht. Aber auch bei zahlreichen Nachfolgeprozessen ging es stets um persönliche Schuld Einzelner. Als Institution hatten Wehrmacht und Generalstab Glück, dass sie nicht wie etwa die Waffen-SS der kollektiven Verdammung anheimfielen. Die verurteilten Kriegsverbrecher mussten ihre Strafe in Westdeutschland zumeist nicht vollständig verbüßen. Anfang der Fünfzigerjahre bildete sich eine breite politische Front in der Bundesrepublik, die auf eine vorzeitige Begnadigung drängte. Der Oberkommandierende der NATO-Streitkräfte in Europa, General Dwight D. Eisenhower, hielt es für richtig, zumindest gegenüber den Deutschen eine Art von »Ehrenerklärung« zur Wehrmacht abzugeben.

Auch das beförderte bis in die Siebzigerjahre hinein einen starken Konsens in der Gesellschaft der Bundesrepublik, der die Geschichte der Wehrmacht gleichsam innerhalb der Geschichte des Dritten Reiches isolierte. Polemisch sprach man später von der »weißen Weste« der Wehrmacht. Wie nach dem Ersten Weltkrieg hatte sich eine gut organisierte Veteranenkultur gebildet, die ein weithin positives Bild der Wehrmacht verbreitete. Die schweigende Mehrheit der ehemaligen Soldaten, insbesondere der jüngeren Generation, hielt sich vom Veteranenkult zwar fern, überließ aber in der öffentlichen Meinung und in den Medien den Wortführern apologetischer Wehrmachtdeutungen das Feld. Wissenschaftliche Arbeiten zur Wehrmacht und zum Zweiten Weltkrieg stammten zunächst noch aus der Feder ehemaliger Wehrmachtoffiziere. Das in den Generalsmemoiren entworfene Bild der Wehrmacht geriet erst allmählich ins Wanken.

Bis zu diesem Punkt wich die Erinnerungspolitik in der Bundesrepublik nicht grundsätzlich von der Entwicklung in den ehemaligen Feindstaaten ab. Hier wie dort dominierten die Erinnerungen der Marschälle und Kommandeure das Bild, wurden selbstkritische Blicke oder gar Diskussionen über eigene Verbrechen vermieden, bis schließlich – das ist ein zeitloses Schicksal aller Veteranen – eine jüngere Generation von den Kriegserfahrungen nichts mehr hören will. Die Erinnerung an den vergangenen Krieg wird zum bloßen Ritual und zugleich dogmatisiert.

In der Bundesrepublik erfolgte jedoch, beginnend in den Siebzigerjahren, ein kultureller Bruch. Im Zuge der zunehmend kriti-

Richard von Weizsäcker, Rede am 8. Mai 1985

Der Bundespräsident hielt seine vielbeachtete Rede anlässlich des 40. Jahrestages der Beendigung des Krieges in Europa und der nationalsozialistischen Gewaltherrschaft im Plenarsaal des Deutschen Bundestages in Bonn.

Die meisten Deutschen hatten geglaubt, für die gute Sache des eigenen Landes zu kämpfen und zu leiden. Und nun sollte sich herausstellen: Das alles war nicht nur vergeblich und sinnlos, sondern es hatte den unmenschlichen Zielen einer verbrecherischen Führung gedient. Erschöpfung, Ratlosigkeit und neue Sorgen kennzeichneten die Gefühle der meisten. Würde man noch eigene Angehörige finden? Hatte ein Neuaufbau in diesen Ruinen überhaupt Sinn?

Der Blick ging zurück in einen dunklen Abgrund der Vergangenheit und nach vorn in eine ungewisse, dunkle Zukunft. Und dennoch wurde von Tag zu Tag klarer, was es heute für uns alle gemeinsam zu sagen gilt: Der 8. Mai war ein Tag der Befreiung. Er hat uns alle befreit von dem menschenverachtenden System der nationalsozialistischen Gewaltherrschaft.

Niemand wird um dieser Befreiung willen vergessen, welche schweren Leiden für viele Menschen mit dem 8. Mai erst begannen und danach folgten. Aber wir dürfen nicht im Ende des Krieges die Ursache für Flucht, Vertreibung und Unfreiheit sehen. Sie liegt vielmehr in seinem Anfang und im Beginn jener Gewaltherrschaft, die zum Krieg führte. Wir dürfen den 8. Mai 1945 nicht vom 30. Januar 1933 trennen.

Wir haben wahrlich keinen Grund, uns am heutigen Tag an Siegesfesten zu beteiligen. Aber wir haben allen Grund, den 8. Mai 1945 als das Ende eines Irrweges deutscher Geschichte zu erkennen, das den Keim der Hoffnung auf eine bessere Zukunft barg.

Quelle: Friedbert Pflüger, Richard von Weizsäcker. Ein Porträt aus der Nähe, München 1993, S. 475–490.

schen Aufarbeitung der Geschichte des Dritten Reiches und seiner Verbrechen geriet auch die Wehrmacht ins Blickfeld. Eine maßgebliche Rolle spielte dabei das Militärgeschichtliche Forschungsamt. Seine nicht zuletzt auch intern heftig diskutierten Studien stellten das überlieferte Bild der Wehrmacht infrage. Auf institutioneller Ebene sorgte der zweite Traditionserlass vom 20. September 1982 mit den »Richtlinien zum Traditionsverständnis und zur Traditionspflege in der Bundeswehr« für Klarheit und Distanz zur Wehrmacht. Für die im Zuge der Wiedervereinigung entstandene Armee der Einheit erklärte Verteidigungsminister Volker Rühe 1995 noch einmal fest: Die Wehrmacht war als Organisation des Dritten Reiches, in ihrer Spitze, mit Truppenteilen und mit Soldaten in Verbrechen des Nationalsozialismus verstrickt; als Institution kann sie deshalb keine Tradition begründen.

Für die Kriegsgeneration und als ehemaliger Offizier der Wehrmacht hat Bundespräsident Richard von Weizsäcker am 8. Mai 1985 in seiner berühmten Rede jene versöhnenden Worte gefunden, die Schuld und Versagen bekennen und die eigenen Opfer und die tragischen Folgen für die europäischen Nachbarvölker nicht verschweigen. Es war hinsichtlich der Wehrmacht aber kein Kollektivurteil.

So blieb als traditionswürdig von der Wehrmacht nur noch der militärische Widerstand des 20. Juli 1944. Auch wenn die Gruppe der damaligen Verschwörer naturgemäß sehr klein gewesen ist, so verkörpern jedoch auch sie jenes »bessere« Deutschland, das unter den Bedingungen der NS-Diktatur oder im Exil zu überleben versuchte. Der »Aufstand des Gewissens« der Offiziere des 20. Juli erinnert zugleich daran, dass Stauffenberg und seine Kameraden erkannt hatten, dass der »Führer und Oberste Befehlshaber der Wehrmacht« bereit und entschlossen war, die Deutschen und ihr Militär in den Untergang zu führen. Es ist ihnen bewusst gewesen, dass »ihre« Wehrmacht in eine verbrecherische Politik verstrickt gewesen ist, und ihr gescheitertes Attentat auf Hitler hat diese Verstrickung nicht lösen können. Die Wehrmacht war nun einmal der »stählerne Garant« des verbrecherischen NS-Regimes, geformt seit 1935 nach dem Willen des Diktators und nach seinem Willen am 8. Mai 1945 untergegangen. Wenn Weizsäcker 1985 von »Befreiung« sprach, dann umfasste das auch die Befreiung von Hitlers Wehrmacht.

Verzeichnis der Karten, Grafiken und Tabellen

Abkürzungen

AOK	Armeeoberkommando
BdE	Befehlshaber des Ersatzheeres
DDR	Deutsche Demokratische Republik
Flak	Flugabwehrkanone
GenInsp	Generalinspekteur
Gestapo	Geheime Staatspolizei
He	Heinkel (Flugzeughersteller)
HJ	Hitlerjugend
IRK	Internationales Rotes Kreuz
Ju	Junkers (Flugzeughersteller)
Kfz	Kraftfahrzeug
Korück	Kommandant des rückwärtigen Armeegebietes
KTB	Kriegstagebuch
k.v.	kriegsverwendungsfähig
KZ	Konzentrationslager
l.	leicht
Lkw	Lastkraftwagen
Lw	Luftwaffe
MG	Maschinengewehr
MGFA	Militärgeschichtliches Forschungsamt
mot.	motorisiert
MP	Maschinenpistole
NS	nationalsozialistisch
NSBDT	Nationalsozialistischer Bund Deutscher Technik
NSDAP	Nationalsozialistische Deutsche Arbeiterpartei
NSKK	Nationalsozialistisches Kraftfahrkorps
OBdH, OBdLw, OBdM	Oberbefehlshaber des Heeres/der Luftwaffe/der Marine
OKH	Oberkommando des Heeres
OKW	Oberkommando der Wehrmacht
OQu	Oberquartiermeister
Pak	Panzerabwehrkanone
PK	Propagandakompanie
Pkw	Personenkraftwagen
Pz.Gr.	Panzergruppe
RAD	Reichsarbeitsdienst
RM	Reichsmark
s.	schwer
SA	Sturmabteilung
SD	Sicherheitsdienst
SED	Sozialistische Einheitspartei Deutschlands
SS	Schutzstaffel
Stuka	Sturzkampfbomber
T	Tank (russ. Panzer, z.B. T 34)
U-	Untersee-
UdSSR	Union der sozialistischen Sowjetrepubliken
uk	unabkömmlich
USA	United States of America
V	Vergeltungswaffe
WASt	Wehrmachtauskunftsstelle für Kriegsverluste und Kriegsgefangene
WFA	Wehrmachtführungsamt
WFst	Wehrmachtführungsstab
WPr	Wehrmachtpropaganda
z.B.V.	zur besonderen Verwendung

Quellen und Literatur

Überblicksliteratur

Für die Militärgeschichte des NS-Regimes ist u.a. grundlegend:
1.1 Das Deutsche Reich und der Zweite Weltkrieg, 10 Bde. Hrsg.vom MGFA
    Bd 1: Ursachen und Voraussetzungen der deutschen Kriegspolitik, Stuttgart 1979, Nachdr. 1991;
    Bd 2: Die Errichtung der Hegemonie auf dem europäischen Kontinent, Stuttgart 1979, Nachdr. 1991;
    Bd 3: Der Mittelmeerraum und Südosteuropa. Von der »non belligeranza« Italiens bis zum Kriegseintritt der Vereinigten Staaten, Stuttgart 1984, Nachdr. 1994;
    Bd 4: Der Angriff auf die Sowjetunion, 1983; 2. Aufl., Stuttgart 1987, Nachdr. 1993;
    Bd 5: Organisation und Mobilisierung des deutschen Machtbereichs. Halbbd 1: Kriegsverwaltung, Wirtschaft und personelle Ressourcen 1939 bis 1941, Stuttgart 1988, Nachdr. 1992; Halbbd 2: Kriegsverwaltung, Wirtschaft und personelle Ressourcen 1942 bis 1944/45, Stuttgart 1999;
    Bd 6: Der globale Krieg. Die Ausweitung zum Weltkrieg und der Wechsel der Initiative 1941 bis 1943, Stuttgart 1990, Nachdr. 1993;
    Bd 7: Das Deutsche Reich in der Defensive. Strategischer Luftkrieg in Europa, Krieg im Westen und in Ostasien 1943 bis 1944/45, Stuttgart 2001;
    Bd 8: Die Ostfront 1943/44. Der Krieg im Osten und an den Nebenfronten, München 2007;
    Bd 9: Die deutsche Kriegsgesellschaft 1939 bis 1945. Halbbd 1: Politisierung, Vernichtung, Überleben; Halbbd 2: Ausbeutung, Deutungen, Ausgrenzung, München 2004–2005;
    Bd 10: Der Zusammenbruch des Deutschen Reiches 1945; Halbbd 1: Die militärische Niederwerfung der Wehrmacht; Halbbd 2: Die Folgen des Zweiten Weltkrieges, Stuttgart, München 2008
1.2 Förster, Jürgen, Die Wehrmacht im NS-Staat. Eine strukturgeschichtliche Analyse, München 2007 (= Militärgeschichte kompakt, 2)
1.3 Die Wehrmacht. Mythos und Realität. Im Auftrag des MGFA hrsg. von Rolf-Dieter Müller und Hans-Erich Volkmann, München 1999

Das Serienwerk der DDR-Historiografie ist v.a. hinsichtlich der politischen Wertungen und seiner ideologischen Dogmen nicht brauchbar:
1.4 Deutschland im zweiten Weltkrieg, 6 Bde. Hrsg. von einem Autorenkollektiv unter Leitung von Wolfgang Schumann [u.a.], Berlin (Ost) 1974–1985

Kapitel »Forschungsstand«

Einen Überblick über Forschungsstand und Methodik bieten:
    1.3 Die Wehrmacht. Mythos und Realität
2.1 Erster Weltkrieg – Zweiter Weltkrieg. Ein Vergleich. Krieg, Kriegserlebnis, Kriegserfahrung in Deutschland. Im Auftrag des MGFA hrsg. von Bruno Thoß und Hans-Erich Volkmann, Paderborn [u.a.] 2002

2.2 Müller, Rolf-Dieter, »Das Deutsche Reich und der Zweite Weltkrieg«. Konzeption und Erfahrungen eines wissenschaftlichen Großprojektes. In: Zeitschrift für Geschichtswissenschaft, 56 (2008), S. 301–326

2.3 Der Zweite Weltkrieg. Analysen, Grundzüge, Forschungsbilanz. Im Auftrag des MGFA hrsg. von Wolfgang Michalka, München 1989

Kapitel »Armee im totalitären Führerstaat«

Zu Offizierkorps und Spitzengliederung:

3.1 Megargee, Geoffrey P., Hitler und die Generäle. Das Ringen um die Führung der Wehrmacht 1933–1945, Paderborn [u.a.] 2006

3.2 Messerschmidt, Manfred, Die Wehrmacht im NS-Staat. Zeit der Indoktrination, Hamburg 1969

3.3 Müller, Klaus-Jürgen, Generaloberst Ludwig Beck. Eine Biografie, Paderborn [u.a.] 2008

3.4 Stumpf, Reinhard, Die Wehrmacht-Elite. Rang- und Herkunftsstruktur der deutschen Generale und Admirale 1933–1945, Boppard a.Rh. 1982 (= Militärgeschichtliche Studien, 29)

Zur Ausrichtung der Wehrmacht auf den Krieg:

1.1 Das Deutsche Reich und der Zweite Weltkrieg, Bd 1

3.5 Die deutschen Eliten und der Weg in den Zweiten Weltkrieg. Hrsg. von Martin Broszat und Klaus Schwabe, München 1989

3.6 Müller, Rolf-Dieter, Der Feind steht im Osten. Hitlers geheime Pläne für einen Krieg gegen die Sowjetunion im Jahr 1939, Berlin 2011

Militärseelsorge:

3.7 Beese, Dieter, Zur Predigtarbeit der evangelischen Militärseelsorge im Zweiten Weltkrieg, Münster 1996

3.8 Beese, Dieter, Kirche im Krieg. Evangelische Wehrmachtpfarrer und die Kriegführung der deutschen Wehrmacht. In: 1.3 Die Wehrmacht. Mythos und Realität, S. 486–502

3.9 Güsgen, Johannes, Die katholische Militärseelsorge in Deutschland zwischen 1920 und 1945, Köln [u.a.] 1989 (= Bonner Beiträge zur Kirchengeschichte, 15)

3.10 Messerschmidt, Manfred, Zur Militärseelsorgepolitik im Zweiten Weltkrieg. In: Militärgeschichtliche Mitteilungen, 5 (1969), 1, S. 37–85

3.11 Missalla, Heinrich, Für Gott, Führer und Vaterland. Die Verstrickung der katholischen Seelsorge in Hitlers Krieg, München 1999

Militärjustiz:

3.12 Jahr, Christoph, Die Militärjustiz als Steuerungsinstrument soldatischen Verhaltens in den Weltkriegen 1914 bis 1918 und 1939 bis 1945. In: 2.1 Erster Weltkrieg – Zweiter Weltkrieg, S. 323–334

3.13 Messerschmidt, Manfred, Was damals Recht war ... NS-Militär- und Strafjustiz im Vernichtungskrieg, Essen 1996

3.14 Messerschmidt, Manfred, Die Wehrmachtjustiz 1933 bis 1945. Hrsg. vom MGFA, Paderborn [u.a.] 2005

3.15 Thomas, Jürgen, Wehrmachtjustiz und Widerstandsbekämpfung. Das Wirken der ordentlichen deutschen Militärjustiz in den besetzten Westgebieten 1940–45 unter rechtshistorischen Aspekten, Baden-Baden 1990

Leitbilder und Indoktrination:
  1.2 Förster, Die Wehrmacht im NS-Staat; 3.2 Messerschmidt, Die Wehrmacht im NS-Staat
3.16 Nolzen, Armin, Von der geistigen Assimilation zur institutionellen Kooperation: Das Verhältnis zwischen NSDAP und Wehrmacht, 1943–1945. In: Kriegsende 1945 in Deutschland. Im Auftrag des MGFA hrsg. von Jörg Hillmann und John Zimmermann, München 2002 (= Beiträge zur Militärgeschichte, 55), S. 69–96
3.17 Vossler, Frank, Propaganda in die eigene Truppe. Die Truppenbetreu-ung in der Wehrmacht 1939–1945, Paderborn [u.a.] 2005 (= Krieg in der Geschichte, 21)
3.18 Zoepf, Arne W.G., Wehrmacht zwischen Tradition und Ideologie. Der NS-Führungsoffizier im Zweiten Weltkrieg, Frankfurt a.M. [u.a.] 1988

Zur Waffen-SS:
3.19 Fleischer, Wolfgang, und Richard Eiermann, Das letzte Jahr der Waffen-SS. Mai 1944–Mai 1945, Wölfersheim-Berstadt 1997
3.20 Matthäus, Jürgen, Konrad Kwiet und Jürgen Förster, Ausbildungsziel Judenmord? »Weltanschauliche Erziehung« von SS, Polizei und Waffen-SS im Rahmen der »Endlösung«, Frankfurt a.M. 2003
3.21 Neitzel, Sönke, Des Forschens noch wert? Anmerkungen zur Operationsgeschichte der Waffen-SS. In: Militärgeschichtliche Zeitschrift, 61 (2002), S. 403–429
3.22 Rohrkamp, René, »Weltanschaulich gefestigte Kämpfer«: Die Soldaten der Waffen-SS 1933–1945. Organisation, Personal, Sozialstruktur, Paderborn [u.a.] 2010 (= Krieg in der Geschichte, 61)
3.23 Wegner, Bernd, Hitlers politische Soldaten. Die Waffen-SS 1933 bis 1945. Studien zu Leitbild, Struktur und Funktion einer nationalsozialistischen Elite, 3., durchges. und erw. Aufl., Paderborn [u.a.] 1988

Kapitel »Die Streitkräfte des Regimes«

Für die Strukturgeschichte der Wehrmacht unentbehrliche Nachschlagewerke:
  1.1 Das Deutsche Reich und der Zweite Weltkrieg, Bd 5/1, 5/2
4.1 Absolon, Rudolf, Die Wehrmacht im Dritten Reich. Aufbau, Gliederung, Recht, Verwaltung, 6 Bde, Boppard 1969–1995 (= Schriften des Bundesarchivs, 16)
4.2 Boog, Horst, Die deutsche Luftwaffenführung 1935–1945. Führungsprobleme, Spitzengliederung, Generalstabsausbildung, Stuttgart 1982 (= Beiträge zur Militär- und Kriegsgeschichte, 21)
4.3 Die Dienstlaufbahnen der Offiziere des Generalstabes des deutschen Heeres 1935–1945. Hrsg. und bearb. von Christian Zweng, 2 Bde, Osnabrück 1995–1998
4.4 Lucas, James, Handbuch der Wehrmacht 1939–1945. Ein Nachschlagewerk, Wien 2001

4.5 Schulz, Andreas, Günter Wegmann und Dieter Zinke, Die Generale der Waffen-SS und der Polizei. Die militärischen Werdegänge der Generale, sowie der Ärzte, Veterinäre, Intendanten, Richter und Ministerialbeamten im Generalsrang, Bissendorf 2005

4.6 Tessin, Georg, Verbände und Truppen der deutschen Wehrmacht und Waffen-SS im Zweiten Weltkrieg 1939–1945, 17 Bde, Osnabrück, Bissendorf 1977–2002

Die Wehrmachtteile:

4.2 Boog, Die deutsche Luftwaffenführung

4.7 Brézet, Francois-Emmanuel, Die deutsche Kriegsmarine 1935–1945. Mit einem Vorw. von Werner Rahn, München 2003

4.8 Corum, James S., Stärken und Schwächen der Luftwaffe. Führungsqualitäten und Führung im Zweiten Weltkrieg. In: 1.3 Die Wehrmacht. Mythos und Realität, S. 283–306

4.9 Lagevorträge des Oberbefehlshabers der Kriegsmarine vor Hitler 1939–1945. Im Auftrag des Arbeitskreises für Wehrforschung hrsg. von Gerhard Wagner, München 1972

4.10 Lohmann, Walter, und Hans H. Hildebrand, Die deutsche Kriegsmarine 1939–1945. Gliederung, Einsatz, Stellenbesetzung, 3 Bde, Bad Nauheim 1957–1964

4.11 Müller-Hillebrand, Burkhart, Das Heer 1933–1945. Entwicklung des organisatorischen Aufbaues, 3 Bde, Darmstadt 1954–1969

4.12 Rohwer, Jürgen, und Gerhard Hümmelchen, Chronik des Seekrieges 1939–1945. Hrsg. vom Arbeitskreis für Wehrforschung und von der Bibliothek für Zeitgeschichte, Oldenburg, Hamburg 1968

Biografien, Tagebücher und Erinnerungen:

4.13 Below, Nicolaus von, Als Hitlers Adjutant 1937–45, Mainz 1980

4.14 Dönitz, Karl, Zehn Jahre und zwanzig Tage. Erinnerungen 1935–1945, Koblenz 1985

4.15 Engel, Gerhard, Heeresadjutant bei Hitler 1938–1943. Aufzeichnungen des Majors Engel. Hrsg. und komm. von Hildegard von Kotze, Stuttgart 1975 (= Schriftenreihe der Vierteljahrshefte für Zeitgeschichte, 29)

4.16 Hartmann, Christian, Halder. Generalstabschef Hitlers 1938–1942, 2., erw. und akt. Aufl., Paderborn [u.a.] 2010

4.17 Hartwig, Dieter, Großadmiral Karl Dönitz. Legende und Wirklichkeit, Paderborn [u.a.] 2010

4.18 Hitlers militärische Elite, 2 Bde. Hrsg. von Gerd R. Ueberschär, Darmstadt 1998

4.19 Hoffmann, Peter, Claus Schenk Graf von Stauffenberg und seine Brüder, Stuttgart 1992

4.20 Hürter, Johannes, Hitlers Heerführer. Die deutschen Oberbefehlshaber im Krieg gegen die Sowjetunion 1941/42, München 2007 (= Quellen und Darstellungen zur Zeitgeschichte, 66)

4.21 Kroener, Bernhard R., »Der starke Mann im Heimatkriegsgebiet«. Generaloberst Friedrich Fromm – eine Biographie, Paderborn [u.a.] 2005

4.22 Löffler, Jürgen, Walther von Brauchitsch (1881–1948). Eine politische Biographie, Frankfurt a.M. 2001 (= Militärhistorische Untersuchungen, 2)

4.23 Meyer, Georg, Adolf Heusinger, Dienst eines deutschen Soldaten 1915 bis 1964, Hamburg 2001

4.24 Die Militärelite des Dritten Reiches. 27 biographische Skizzen. Hrsg. von Ronald Smelser und Enrico Syring, Berlin, Frankfurt a.M. 1995

4.25 Scheurig, Bodo, Henning von Tresckow. Ein Preuße gegen Hitler. Eine Biographie, Frankfurt a.M. [u.a.] 1997

Zum operativen Denken:

4.26 Beck, Ludwig, Studien. Hrsg. und eingel. von Hans Speidel, Stuttgart 1955

4.27 Frieser, Karl-Heinz, Blitzkrieg-Legende. Der Westfeldzug 1940, München 1995

4.28 Groß, Gerhard, Mythos und Wirklichkeit. Die Geschichte des operativen Denkens im deutschen Heer von Moltke d.Ä. bis Heusinger, Paderborn [u.a.] 2012 (= Zeitalter der Weltkriege, 9)

Ausländische Freiwillige und Verbündete:

4.29 Gosztony, Peter, Hitlers fremde Heere. Das Schicksal der nichtdeutschen Armeen im Ostfeldzug, Düsseldorf, Wien 1976

4.30 Hoffmann, Joachim, Die Geschichte der Wlassow-Armee, Freiburg i.Br. 1984 (= Einzelschriften zur militärischen Geschichte des Zweiten Weltkrieges, 27);

4.31 Milata, Paul, Zwischen Hitler, Stalin und Antonescu. Rumäniendeutsche in der Waffen-SS, Köln, Weimar 2007 (= Studia Transsylvanica, 34)

4.32 Müller, Rolf-Dieter, An der Seite der Wehrmacht. Hitlers ausländische Helfer beim »Kreuzzug gegen den Bolschewismus« 1941–1945, Berlin 2007

Verluste und Sanitätswesen:

4.33 Fischer, Hubert, Der deutsche Sanitätsdienst 1921–1945, Organisation, Dokumente und persönliche Erfahrungen, 5 Bde, Osnabrück 1982–1988

4.34 Neumann, Alexander, »Arzttum ist immer Kämpfertum«. Die Heeres-sanitätsinspektion und das Amt »Chef des Wehrmachtssanitätswesens« im Zweiten Weltkrieg (1939–1945), Düsseldorf 2005 (= Schriften des Bundes-archivs, 64)

4.35 Overmans, Rüdiger, Deutsche militärische Verluste im Zweiten Weltkrieg, München 1999 (= Beiträge zur Militärgeschichte, 46)

4.36 Overmans, Rüdiger, Soldaten hinter Stacheldraht. Deutsche Kriegsgefangene des Zweiten Weltkriegs, Berlin 2000

4.37 Sanitätswesen im Zweiten Weltkrieg. Hrsg. von Ekkehart P. Guth, Herford 1990 (= Vorträge zur Militärgeschichte, 11)

4.38 Valentin, Rolf, Die Krankenbataillone. Sonderformationen der deutschen Wehrmacht im Zweiten Weltkrieg, Düsseldorf 1981 (= Erfahrungen des deutschen Sanitätsdienstes im Zweiten Weltkrieg, 2)

Kapitel »Ausbildung und Fronterfahrung«

5.1 Andere Helme – andere Menschen? Heimaterfahrung und Frontalltag im Zweiten Weltkrieg. Ein internationaler Vergleich. Hrsg. von Detlef Vogel und Wolfram Wette, Essen 1995

5.2 Die anderen Soldaten. Wehrkraftzersetzung, Gehorsamsverweigerung und Fahnenflucht im Zweiten Weltkrieg. Hrsg. von Norbert Haase und Gerhard Paul, Frankfurt a.M. 1995

5.3 Buch, Wolfgang von, Wir Kindersoldaten. Mit einem Vorw. von Richard von Weizsäcker, Berlin 1998

5.4 Buchmann, Bertrand Michael, Österreicher in der Deutschen Wehrmacht. Soldatenalltag im Zweiten Weltkrieg, Wien [u.a.] 2009

5.5 Creveld, Martin van, Kampfkraft. Militärische Organisation und Leistung 1939–1945, Graz 2009

5.6 Fritz, Stephen G., Hitlers Frontsoldaten. Der erzählte Krieg, Berlin 1998

5.7 Humburg, Martin, Das Gesicht des Krieges. Feldpostbriefe von Wehrmachtssoldaten aus der Sowjetunion 1941–1944, Opladen [u.a.] 1998

5.8 Killius, Rosemarie, Frauen für die Front. Gespräche mit Wehrmachtshelferinnen, Leipzig 2003

5.9 Der Krieg des kleinen Mannes. Eine Militärgeschichte von unten. Hrsg. von Wolfram Wette, 2. Aufl., München, Zürich 1995

5.10 Latzel, Klaus, Deutsche Soldaten – nationalsozialistischer Krieg? Kriegserlebnis – Kriegserfahrung 1939–1945, Paderborn [u.a.] 1998 (= Krieg in der Geschichte, 1)

5.11 Model, Hansgeorg, Der deutsche Generalstabsoffizier. Seine Auswahl und Ausbildung in Reichswehr, Wehrmacht und Bundeswehr, Frankfurt a.M. 1968

5.12 Neitzel, Sönke, Abgehört. Deutsche Generäle in britischer Kriegsgefangenschaft 1942–1945, Berlin 2005

5.13 Neitzel, Sönke, und Harald Welzer, Soldaten. Protokolle vom Kämpfen, Töten und Sterben, Frankfurt a.M. 2011

5.14 Rass, Christoph, »Menschenmaterial«. Deutsche Soldaten an der Ostfront. Innenansichten einer Infanteriedivision 1939–1945, Paderborn [u.a.] 2003 (= Krieg in der Geschichte, 17)

5.15 Schröder, Hans Joachim, Die gestohlenen Jahre. Erzählgeschichten und Geschichtserzählung im Interview: Der Zweite Weltkrieg aus der Sicht ehemaliger Mannschaftssoldaten, Tübingen 1992 (= Studien und Texte zur Sozialgeschichte der Literatur, 37)

Kapitel »Wehrmacht und Volksgemeinschaft«

1.1 Das Deutsche Reich und der Zweite Weltkrieg, Bd 9

6.1 Aufstand des Gewissens. Militärischer Widerstand gegen Hitler und das NS-Regime 1933 bis 1945. Im Auftrag des MGFA hrsg. von Thomas Vogel, 5., völlig überarb. und erw. Aufl., Hamburg [u.a.] 2000

6.2 Dörr, Margarete, »Wer die Zeit nicht miterlebt hat ...« Frauenerfahrungen im Zweiten Weltkrieg und in den Jahren danach, 3 Bde, Frankfurt a.M., New York 1998

6.3 Goebbels, Joseph, Die Tagebücher von Joseph Goebbels, T. 2: Diktate 1941–1945, 15 Bde. Hrsg. von Elke Fröhlich, München 1993–1996

6.4 Hosenfeld, Wilm, »Ich versuche jeden zu retten«. Das Leben eines deutschen Offiziers in Briefen und Tagebüchern. Im Auftrag des MGFA hrsg. von Thomas Vogel, München 2004

6.5 Messerschmidt, Manfred, Der Reflex der Volksgemeinschaftsidee in der Wehrmacht. In: Manfred Messerschmidt, Militärgeschichtliche Aspekte der Entwicklung des deutschen Nationalstaates, Düsseldorf 1988, S. 197–220

6.6 Schlabrendorff, Fabian von, Offiziere gegen Hitler, Berlin 1984

6.7 Scholl, Hans, und Sophie Scholl, Briefe und Aufzeichnungen. Hrsg. von Inge Jens, Frankfurt a.M. 1984

Kapitel »Der Krieg der Fabriken«

1.1 Das Deutsche Reich und der Zweite Weltkrieg, Bd 5

7.1 Deutschlands Rüstung im Zweiten Weltkrieg. Hitlers Konferenzen mit Albert Speer 1942–1945. Hrsg. und eingel. von Willi A. Boelcke, Frankfurt a.M. 1969

7.2 Eichholtz, Dietrich, Geschichte der deutschen Kriegswirtschaft 1939–1945, 3 Bde, Berlin (Ost) 1969 und 1985, Berlin 1996 (marxistische Sicht)

7.3 Herbst, Ludolf, Der Totale Krieg und die Ordnung der Wirtschaft. Die Kriegswirtschaft im Spannungsfeld von Politik, Ideologie und Propaganda 1939–1945, Stuttgart 1982 (= Studien zur Zeitgeschichte, 21)

7.4 Kaienburg, Hermann, Die Wirtschaft der SS, Berlin 2003

7.5 Mason, Timothy W., Sozialpolitik im Dritten Reich. Arbeiterklasse und Volksgemeinschaft, Opladen 1977

7.6 Nationalsozialistische Besatzungspolitik in Europa 1939–1945, 9 Bde, Hrsg. von Wolfgang Benz [u.a.], Berlin 1996–1999

Kapitel »Totaler Krieg und Vernichtungskrieg«

8.1 Brakel, Alexander, Unter Rotem Stern und Hakenkreuz: Baranowicze 1939 bis 1944. Das westliche Weißrussland unter sowjetischer und deutscher Besatzung, Paderborn [u.a.] 2009 (= Zeitalter der Weltkriege, 5)

8.2 Chiari, Bernhard, Alltag hinter der Front. Besatzung, Kollaboration und Widerstand in Weißrußland 1941–1944, Düsseldorf 1998 (= Schriften des Bundesarchivs, 53)

8.3 Gentile, Carlo, Wehrmacht, Waffen-SS und Polizei im Kampf gegen Partisanen und Zivilbevölkerung in Italien 1943–1945, Paderborn [u.a.] 2010 (= Krieg in der Geschichte, 65)

8.4 Hartmann, Christian [u.a.], Der deutsche Krieg im Osten 1941–1944. Facetten einer Grenzüberschreitung, München 2009 (= Quellen und Darstellungen zur Zeitgeschichte, 76)

8.5 Hilger, Andreas, Deutsche Kriegsgefangene in der Sowjetunion 1941–1956. Kriegsgefangenenpolitik, Lageralltag und Erinnerung, Essen 2000 (= Schriften der Bibliothek für Zeitgeschichte, N.F., 11)

8.6 Müller, Rolf-Dieter, Der Bombenkrieg 1939–1945, Berlin 2004

8.7 Müller, Rolf-Dieter, Hitlers Ostkrieg und die deutsche Siedlungspolitik. Die Zusammenarbeit von Wehrmacht, Wirtschaft und SS, Frankfurt a.M. 1991

8.8 Pohl, Dieter, Die Herrschaft der Wehrmacht. Deutsche Militärbesatzung und einheimische Bevölkerung in der Sowjetunion 1941–1944, München 2008 (= Quellen und Darstellungen zur Zeitgeschichte, 71)

8.9 Retter in Uniform. Handlungsspielräume im Vernichtungskrieg der Wehrmacht. Hrsg. von Wolfram Wette, Frankfurt a.M. 2002

8.10 Rigg, Brian Mark, Hitlers jüdische Soldaten. Mit einem Geleitw. von Eberhard Jäckel, 3. Aufl., Paderborn [u.a.] 2006

8.11 Schmider, Klaus, Partisanenkrieg in Jugoslawien 1941–1944, Hamburg [u.a.] 2002

8.12 Verbrechen der Wehrmacht. Dimensionen des Vernichtungskrieges 1941–1944. Hrsg. vom Hamburger Institut für Sozialforschung, Hamburg 2002

8.13 Walker, Mark, Die Uranmaschine. Mythos und Wirklichkeit der deutschen Atombombe. Mit einem Vorw. von Robert Jungk, Berlin 1990

8.14 Wette, Wolfram, Die Wehrmacht. Feindbilder, Vernichtungskrieg, Legenden, Frankfurt a.M. 2002

8.15 Wrochem, Oliver von, Erich von Manstein. Vernichtungskrieg und Geschichtspolitik, Paderborn [u.a.] 2006 (= Krieg in der Geschichte, 27)

8.16 Die Zerstörung Dresdens 13. bis 15. Februar 1945. Gutachten und Ergebnisse der Dresdner Historikerkommission zur Ermittlung der Opferzahlen. Hrsg. von Rolf-Dieter Müller [u.a.], Göttingen 2010

Kapitel »Die Wehrmacht im Einsatz«

Einen Überblick auf der Basis des Serienwerks »Das Deutsche Reich und der Zweite Weltkrieg« bietet:

9.1 Müller, Rolf-Dieter, Der Zweite Weltkrieg 1939–1945, Stuttgart 2004 (= Gebhardt Handbuch der deutschen Geschichte, 21)

9.2 Müller, Rolf-Dieter, Der letzte deutsche Krieg 1939–1945, Stuttgart 2005 (*erweiterte Fassung*)

9.3 Deutsche Quellen zur Geschichte des Zweiten Weltkrieges. Hrsg. von Michael Salewski, Darmstadt 1999 (= Ausgewählte Quellen zur deutschen Geschichte der Neuzeit, 34a)

9.4 Diedrich, Torsten, Paulus. Das Trauma von Stalingrad, 2., durchges. Aufl., Paderborn [u.a.] 2009

9.5 Europa unterm Hakenkreuz. Die Okkupationspolitik des deutschen Faschismus (1938–1945), 8 Bde und 2 Erg.Bde. Hrsg. von Wolfgang Schumann [u.a.], Berlin, Heidelberg 1988–1994

9.6 Die geheimen Tagesberichte der deutschen Wehrmachtführung im Zweiten Weltkrieg, 12 Bde. Hrsg. von Kurt Mehner, Osnabrück 1984–1995 (= Veröffentlichungen deutschen Quellenmaterials zum Zweiten Weltkrieg, 2)

9.7 Greiner, Helmuth, Die oberste Wehrmachtführung 1939–1943, Wiesbaden 1951

9.8 Guderian, Heinz, Erinnerungen eines Soldaten, Heidelberg 1951

9.9 Halder, Franz, Kriegstagebuch. Tägliche Aufzeichnungen des Chefs des Generalstabes des Heeres 1939–1942. Hrsg. vom Arbeitskreis für Wehrforschung Stuttgart, bearb. von Hans-Adolf Jacobsen in Verbindung mit A. Philippi, 3 Bde, Stuttgart 1962–1964

9.10 Hartmann, Christian, Generalstabschef Halder und Hitler 1938–1941, Köln 1989

9.11 Hitlers Lagebesprechungen. Die Protokollfragmente seiner militärischen Konferenzen 1942–1945. Hrsg. von Helmut Heiber, Stuttgart 1962 (= Quellen und Darstellungen zur Zeitgeschichte, 10)

9.12 Hitlers Tischgespräche im Führerhauptquartier. Mit bisher unbekannten Selbstzeugnissen. Hrsg. von Henry Ricker, Stuttgart 1983

9.13 Hitlers Weisungen für die Kriegführung 1939–1945. Dokumente des Oberkommandos der Wehrmacht. Hrsg. von Walther Hubatsch, 2., durchges. und erg. Aufl., Koblenz 1983

9.14 Kriegstagebuch des Oberkommandos der Wehrmacht (Wehrmachtführungsstab) 1940–1945, 4 Bde. Geführt von Helmuth Greiner und Percy Ernst Schramm. Im Auftrag des Arbeitskreises für Wehrforschung hrsg. von Percy Ernst Schramm, bearb. von Hans-Adolf Jacobsen, Frankfurt a.M. 1961–1965; Nachdr. Herrsching 1982; Augsburg 2003

9.15 Kriegstagebuch der Seekriegsleitung 1939 bis 1945, Bd 1–68. Im Auftrag des MGFA hrsg. von Werner Rahn [u.a.], Herford, Bonn 1988–1997

9.16 Lagevorträge des Oberbefehlshabers der Kriegsmarine vor Hitler 1939–1945. Im Auftrag des Arbeitskreises für Wehrforschung hrsg. von Gerhard Wagner, München 1972

9.17 Manstein, Erich von, Verlorene Siege, Bonn 1955

9.18 Der Prozeß gegen die Hauptkriegsverbrecher vor dem Internationalen Militärgerichtshof (International Military Tribunal), Nürnberg 14. November 1945 bis 1. Oktober 1946, 42 Bde, Nürnberg 1947–1949

9.19 Ungváry, Krisztián, Die Schlacht um Budapest. Stalingrad an der Donau 1944/45, München 1999

9.20 »Unternehmen Barbarossa«. Der deutsche Überfall auf die Sowjetunion. Berichte, Analysen, Dokumente. Hrsg. von Gerd R. Ueberschär und Wolfram Wette, Paderborn [u.a.] 1984

9.21 Wagner, Eduard, Der Generalquartiermeister. Briefe und Tagebuchaufzeichnungen des Generalquartiermeisters des Heeres, General der Artillerie Eduard Wagner. Hrsg. von Elisabeth Wagner, München, Wien 1963

9.22 Warlimont, Walter, Im Hauptquartier der deutschen Wehrmacht 1939–1945. Grundlagen, Formen, Gestalten, Frankfurt a.M., Bonn 1962

9.23 Zimmermann, John, Pflicht zum Untergang. Die deutsche Kriegführung im Westen des Reiches 1944/45, Paderborn [u.a.] 2009 (= Zeitalter der Weltkriege, 4)

Epilog: Das schwierige Erbe

10.1 Abenheim, Donald, Bundeswehr und Tradition. Die Suche nach dem gültigen Erbe des deutschen Soldaten, München 1989 (= Beiträge zur Militärgeschichte, 27)

10.2 Echternkamp, Jörg, »Kameradenpost bricht auch nie ab ...« Ein Kriegsende auf Raten im Spiegel der Briefe deutscher Ostheimkehrer 1946–1951. In: Militärgeschichtliche Zeitschrift, 60 (2001), S. 437–500

10.3 Libero, Loretana de, Tradition in Zeiten der Transformation: Zum Traditionsverständnis der Bundeswehr im frühen 21. Jahrhundert, Paderborn [u.a.] 2006

10.4 Niemetz, Daniel, Das feldgraue Erbe. Die Wehrmachteinflüsse im Militär
      der SBZ/DDR, Berlin 2006 (= Militärgeschichte der DDR, 13)

10.5 Von der Kriegskultur zur Friedenskultur? Zum Mentalitätswandel in
      Deutschland seit 1945. Hrsg. von Thomas Kühne, Münster 2000

10.6 Zander, Otto-Eberhard, Probleme und Aspekte der Tradition in neuen
      deutschen Streitkräften in West und Ost. Ein Vergleich der Traditionen von
      Bundeswehr und Nationaler Volksarmee (1950–1990), Kiel 2000

10.7 Der Zweite Weltkrieg in Europa. Erfahrung und Erinnerung. Im Auftrag
      des DHI Paris und des MGFA, Potsdam, hrsg. von Jörg Echternkamp und
      Stefan Martens, Paderborn [u.a.] 2007

Personenregister

Der Name Hitler wurde nicht aufgenommen.